Marianne E. Meyer
Wunderwesen Wasser
Clusterwasser stoppt Allergie, Alzheimer, Krebs ...
Was tun gegen Zwangsmedikation aus dem Wasserhahn?

Selbstverlag
Michelstadt

Dr. phil. Marianne E. Meyer ist gebürtige Odenwälderin, Jahrgang 1949. Die Diplompädagogin (Schwerpunkt Familientherapie & Gerontologie) und promovierte Ernährungswissenschaftlerin (Immunabwehr und die Alge Spirulina platensis) lebte und studierte in Frankfurt und in den USA. Gegenwärtig ist sie in Südeuropa oder in Michelstadt zu finden.

Seit 1997 Autorin. Bisher erschienene Titel:
„Spirulina – das blaugrüne Wunder"
„Sonnenkraft mit dem blaugrünen Lichtträger Spirulina"
„Stärke dein Immunsystem und heile dich selbst"
„Spirulina - Wundernahrung der Zukunft"

Marianne E. Meyer

Wunderwesen Wasser

*Clusterwasser
stoppt Allergie, Alzheimer, Krebs ...*

**Was tun gegen Zwangsmedikation
aus dem Wasserhahn?**

ISBN 3-8311-4267-X

Bildnachweis
Titelbild: N. Holschuh
Rückseite: M. Emoto
Fotos im Innenteil: Spörle Fotoateliers (2), A. Umbreit (10) M. Meyer-Deschler
(17,86,89), M. E. Meyer (12,18,25,63,98,131,147), M. Emoto (15,22,28,29,30,31,33,52,
63,101,136), E. Windbühler (22,111,119) J.-P. Meyer (123), BGF (37,38), C.-P. Meyer
(44, 147),S. Würtz (19,45,90), J. Groner (65), K. Rogers (69,122), D. Oberstätter (74),
A. Holschuh (103), L.Holschuh (104)
Gestaltung: M. E. Meyer

INHALT

III. IST UNSER LEITUNGSWASSER LEBENSERHALTEND?   84

IV. QUELLWASSERQUALITÄT DURCH   124
WASSERAKTIVIERUNGSTECHNIK

Vorbemerkung

In der Reihe der menschlichen Erfindungen ist diejenige, die ich gedacht habe, unfehlbar ein Glied, und es wächst irgendwo ein Stein schon für den, der sie ernst ausspricht.

Heinrich von Kleist

Wir befinden uns in einer Zeit, in der wir alle Steine, die solch intuitiven und vorausschauenden Männern wie Nikola Tesla, Viktor Schauberger, Wilhelm Reich oder Johann Tikale in den Weg gelegt worden sind, ins Rollen bringen müssen, weil wir sonst über kurz oder lang elend zugrunde gehen. Der Erde und ihrem Blut, dem Wasser, wurden hemmungslos wichtige Rohstoffe geraubt. Infolge pestizidverseuchter Äcker, die mitunter so fest sind, dass kaum noch Regenwasser durchsickern kann, und durch die wegfallende Filterfunktion aufgrund von Erosion, ist unser Grundwasser in ernster Gefahr. Erderwärmung und Flussbegradigungen führen zu verheerenden Überschwemmungen. Kurz vor dem Weltgipfel für nachhaltige Entwicklung in Johannisburg führt die Flutkatastrophe in Europa den Teilnehmern dramatisch vor Augen, dass nun endlich ein schonenderer Kurs für unseren Planeten eingeschlagen werden muss. H_2O ist die Seele alles Lebendigen! Ohne Wasser gibt es kein Leben! In diesem Buch möchte ich Ihnen die Faszination des kraft- und geheimnisvollsten Elements sichtbar machen, damit Sie Ihre Macht als *Wasserwesen* erkennen können! Die Stärke der *Wort-* bzw. *Tonseele* und die Kraft unserer Gedanken, die uns der Japaner Masaru Emoto beispielhaft durch seine erstaunlichen Wasserkristallfotos demonstriert, gilt es einzusetzen, um die unwirtliche Zeit, in der wir momentan leben, in einen *Himmel auf Erden* zu verwandeln. In diesem Zusammenhang danke ich allen Wesen, in welchen Dimensionen des Universums sie auch weilen mögen, die mich *zum Wasser führten* und mir die Mittel gaben, Ihnen die Gedanken des Buches nahezubringen.

Widmen möchte ich das Werk meinem Vater, Ludwig Holschuh, und seiner Mutter Marie, geb. Hörr, die mich durch ihr Tun lehrten, Nächstenliebe über persönliche Sicherheit zu stellen. Auch gedenke ich damit jener unbeugsamer, bis zur eigenen Existenzgefährdung kompromisslos aufrichtiger Männer, deren Prognosen heute schon fast alle eingetroffen sind. Einer dieser mit äußerst seltener Beobachtungsgabe ausgestatteter Naturforscher und Erfinder war Viktor Schauberger, der aus Donauwasser ein geprüftes Heilwasser herstellte.

Als leidenschaftlicher Verteidiger von Wald, Wasser und fruchtbarer Erde warnte Schauberger schon in den 30er Jahren vor der *Todestechnik*, weil sie auf der *auflösenden, zersetzenden,* zentrifugalen Bewegungsform basiert

Diese unsere Technik arbeitet überwiegend mit Wärme, Verbrennung, Expansion und Explosion, wobei sie Kohle und Öl verschwendet. Ihre Abfälle vergiften unseren Lebensraum. Die richtige, da überall in der Natur auftauchende

Bewegung, ist zentripedal, spiralförmig von außen nach innen in Richtung eines Bewegungszentrums und führt zur Implosion. Dem österreichischen Förster ging es wie seinem Landsmann Wilhelm Reich und dem gebürtigen Kroaten Nikola Tesla. Das Genie dieser Erfinder wurde so lange ausgebeutet, bis man sie nicht mehr benötigte. Tesla, Anfang der 40er Jahre Direktor eines Unsichtbarkeitsprojekts in Princeton (*Philadelphia Experiment*), in das auch Albert Einstein einbezogen war (vgl. Charles Berlitz oder Preston B. Nichols), soll auch eine Freie-Energie[1]-Maschine zum Segen aller Bewohner der Erde erfunden haben, doch wurde ihm die Massenproduktion verweigert. Den sich gerade etablierenden Energieindustrien waren die drei genialen Forscher ein Dorn im Auge, und sie wendeten Mittel und Wege an, ihre schöpferische Arbeit auszubeuten, zu stehlen oder zu misskreditieren.

Zahlreiche spannende Biographien berichten von Schaubergers, Teslas und Reichs kreativen Schöpfungen. Nikola Teslas Patente sind in einem fast 1000-seitigen Werk gesammelt. Diese Männer sind nicht die einzigen Personen, deren Lebenswerk im Fangnetz geld- und machtgieriger Leute landeten oder durch sie zunichte gemacht wurden. Die meisten sterben ohne die öffentliche Anerkennung ihrer Leistung. Von einem, der auch vergebens auf die ihm gebührende Beachtung wartete, berichte ich in diesem Buch. Statt des erhofften Forschungsauftrages musste Johann Tikale gegen mehr als hundert Prozesse wegen Verstoßes gegen das Heilpraktikergesetz ankämpfen. Zwar waren sie allesamt erfolgreich abgewehrt worden, trieben den hochsensiblen Mann aber in die Krankheit und brachten seinen Forschungsbetrieb zum Erlahmen.

Angeregt durch Dr. Walter Notteboom aus Donaueschingen und aufbauend auf dessen Arbeiten entwickelte Tikale ein System, um die Widerstandskraft im Menschen zu stärken. Seine Idee war folgende:

Durch das Modulieren des Zellwassers soll die verzerrte Eigenresonanz geschädigter Zellen wieder auf ihre ideale Eigenfrequenz eingestellt werden

Ich habe diesem Mann viel zu verdanken, vielleicht sogar mein Leben. Da der ehemalige Lehrer zu seinen Lebzeiten nicht die verdiente Anerkennung erhielt, werde ich versuchen, Ihnen seine Arbeit nahezubringen. Dabei hoffe ich, dass einige der über tausend früheren Vereinsmitglieder des *Forschungskreises e. V. für Geo-Hydro-Biologie* oder andere Interessierte mit den noch vorhandenen Geräten und Aufzeichnungen sein Lebenswerk weiterführen können.

---

[1] Gewisse Forscher bezeichnen die Freie Energie als aus dem alles durchdringenden *universellen Energieozean* stammend. Sie wird auch als *Nullpunktenergie* oder *Quantenäther* bezeichnet, da sie selbst bei der absoluten Nulltemperatur noch existiert.

Vielleicht ist noch Zeit, das große Leiden und Sterben aufzuhalten, so wie Tikale es durch seine Arbeit getan hat und bereits Tesla, welcher der Medizin Impulse für die Elektrotherapie gab[1]. Doch wird man sich im Gesundheitswesen auf diese und andere Vorbeugesysteme der Heilung psychischer und körperlicher Erkrankungen konzentrieren müssen, selbst gegen die Interessen der *Krankheitsindustrie*. Kürzlich gab mir ein Krebsspezialist in einem Interview zu verstehen, dass er von Vorbeugemedizin nichts hält, da wir den Krebs wegen der Überbevölkerung bräuchten. Auch wenn diese nonchalante Äußerung des Professors nicht die überwiegende Meinung moderner Mediziner widerspiegelt, sollten wir uns über die Interessenskonflikte der an Krankheiten verdienenden Branchen bewusst werden, selbst die Verantwortung für unseren Körper übernehmen und uns eigens um die Vorbeugung von Leiden kümmern.

Krankheiten sind Ausdruck des Handelns gegen die Natur

In diesem Buch möchte ich auch Masaru Emoto ehren, dessen Botschaft die Menschheit nachhaltig verändern wird. Bis heute hat er mit seiner Idee, den Ursprung des Lebens - die Liebe - im Wasser sichtbar zu machen, viele Menschen zutiefst bewegt. Er fing vor mehr als 12 Jahren an, mit einem Schwingungsmesser, dem sogenannten *Magnetic Resonanz Analyzer (MRA)*, bestimmte Frequenzen von Flüssigkeiten und lebenden Organismen zu messen. Mit dem MRA ermittelt Emoto die für die betreffende Person dissonante bzw. unharmonische Frequenz und übermittelt die genau passende *Gegenfrequenz* auf Wasser, das er der Versuchsperson zu trinken gibt.

Jeder erhält sein persönliches heilbringendes, ganz individuelles Schwingungsmuster, das ihm oder ihr zum Heilsein fehlt

(Emoto, 2002, S. 13). Der Physiker und Ingenieur Peter Gross, über dessen Arbeit in Teil IV berichtet wird, hat nun ein Wasseraktivierungsgerät entwickelt, das - ausschließlich mit Naturenergie arbeitend - aus gewöhnlichem Leitungswasser solch ein personalisiertes Nass herstellt. Dieses GIE-Wasser (GIE wie **G**ross - **I**nnovation aus **E**rfahrung) scheint genau zu wissen, was der einzelne benötigt. Eine Person, die z. B. die Frequenz Ginseng braucht, bekommt sie vom GIE-Wasser eindeutig messbar, während das geniale Nass einem Menschen, der auf Ginseng allergisch reagiert, diese Frequenz messbar vorenthält (Mensch & Sein, 5/2002, S. 53).

---

[1] Siehe Literaturverzeichnis; bereits 1898 stellte Tesla vor der *Amerikanischen Elektrotherapeutischen Vereinigung* seine physiologischen Hochfrequenzoszillatoren vor. Die Wirkungen dieser Geräte ähneln denen von Tikale. Beide führen zur Entspannung und zu einem regen Stoffwechsel sowie zur Ausscheidung von Giften, und beide können bis zu sieben Personen gleichzeitig positive Frequenzen aufschwingen.

Einleitung

*Wo immer wir den Dingen auf den Grund gehen,
stoßen wir letztlich auf lenkende geistige Kräfte
und hinter ihnen auf den Geist des Lebens*

Masaharu Taniguchi

Vor wenigen Monaten rief mich eine befreundete Autorin an, die mir kurz zuvor ihr farbenfrohes Buch *Frisch macht fit* zugeschickt hatte. Andrea Vonhoff war kaum wiederzuerkennen. Sie wirkte so *positiv geladen,* dass ich sie fragte, ob sie verliebt sei. Ihr perlendes Lachen aus tiefstem Seelengrunde schien mir recht zu geben. Doch das, was ihre Sinne bloßlegte, war etwas anderes Elementares:

Ich bade seit zwei Wochen in fließender Seide und fühle mich wie neu geboren!

In der folgenden Stunde sprudelten ihre frischen Erlebnisse mit dem durch ein Wasseraktivierungsgerät belebten Wasser aus ihr heraus. Andreas Begeisterung war so ansteckend, dass auch mich die Neugier packte, zumal ich mich mit dem Thema des gesunden Nasses bereits vor mehr als einem viertel Jahrhundert befasste.

1976 wurde ich Mitglied des *Forschungskreises e V. für Geo-Hydro-Biologie* in Igelsbach, dessen Vorsitzender Johann Tikale, wie schon im Vorwort erwähnt, Mitte der sechziger Jahre damit begann, ein wirkungsvolles System zu entwickeln, um Krankheiten über Lymphreinigung und Wirbelsäulenregeneration zu heilen. Er hatte sich das Resonanzprinzip zunutze gemacht und den Organismus mit einer physikalischen Gegenschwingung zur krankhaften Schwingung versehen.[1] Bitte lesen Sie unbedingt diese Fußnote!

---

[1] Wir leben in Resonanz oder Dissonanz mit der kosmischen Energie. In der Körperlichkeit der Lebewesen kommt die reine Energie zum Ausdruck. In jeder Zelle ist ihr einzigartiger göttlicher Bauplan eincodiert (DNA). Dieser Bauplan gibt Auskunft über die göttliche Bestimmung und die Lebensaufgaben bzw. den Beitrag des Individuums innerhalb des Kollektivs. Erkennen und verkörpern wir das, was für uns vorbestimmt war, leben wir – wie ein gut gestimmtes Instrument – in Resonanz mit der kosmischen Energie. Wir reagieren auf Schwingungen und senden sie zurück in der Weise, dass Gleiches Gleiches anzieht. Die persönliche Schwingungsfrequenz jedes Menschen stellt die Gesamtsumme all dessen dar, was er im Lauf von Äonen durchlebt hat. Dabei dienen die Zellen als Gedächtnisspeicher, und Erinnerungen entstehen, wenn Erfahrungen von intensiven Gefühlen begleitet wurden. Negative Gedanken, Schadstoffe in der Luft, ungesunde Ernährung und Schlacken vergiften unsere Zellen, wie auch die Energiefelder des Körpers und damit unsere individuelle Schwingungsfrequenz. Wir reagieren dann verstimmt. Ablagerungen von Schwerverdaulichem bzw. emotionalem Ballast in Form von Angst, Hass und Gram erzeugen Blockaden in den Energiefeldern und führen schließlich zu Krankheiten. *Gedanken, Worte und Taten sind Energieformen, und was immer wir aussenden, kommt entsprechend den Gesetzen von Karma und Resonanz zu uns zurück (Jasmuheen, 1998, S. 19).* Setzen wir daher besser unseren freien Willen in der Weise ein, dass wir auf Gedanken, Gefühle und Worte verzichten, die

**Durch das Aufschwingen nützlicher Frequenzen[1] wird das
Körperwasser angeregt, Schadstoffe, wie Blei, Cadmium,
Quecksilber und Aluminium aus dem Körper zu leiten
und selbst genetische Belastung abzubauen**

Als ich später die ausführliche Broschüre der Herstellerfirma des Wasserbelebungsgerätes las, fand ich Parallelen zu dem, was ich im Forschungskreis gelernt hatte. Hier wie da geht es um die Belebung von krank gewordenem Wasser. Und darum, dass die polarisierte Energie fließt, sich die in der Wirbelsäule manifestierten Blockaden lösen und dass Schadstoffablagerungen ausgeschwemmt werden. Tikale brachte das Körperwasser der Vereinsmitglieder wieder zum Schwingen und erhöhte die Spannung zwischen beiden Polen + und -, so dass die Energie wieder frei fließen konnte. Unsere *Batterien* wurden wieder aufgeladen, zusätzlich wurden wir angehalten, viel *gutes Wasser* zu trinken und im Wald zu laufen.

**Durch unsere ständige Unrast bei mangelnder Erholung
ist die Energie einseitig auf dem Pluspol gefangen.
Sie geht fast nur nach außen, kaum nach innen und wird
verbraucht, ohne sich zugleich wieder ausreichend aufzuladen**

Doch vom elektromagnetischen Feld des Menschen zurück zum GIE-Wasseraktivierungsgerät: Meine Neugier besiegte den Zweifel ob der enormen Ausgabe. Beruhigt durch das Rückgaberecht, bestellte ich das walzenförmige Wunderwerk der Naturwissenschaft trotz hoher Anschaffungskosten von € 2.283,43. Meine körperlichen Reaktionen auf das energetisierte Wasser hielten sich in Grenzen. Offenbar war ich durch meinen jahrelangen Spirulinakonsum schon generalgereinigt. Toll fand ich allerdings das erfrischende Prickeln auf der Haut, das dem vermehrten Sauerstoff des belebten Wassers zuzuschreiben ist. Und die Temperatur blieb während der gesamten Badedauer konstant, so dass ich kein heißes Wasser zulaufen lassen musste.

Das wesentlich dankbarere *Versuchskaninchen* war meine Mutter, bei der es schien, als ob sie schon nach vier Wochen von einem seit der Kindheit bestehenden Leiden befreit wurde, wie Sie im Kapitel *Erfahrungen mit dem GIE-Wasser* nachlesen können. Sie bestellte ein noch größeres Gerät, damit der ganze Gebäudekomplex meiner Familie einschließlich der Pension mit dem

---

Unvollkommenheit zum Ausdruck bringen, damit disharmonische Schwingungen aufgehoben werden können. Siehe auch Schlussbemerkungen.

[1] Die Frequenz bezeichnet die Fließrichtung des Stromes (fortlaufender Wechsel der Polarität = Wechselstrom). Vollzieht sich der Wechsel 30 mal in einer Sekunde, haben wir eine Frequenz von 30 Hertz. Die Frequenz gibt also an, wie oft sich die Schwingung einer Welle innerhalb eines bestimmten Zeitraums wiederholt.

gesunden Nass versorgt werden konnte. In der Zwischenzeit wurde ich auch von anderen Freunden sowie von Verlegern per Post und per E-mail mit Wasserberichten und Wasserbüchern eingedeckt. Dem Wink des Schicksals folgend, machte ich mich mit dem Gedanken vertraut, ein Buch über das wundersame Nass zu schreiben. Was ja auch Sinn macht, denn in meinen Büchern über Spirulina habe ich darauf hingewiesen, dass wir zum Leben nicht mehr als die blaugrüne Alge und Wasser brauchen. Ein japanischer Philosoph hatte dieses Überlebenstraining jahrzehntelang praktiziert.

Auf unseren Reisen zur iberischen Halbinsel fiel mir auf, dass die an der Algarve verkauften Mineralwässer, bis auf das stark basische Quellwasser von Monchique[1] zu sehr im sauren Bereich liegen.

Saurer Regen, saures Quellwasser, ein weltweites Problem, das es rasch zu lösen gilt

In meinem Buch *Stärke dein Immunsystem und heile dich selbst* habe ich hervorgehoben, wie dringend der Körper reines Wasser benötigt, um die Nährstoffe aus dem Darminhalt zu resorbieren und zu den Zellen zu transportieren. Ebenso, um die Abfallprodukte des Stoffwechsels zu lösen und auszuscheiden, damit sie sich nicht im Fettgewebe ablagern und die unschöne Orangenhaut verursachen. Eine Übermineralisierung kann auch zu Ablagerungen in Gelenken und Geweben und somit zu schmerzhaften Entzündungen (Arthritis, Rheuma) führen. Mit Kalk belastetes, hartes Wasser verursacht mitunter auch schmerzhafte Steinbildungen. Dies kann meine kürzlich an Gallensteinen operierte Großnichte bestätigen. Nur reines, mineralarmes Wasser ist in der Lage, als Lösungs- und Transportmittel einwandfrei zu funktionieren.

Trinken wir Kaffee, Tee, Cola, Sprudel, Wein oder Bier, trocknet der Körper aus

Dies führt, wie der in Amerika lebende iranische Arzt Dr. Faridun Batmanghelidj in seinem Buch *Wasser, die gesunde Lösung* darlegt, zu den gefürchteten Zivilisationskrankheiten, wie Asthma, Allergie, Arteriosklerose, Diabetes, Krebs, Rheuma u. a. Aufgrund privater Recherchen bin ich zur Überzeugung gelangt, dass auch Alzheimer eine reine Wassermangelkrankheit ist. Siehe Kapitel *Alzheimer ...*

---

[1] Gemeinde im Gebirge der Algarve, der südlichsten Provinz von Portugal. In diesem westlichsten Land Europas können Sie neben dem Mineralstoffwert auf jeder Mineralwasserflasche auch den pH-Wert erfahren, der die saure, neutrale oder alkalische Reaktion einer Lösung anzeigt (pH = pondus hydrogenii oder Potenz der Wasserstoffionen). Das Foto zeigt, wie das gute Nass ganz ungebändigt aus dem Berg fließt.

Im Grunde ist es so einfach, gesund zu bleiben oder zu werden: Wir brauchen Bewegung (Sauerstoff), Entspannung, natürliche Nahrung und lebendiges Wasser, damit die Säfte ordentlich fließen.

Alternative Wasserforscher bezeichnen jene Verbindung, die so zwanglos zwischen den physikalischen Zustandsformen flüssig, fest und gasförmig (als Dampf) hin und her wechselt, als ein lebendiges Wesen[1], das auf Umwelteinflüsse reagiert und dementsprechend gesund oder krank sein kann. Muss es folglich nicht auch eine Seele haben? Wolfgang Meyer sagt aus spiritueller Sicht dazu: *Die Elektronen haben einen geistigen Auftrag und bestimmen unser Leben durch ihre Frequenz und unsere Rückkopplung mit ihnen.* Da Wasser überall ist, scheint alles beseelt zu sein. Ist Wasser das Allseiende? Viktor Schauberger, der *das Wasser als Wesen,* als *die gewaltigste Brücke für die Entwicklung alles Seins* betrachtet, drückt es folgendermaßen aus:

Nur ein tiefgreifendes Studium intuitiv veranlagter Menschen kann das innerste Wesen der Lebenssubstanz „Wasser" erforschen. Erst mit der restlosen Ergründung der stofflichen Ursubstanz „Wasser" wird es möglich sein, der geistig und körperlich verfallenden Menschheit die Wege zu zeigen, die sie wieder aufwärts führen. (Schauberger 1963, S. 7)

Das vorliegende Buch zeigt Ihnen, wie Wasser in entscheidendem Maße das geistige, psychische und körperliche Wohlbefinden des Menschen beeinflusst. Und das ist ja auch kein Wunder, wo wir doch zu etwa 70 Prozent aus diesem Lebenselixier bestehen und somit wie Wasser reagieren. Kein Wassertropfen ist von der geometrischen Struktur her genau identisch, wie auch wir alle von unserer Molekularstruktur her verschieden sind. Wir verändern uns permanent und reagieren oder verhalten uns je nach Gefühl, momentaner Verfassung, Temperatur und Luftdruck ganz unterschiedlich. Auf dieser Ungleichheit baut das Therapieprinzip der Homöopathie auf, wonach *Similia similibus curentur* ähnliches durch ähnliches geheilt werden soll. Offenbar ist das der Grund, weshalb Homöopathie und Hydrotherapie oft wahre Wunder bewirken. Oder gehören Sie zu jenen Zeitgenossen, die nur glauben, was sie sehen? Dann wird Ihnen

---

[1] Betrachten wir das chemische Bild des Wassers, können wir nicht einmal sagen, wie es zu der seltsamen Konstruktion des H_2O kommt, denn es widerspricht sämtlichen chemischen Gesetzen. Nach den Gesetzen des Periodensystems müsste Wasser gasförmig sein (Hacheney, 2001, S. 21). Dividieren wir z. B. die Atomzahlen des Sauerstoffs und des Wasserstoffs durcheinander, so ergibt sich die Zahl 8. *Die 8 versinnbildlicht durch die geometrische Gestalt die Ewigkeit. Die 8 ist aber auch gleichzeitig das Symbol, die Zahl für das Merkurielle, das heißt für das Vermittelnde und somit stellt sie auch die Mitte dar* (ebd. S. 21 f). Das Wesen des Wassers ist also das Vermittelnde. Mittler zwischen Kosmos und Erde, zwischen Allseiendem und Mensch. Siehe Kapitel *Wasser als Schnittstelle zwischen physischer und metaphysischer Realität.*

beim Betrachten von Emotos Wasserkristallfotos im wahrsten Sinne des Wortes
ein Licht aufgehen, da sie ganz offenbar abgelichtete Sinneseindrücke darstellen.

Wird hier die schöpferische Kraft sichtbar?
Jene Energie, die sich durch Wellenbewegungen,
Schwingungen und Worte offenbart und wirkt.
Ist das Wasser unsere Verbindung zum Kosmos?

Das Wirken kosmischer Energien und Energiefelder lässt eine auf sie zurück-
gehende hintergründige Weisheit und Ordnung erkennen. Letztere gibt z. B.
jedem Kristall[1] sein bestimmtes Raumgitter und die diesem gemäße Form. Der
Baseler Arzt Hans Jenny fand bei seinen Studien von Schwingungseinflüssen
auf H_2O immer wieder das Phänomen symmetrischer Drei-, Vier-, Fünf-, Sechs-
und Siebenecken, die sich im verwirbelten Wasser bilden.

Wassertropfen zeigen komplexe Strukturen in Form der fünf
platonischen Körper, Würfel, Tetra-, Okta-, Isoka- und Dodekaeder

Aus dieser sogenannten heiligen Geometrie entsteht jede Form von Materie, die
sich in höherdimensionalen Mustern fortsetzt.

  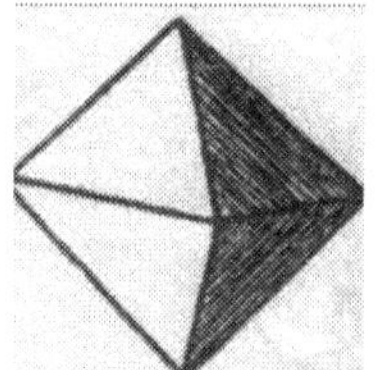 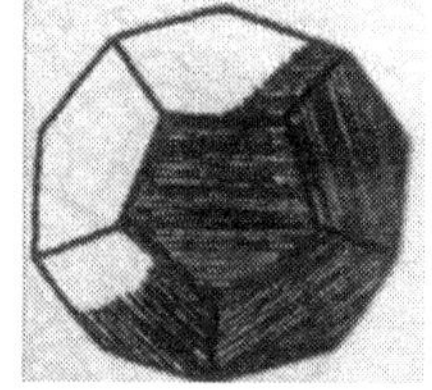 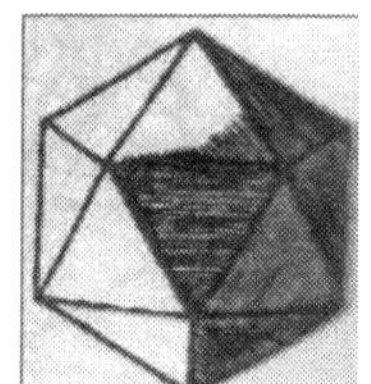

Vielleicht hält das *Wunderwesen Wasser* auch uns in Ordnung. Jedenfalls
scheint unsere Intelligenz vom Wasser abzuhängen. Denn das Gehirn, obwohl
es nur ein Fünfzigstel des Körpergewichts ausmacht, enthält ein Fünftel des
zirkulierenden Blutes. Und die Tatsache, dass Alzheimer-Patienten im Laufe
ihrer Krankheit 20 % ihres Gehirnwassers einbüßen, könnte uns durchaus auf
den Gedanken bringen, es sei das Wasser, das leitet und denkt.

Viele Wissenschaftler mögen Dr. Masaru Emoto für einen Schwär-
mer halten. Doch als ich vor zwei Jahren das wunderbare *Buch* des
Alternativmediziners *The Message from Water* durchblätterte, hat
sich mein Wasserververständnis radikal verändert. Die wunderschönen Fotografien sprechen Bände über eine Wahrheit, die unser gesamtes gesellschaftliches Leben revolutionieren wird.

---

[1] Im Wort Kristall steckt das Wort Kristos, das aus dem Griechischen stammt und *der Gesalbte*
bedeutet. Es bezeichnet das, was wir heute Bewusstsein nennen, Krist-All = All-Bewusstsein

14

Dem Team um den intuitiven japanischen Wasserforscher ist es nach Tausenden Versuchen Mitte der 90er gelungen, kristalline Strukturen (Cluster) gefrorenen Wassers zu fotografieren

Dabei kam heraus, dass es sich bei dem lebendigen Nass um ein fühlendes Wesen handeln muss. Denn, wie Sie auf den Fotos sehen können, zeigt H_2O Gefühlsschwankungen, wenn man es mit unterschiedlichen Klängen und Worten beschallt oder ihm verschiedene Texte *zu lesen* gibt. Ja sogar auf Fotos bestimmter Personen reagiert es mit einem positiven oder negativen *Gesichtsausdruck*. In Japan beeinflussen sogar einige Nahrungsmittelhersteller ihre Produkte mit aufbauender Musik, um diese zu verbessern.

Diese Fotos zeigen Kristalle von H_2O, das dem Elvis - Song *Heartbreak Hotel* ausgesetzt wurde. Das li. erinnert an ein in 2 Teile gebrochenes Herz. Auf dem mittleren scheinen die Teile sich neu auszurichten und rechts sich in einer Art Freundschaftsband zu vereinen.

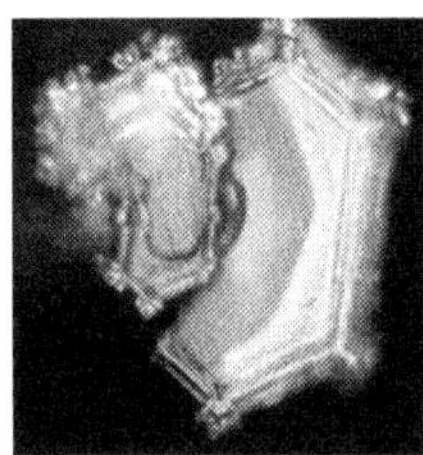
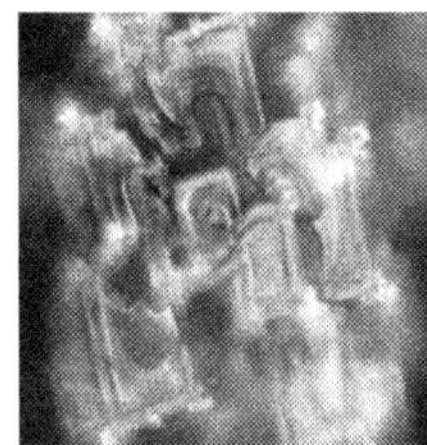
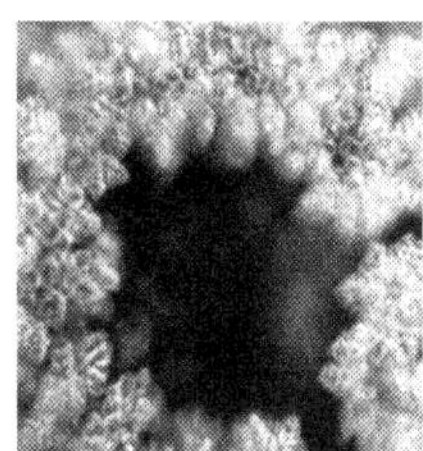

Alles Lebendige, jeder Stock und jeder Stein enthält Wasser. Daher muss auch alles Materielle beeinflussbar sein. Ob es das Wasser ist, das unsere Wünsche wahr werden lässt? Wir wissen ja, wenn wir etwas wirklich wollen, dass wir es uns täglich vorstellen sollen. Wenn wir uns z. B. ganz schlank vorstellen und immer wieder sagen: *Ich bin schlank, vielen Dank,* kann unser Körperwasser die Information aufnehmen und an unsere Zellen weitergeben. Der Metabolismus kann sich verändern, die Vorlieben für bestimmte Nahrungsmittel und Getränke können sich ändern, und Sie können graduell abnehmen. Oder versuchen Sie das Wünschen mal mit handfesteren materiellen Dingen. Vielleicht möchten Sie gern ein Kleidungsstück für einen besonderen Anlass oder wie wäre es mit einem komfortablen Haus? Glauben Sie, dass Sie alles bekommen, und testen Sie die Macht Ihrer Gedanken! Sie werden sich wundern. Siehe letztes Kapitel! Es könnte auch segensreich sein, wenn wir wieder zu der guten alten Gewohnheit zurückkehren, vor dem Essen für die Speisen zu danken und zwischendurch öfters mal den guten Geschmack zu loben. Gewiss werden wir dann mit einer besseren Verdauung belohnt.

Auch beim Anpflanzen und Zubereiten der Nahrung sind positive Gedanken oder aufbauende Musik hilfreich

Landbau und Kochen kann also auch ein Akt der Liebe sein. Doch testen Sie es selbst, indem Sie dieselbe Mahlzeit zweimal zubereiten, einmal mit negativen Gedanken oder Worten, ein andermal mit positiven. Oder mal mit sanfter, mal mit schräger Musik. Lernen wir aus Erfahrung und handeln wir danach!

Viktor Schauberger und andere alternative Wasserforscher vermuteten schon lange, dass das Phänomen der Haufen- oder Clusterbildung mit seinen immer in Bewegung befindlichen Molekülen der Schlüssel für die Verhaltensweise des Wassers als Energie- und Informationsträger ist. Das Wasser wurde also schon lange als feinstoffliches Medium mit einem Gedächtnis betrachtet. Aber erst Emoto hat uns seine Genialität sichtbar gemacht und somit bewiesen. Der für seine Blutanalysen (HLB-Test) bekannte Dr. David Schweitzer soll ebenfalls 1996 imprägnierte Gedanken im Wasser fotografiert haben.

Bisher lebten wir auf Kosten der Nachwelt, indem wir immer nur Schutz- und Gegenmaßnahmen gegen Schmutz und Verpestung trafen, anstatt vorzubeugen. Oder wir reagierten auf ein Symptom unseres Körpers mit einer Gegenmaßnahme, meist in Form eines Medikaments. Dieses Buch zeigt, dass Krankheiten keine Katastrophen sind, denen nicht voraussagbare Ursachen zu Grunde liegen. Durch die Beseitigung von Unwissenheit, Angst und Zweifel kann jedes Leid abgewendet werden. Sie werden ebenso in das Geheimnis eingeweiht, gesund und jugendlich frisch zu bleiben und lernen, dass unsere Feinde nicht die Jahre sind, sondern die materiellen und geistigen Giftstoffe, die wir in unserem Körper ansammeln. Vor allem erfahren Sie, wie sie diese Schadstoffe wieder loswerden können. In Teil II *WASSER UND GESUNDHEIT* können Sie sich eine grundlegende Kenntnis von unserem Körper verschaffen, ohne in die komplizierte Terminologie der Schulmedizin eintauchen zu müssen.

**Wollen Sie wieder wahre Lust am Leben haben
und sich ihrer vollen Lebensenergie erfreuen, trinken Sie
lebendiges Wasser, führen Sie eine Generalreinigung durch
und leben Sie nach den Regeln der Natur**

Biologisch hochwertiges Wasser zum Reinigen des Körpers muss strukturiert, d. h. in Form sein, also Informationen enthalten. Nur wenn H_2O Molekülhaufen bildet, können letztere Schadstoffe umschließen und ausleiten. Nur so ist Wasser eine gesunde Lösung. Doch heute ist aufgrund massiver Umweltverschmutzung ein solches Nass rar geworden. H_2O enthält kaum noch nützliche, sondern immer mehr schädliche Informationen und verliert an Struktur, bis hin zum energetischen Tod. Teil *III. IST UNSER LEITUNGSWASSER LEBENSERHALTEND?* informiert ausgiebig über eine weitere schockierende Wahrheit:

**Medikamente und andere potenziell schädliche
Substanzen können in Kläranlagen nicht eliminiert werden!**

Doch keine Angst, wir können uns vor diesem bislang nicht beachteten Problem schützen. Denn, da die Wasseraufbereitung versagt, können wir dank moderner Wasserforschung selbst dafür sorgen und mit Hilfe biophysikalischer Wasserbehandlungssysteme gewöhnliches Trinkwasser in *Heilwasser* verwandeln.

Wie Sie dies bewerkstelligen können, erfahren Sie in Teil *IV. QUELLWASSER-QUALITÄT DURCH WASSERAKTIVIERUNGSTECHNIK.*

- Das Beleben des Körperwassers durch Aufschwingung nützlicher Frequenzen führt zur Ausleitung von Giften

- Das weltweite Problem *saurer Regen und saures Quellwasser* verlangt eine rasche Lösung

- Nur Wasser in seiner reinen Form dient unserem Wohlbefinden

- Asthma, Allergie, Arterienverkalkung, Diabetes, Krebs und Rheuma zählen zu den seelisch bedingten Wassermangelkrankheiten (siehe Teil II)

- Das Prinzip der Homöopathie basiert darauf, dass wir uns, wie auch das Wasser, je nach Verfassung oder Luftdruck ganz unterschiedlich verhalten

- Wasser reagiert auf Worte, Schriften, Klänge und Bilder

- Die Qualität des Wassers hängt – wie auch die Qualität unserer Nahrung – davon ab, in welchem Maße es Sonnenlichtteilchen absorbiert

- Nur Wasser, das Cluster (Molekülhaufen) bildet, ist biologisch hochwertig

- Wasseraktivierungstechnik kann *totes* Leitungswasser wieder beleben

I. LEBENSSPENDENDES NASS AUS DEM ALL

*Nichts ist hier, ohne dass es durch
Geist und Wasser ging.*

Nikodemus, Johannesevangelium

Die Erde ist mit mehr als zwei Dritteln von Wasser bedeckt; der menschliche Körper mittleren Alters enthält etwa genauso viel. Seit Raumsonden bestätigt haben, dass es auf dem Mars H_2O gibt, sind wir dem Mysterium des Wasserursprungs insofern näher gekommen, als wir nun davon ausgehen können, dass es überall im Weltraum auftritt. Dennoch und gerade deshalb wissen wir heute noch so gut wie nichts über das lebendige Nass. Neben Flora, Fauna und der Erde selbst, besteht vermutlich der ganze Kosmos aus Wasser.

Die biochemische Zusammensetzung unserer Körperflüssigkeit entspricht der des Meeres

Daher wurde gefolgert, dass wir aus dem Meer entstanden sind. Dieser Theorie konnte ich nie voll zustimmen, da ich mich aufgrund meiner übersinnlichen Erfahrungen dem Kosmos verbunden fühlte. Das vor wenigen Jahren veröffentlichte Foto der NASA mit den riesigen Schneebällen, die seit Anbeginn der Erde aus dem All auf letztere fallen, zeugt nun auch davon, dass wir und die Ozeane dem Kosmos entspringen. Sind wir und das Wasser Geschenke des Himmels? *Täglich kommen einige Tausend auf uns zu, die sich jedoch zersetzen und Teil einer Wolke werden, sobald sie in Erdnähe kommen,* heißt es in einer Pressemitteilung der *NASA* vom Mai 1997. Wie kometenähnliche Himmelskörper von etwa zwölf Meter Durchmesser fallen die Schneebälle seit Milliarden von Jahren aus dem All. Dieser kosmische Regen enthält offenbar jene organische Substanzen, aus denen sich das Leben entwickelt hat.

Der Ursprung des Wassers macht nun auch deutlich, warum seine mysteriöse und einmalige Natur durch die uns auf der Erde zur Verfügung stehenden wissenschaftlichen Möglichkeiten bisher nicht geklärt werden konnte. Auf der anderen Seite können wir dem Verständnis der unvorstellbaren Wesenheit des Alls näher kommen, wenn wir das Wasser tiefgründig untersuchen.

- Seit der Entstehung der Erde fallen täglich Tausende riesiger Schneebälle aus dem All und verbinden sich mit den Wolken

- Tiefgründiges Untersuchen des feinstofflichen Mediums wird uns dem Mysteri-Kosmos näherbringen

Ist Wasser intelligent?

Vor annähernd 200 Jahren war es dem Arzt Samuel Hahnemann gelungen, mit der Homöopathie ein neues Heilverfahren zu entwickeln, von dem man weiß, dass es wirkt, obgleich in den Hochpotenzen der homöopathischen Arzneien kein einziges Molekül der ursprünglichen Wirksubstanz mehr enthalten ist. Die Verdünnung ist dann so extrem, als habe jemand einen Fingerhut voll Wasser in den Atlantik gekippt, kräftig gepustet und am Nordpol eine Probe entnommen. Lange Zeit konnte man sich nicht erklären, warum die Ausgangssubstanz in solch extremen Verdünnungen immer noch wirkt. Mittlerweile sind Kernphysiker diesem Wassergeheimnis auf die Spur gekommen.

Es wird davon ausgegangen, dass durch das rhythmische Schütteln beim Herstellungsprozess heilsame Informationen aus der Wirksubstanz auf das Wasser übertragen werden

Diese Entdeckung versuchten Wissenschaftler mit Großrechnern nachzuprüfen. Doch selbst die größten Computeranlagen konnten die sich dabei entwickelnde Datenmenge zunächst nicht bewältigen. Allerdings entdeckten die Forscher dabei viele Eigentümlichkeiten des essentiellen Stoffes.

H_2O ist überall und in allem. Selbst in Steinen und Metallen, auch wenn der Gehalt dann nur Promille oder wenige Prozent beträgt. Kein Stoffwechselvorgang, kein Lebensprozess funktioniert ohne Wasser. Es ist die Basis aller Körperflüssigkeiten. Seine überragende Eigenschaft ist, dass es ein Gedächtnis besitzt. Beim Lesen folgender Kapitel werden Sie es gar für intelligent halten.

Holistisch betrachtet beinhaltet Wasser das gesamte Wissen von der Entstehung des Universums

Johann Grander erkannte, dass durch Angst, Stress oder Hyperaktivität verursachte negative Schwingungen ebenso auf das Wasserwesen übergehen. Dies scheint der Grund zu sein, weshalb homöopathische Mittel nur dann wirken, wenn sie in positiv geladener Umgebung eingenommen werden.

- Wasser ist überall und in allem, und es weiß alles

- Die negativen Schwingungen von Angst und Stress gehen auf das Wasserwesen über. Dies konnte Emoto anhand von Wasserkristallfotos bestätigen

Die Clusterstruktur des Wassers

Was die Wissenschaft Energie nennt, bezeichnet die Religion als Gott. ALLES ist ENERGIE. ALLES ist GOTT. DAS WESEN GOTTES IST DIE LIEBE

Brian Grattan

Masaru Emoto hat uns dies *ALLES* durch seine Wasserkristallfotos deutlich gemacht. In den 0,025 mm winzigen Wunderwesen, die aus einem Stück Eis von 5 mm Durchmesser bei – 5 Grad Celsius fotografiert werden, scheint uns das göttliche Antlitz entgegenzustrahlen. Auch wenn der Bildband des japanischen Forschers *Die Botschaft des Wassers* lediglich eine Tendenz aufzeigt, kann man seine Arbeiten als verwissenschaftliche Religion bezeichnen.

Wassermoleküle sind unvorstellbar winzig und messen gerade mal ein zehnmillionstel Millimeter. Man muss schon die rechnerisch schwer fassbare Menge von 10^{20} - also eine Eins mit 20 Nullen - von ihnen zusammenpacken, um ein stecknadelkopfgroßes Gefäß zu füllen. In dieser Winzigkeit bilden sie ein bedeutsames Gefüge, das als *Cluster* (engl.: Haufen, Traube) bezeichnet wird. Es wurde festgestellt, dass diese Wassermolekülhaufen typische Energiesignale aussenden, die von der Bewegung ihrer Einzelmoleküle abhängen. Werden die Signale aufgezeichnet, ähnelt das Bild einer Relieflandkarte.

Im Wasser bilden Cluster kristalline Gitternetze, die mit hohen Frequenzen vibrieren und ähnlich wie Radiowellen aufgefangen werden können

Chemiker der Universität Berkeley (USA) tun dies mit einem Infrarotabsorptionsspektrometer. Der geometrische Aufbau des Wassers ist für das Frequenzmuster verantwortlich, und im Wasser können bestimmte Wellenlängen festgestellt werden. Welches Geheimnis der Schöpfung verbirgt sich hinter den faszinierenden kristallinen Formen, deren Einmaligkeit wir von Schneeflocken und Eiskristallen kennen? Biophotonenforscher entdeckten, dass am Aufbau jedes einzelnen Wassermoleküls mehr als eine Milliarde Lichtquanten beteiligt sind. Diese kleinsten Einheiten des Lichts geben jedem Wassermolekül seine unverwechselbare Identität. Auf unseren Körper übertragen bedeutet das, Blut, Gewebe und Organe verändern sich nur, wenn sich vorher die die Materie (Säfte, Fasern) bildende Energie verwandelt hat. Werden wir krank, verändern wir unseren Zustand durch einen Energiedefizit, und wir müssen dafür sorgen, dass der Körper die richtigen Informationen bekommt. Dies kann über energetisiertes bzw. stark verwirbeltes Wasser, Homöopathie, Bachblüten oder Edelsteinessenzen geschehen.

Schon 1933 haben sich Fowler und Bernal über die pseudokristalline Struktur des Wassers in der Weise geäußert, als es neben 11 Eisarten drei verschiedene Sorten von Wasser gebe. Ähnliche Lehrmeinungen wurden seither immer wieder vertreten, wie auch von dem Amerikaner J. S. Clegg, der in lebenden Zellen das normale oder *freie* H_2O, das an die Moleküle gebundene Hydrationswasser und das viszinale oder Grenzflächenwasser unterscheidet (1981/1983). Das herausragende war letzteres *oberflächennahe Wasser,* das über einen höheren Ordnungszustand und veränderte physikalische Eigenschaften verfügen soll. In dieser geordneten viszinalen Wasserphase, die nach Cleggs Auffassung ständig mit der chaotischen des freien Wassers wechselt, findet die Hauptaktivität der Enzyme statt.

Ähnliche Behauptungen stellten auch der russisch-österreichische Biophysiker Karl Trincher[1] und der rumänische Forscher Ian Manzatu auf. (Bischof 2001, S. 340). Andere Wasserforscher waren davon überzeugt, durch Verwirbeln, Verschütteln, Magnetisieren, Stimulieren mit Schall, Bestrahlen mit Licht und Zugeben spezieller Substanzen besondere Wässer herstellen zu können.

Der englische Elektrophysiker Prof. Cyril W. Smith zeigte, dass dem Wasser auch elektromagnetisch bestimmte Schwingungsmuster aufgeprägt werden können, die Regulierungsvorgänge im Organismus in Gang setzen. Einer Versuchsperson strahlte er ¼ Stunde lang eine Frequenz von 40 Hertz ein. In anschließenden Messungen des Körperwassers wies diese Person eine Eigenschwingung von 40 Hertz auf. Ebenso waren die Oberwellen 80 und 160 Hertz deutlich messbar in ihrem Organismus gespeichert. Tikale praktizierte dies schon

---

[1] Trincher bezeichnet das Wasser als Grundsubstanz des Lebens und Denkens; seine Forschungen sind für das Heilwesen von Bedeutung. Er ist davon überzeugt, dass nicht die chemische Zusammensetzung der biologischen Makromoleküle die eigentlichen Träger des Lebens sind, sondern das in den Körperzellen befindliche Wasser. Nicht die Mineralien und andere Stoffe der Wassermoleküle an sich interessieren ihn, sondern ihre Anordnung und Vernetzung bzw. in welchem Schwingungszustand sie untereinander stehen. Die Lebendigkeit des Wassers ist bezüglich des Heilpotentials von Bedeutung. So erklärt er auch die Entstehung von Krebs durch die Zerstörung der Wasserstruktur in der Zelle. Das Wasser in den Zellen stirbt teilweise ab, wodurch die strukturelle Ordnung zusammenbricht. Siehe Kapitel *Krebs - Störungen im Wasserhaushalt*

20 Jahre zuvor und konnte zudem zeigen, dass Medikamente oder krankmachende Substanzen durch elektromagnetische Felder ersetzt werden können.

Voraussetzung für die Strukturierung des Wassers ist eine Art Erinnerungsfähigkeit

Auch Prof. Fritz A. Popp, der die zellulare und interzellulare Kommunikation unserer Körperzellen nachweisen und die Lichtspeicherfähigkeit in Wasser und Nahrung messen konnte, billigt dem Wasser zumindest eine gewisse Gedächtnisfunktion zu (Popp 1986). Das Wirken verschüttelter homöopathischer Arzneien beweist ja auch, dass langlebige zusammenhängende Schwingungen gespeichert werden. Aber für die traditionelle Wissenschaft ist es offenbar gar zu brisant, sich auf ein erinnerungsfähiges Wasser einzulassen. Sie täte allerdings gut daran. Denn die Bevölkerung jener Länder, in denen Ärzte mehr homöopathische Mittel verschreiben, erfreut sich einer im internationalen Vergleich besseren Gesundheit. (H. & M. Diamond 1987)

Johann Tikale führte mich vor einem Vierteljahrhundert in seine Steinwelt ein. So wie Emoto überall auf der Erde Wasserkristalle *sammelt*, brachte er von nah und fern Steine mit.[1]

Der Naturforscher stellte fest, dass bestimmte Mineralien elektromagnetische Strahlungen für den Menschen unschädlich machen können. Denn Steine bestehen ja auch aus Mikrokristallen, z. B. aus Basalt oder Granit. Diese strahlen ein Feld aus, das im Wasser einen Ordnungszustand herbeiführt. Somit können Steine auch für die Clusterstruktur des Wassers sorgen und unser Körperwasser positiv beeinflussen. Siehe auch Teil IV.

Unsere positiven Schwingungen wirken sich ebenso auf die Menschen in unserer Umgebung aus, die laut Tikale quasi mit *umgepolt* werden. Unser Körperwasser schwingt ihres mit auf. Dadurch wird letzteres harmonisiert und balanciert.

---

[1] Wie mir Inge Tikale, die Tochter des Forschers mitteilte, ist die Sammlung in den Besitz des Heimatmuseums Hirschhorn übergegangen.

Wir erleben dieses Prinzip der Resonanz, wenn wir gut gelaunt einen Raum betreten und sich unsere positiven Schwingungen auf die Anwesenden übertragen oder deren negative auf uns, je nachdem, welcher Pol überwiegt

Tikale hat nun durch das *Lupfen* - eine Art chiropraktische Manipulation - [1]die Wirbelsäule dazu benutzt, um ein elektromagnetisches Feld aufzubauen. Bob Frisell weist in seinem Buch *Zurück in unsere Zukunft* darauf hin, dass die Nutzung der Wirbelsäule zum Zweck der Energiefeldbeschaffung etwas ganz natürliches ist und Wale und Delphine diese Technik schon immer anwenden. *Das Leittier einer Walschule benutzt seine Wirbelsäule zum Aufbau eines elektromagnetischen Feldes, an das sich alle anderen Tiere der Herde oder des Schwarms binden* (Seite 154). Als Teile eines einzigen komplexen Organismus folgen sie ihm blindlings nach. Dies erklärt auch das Phänomen der gestrandeten Wale.

Dass Felder Ordnungszustände von Materie herbeiführen können, ist ja hinreichend bekannt; z. B. zwingt ein Magnetfeld die Elementarmagnete von Materie in eine bestimmte Richtung. Dadurch erhöht sich der Ordnungszustand der Materie und der Zustand der Unordnung sinkt. Ähnlich ist es bei Feldern mit zwei entgegengesetzt gepolten elektrischen Ladungen, deren Felder sich gegenseitig beeinflussen. Während der Lymphreinigungsphase im Forschungskreis waren wir einem Gleich- bzw. Wechselstrompotenzial ausgesetzt, das die im Körper befindlichen Elektronen anregen sollte, sich mit dem zum Einsatz gebrachten Potential in Übereinstimmung zu bewegen.

Durch das Aufschwingen nützlicher Frequenzen wird das Körperwasser angeregt, Schadstoffe aus dem Körper zu leiten

Tikale nannte diesen Vorgang, bei dem eine vorher genau berechnete Energie eingestrahlt wird, welche die Elektronen befähigt, die als Quanten aufgenommenen Ladungen freizugeben, *Entstrahlung*. Dieses Modulieren bewirkt eine Grundreinigung, bei der selbst genetische Belastung abgebaut werden kann.

---

[1] Bei dem Prozess, durch den das Wasser des Körpers seine ursprüngliche Ladung zurückgewinnt, schälen sich nach Abschluss der einzelnen Modulationsphasen sogenannte *freigewordene Lupfe* heraus. Siehe Kapitel *Stärkung der inneren Wasserdynamik im menschlichen Körper*. Der *Lupf* ist eine Einrenkung der Wirbelsäule, die den Körper von einer Ladung und der durch diese verursachten Störung befreit.

Beim Lupfen wird nach mehrmaligem Beugen und Strecken zunächst der Lendenwirbel gedehnt. Dabei hebt der Lupfer den mit vor der Brust verschränkten Armen Stehenden durch Unterfassen der Arme hoch. Nach wiederholtem mehrmaligen Beugen und Strecken werden die Brustwirbel gedehnt. Dabei faltet der zu Lupfende seine Hände im Nacken. Der Lupfer greift durch die Armbeugen, kreuzt seine Hände über denen des zu Lupfenden und hebt ihn wieder an.

Die Modulationswirkung auf unseren Organismus, also das Aufschwingen positiver Frequenzen ist beim Baden in energetisiertem Wasser die gleiche (Meyer 1999, S. 109f.). Auch die in Teil IV. vorgestellten Wasserbelebungsgeräte erzeugen nachweislich ein lebendiges Nass mit einer komplexen Clusterstruktur, das ebenfalls den Körper entgiftet, regeneriert und harmonisiert. D.h.:

In gutem Wasser erfolgt ein erhöhter Ordnungszustand

Dabei werden die einzelnen Wassermoleküle dazu gebracht, lockere Kristallverbände zu bilden, die sehr leicht gegeneinander verschiebbar sind. Die im Gegensatz zu aufgelöstem Wasser niedrigere Viskosität bzw. Zähigkeit dieser Flüssigkeitskristalle und ihre niedrigere Oberflächenspannung lassen sie wie Seide anfühlen. Clusterwasser ist bekanntlich die Basis von Zellflüssigkeit und extrazellulärer Flüssigkeit in lebenden gesunden Organismen. Das bedeutet: Sind wir gesund, ist das Wasser in den Zellen weniger klebrig und von niedriger Oberflächenspannung. Dadurch ist es überaus zellfreundlich, weil es sich unbegrenzt durch die Zellwände mit anderen Stoffen vermischen kann (Stoffwechsel). Ist das Wasser im Körper dagegen aufgelöst, also nicht zu Molekülhaufen zusammengeballt, führt dies zu Erkrankungen (Tausendfreund 1998. Gutachtliche Äußerung zum chromatographischen Messverfahren der Wirkung des SUNRISE-Wasseraktivators). Wie bereits erwähnt, können Sie mit Wasseraktivierungstechnik aus aufgelöstem Wasser das auf den Organismus günstig wirkende Clusterwasser herstellen.

- Nicht die Mineralien u. a. Stoffe sind für Trincher wichtig, sondern ihre Anordnung und in welchem Schwingungszustand sie untereinander stehen

- Stirbt das Wasser in den Zellen teilweise ab, bricht die strukturelle Ordnung zusammen, und es entsteht Krebs

- Die Struktur von Wasser setzt eine Gedächtnisfunktion voraus

- In zigfach verschüttelten homöopathischen Arzneien wirkt nicht das Heilmittel, sondern seine im Wasser gespeicherte Frequenz

- Steinkristalle strahlen ein Feld aus, das im Wasser einen Ordnungszustand bewirkt, der sich durch Kristallverbände in Form platonischer Körper zeigt

- Flüssigkeitskristalle sind weniger klebrig, haben eine niedrigere Oberflächenspannung als aufgelöstes Wasser und sorgen für einen problemlosen Stoffwechsel

- Aufgelöstes, strukturloses Wasser zeugt von Unwohlsein und macht krank

Microclusterwasser - Informationsträger und Transportmittel

Jürgen Schulte von der University of Michigan vermutet ebenso, dass in den Wassermolekülhaufen die Informationen der Homöopathie gespeichert werden (Mensch&Sein 3/99). Dies bedeutet aber auch: Wasser enthält nicht nur erwünschte positive und heilsame Signale, sondern auch negative Informationen über Schadstoffe, mit denen es in Verbindung gekommen ist. Selbst wenn diese in den Klärwerken chemisch und physikalisch gänzlich herausgefiltert würden - was leider nicht geschieht - bleiben die im Wasser gespeicherten Informationen doch erhalten. Wie schon erwähnt, haben Prof. Smith und der ebenso renommierte Physiker Dr. Ludwig, der seit Jahren als Berater der *World Research Foundation Los Angeles* tätig ist, nachgewiesen, dass Wasser die ihm einmal eingeprägten Informationen auf der Ebene bestimmter Frequenzen speichern und an andere Systeme, wie z. B. lebende Organismen, übertragen kann. Letzterer drückte es folgendermaßen aus:

Wasser hat ein Gedächtnis wie ein Elefant

Das bedeutet: Giftstoffe, wie Blei, Cadmium, Nitrat, Chlor, Fluorid, Pestizide, Medikamente sowie radioaktive Partikel und Krankheitskeime hinterlassen gemäß des homöopathischen Prinzips auch nach einer kompletten chemischen Reinigung eine Prägung in Form einer Frequenz im Wasser. Aus diesem Grund müssen wir das feinstoffliche Medium ernst nehmen und strenge Maßstäbe an unser Trink-, Dusch- und Badewasser legen.

Negative Informationen können nur durch energetisch stärkere positive Beeinflussungen des belasteten Wassers gelöscht werden

Wenn wir dieses Buch lesen, die Fotos betrachten und uns auf die Betrachtungs- und Erklärungsweise einlassen, wonach Wasser das gesamte historische Wissen der Welt speichert, erkennen wir, dass das lebensnotwendige Nass wie das menschliche Gehirn funktioniert. Reize von außen stimulieren das Gedächtnis des Lebenselixiers und rufen Erinnerungen hervor. Was bedeutet es, wenn alles, was mit dem Wasser in Berührung kommt, bestimmte Erinnerungsmuster auslöst? Wie bereits erwähnt, bewirken in allen Meeren der Welt Wind und Wellen, dass durch die Bewegung des Wassers Informationen übertragen werden, so wie das bei der Herstellung homöopathischer Arzneien durch rhythmisches Schütteln geschieht. Dabei breitet sich die dem Wasser beigefügte homöopathische Information, also die Wirksubstanz, wie eine Eilmeldung aus, indem ein Molekül die Botschaft an das andere weiterleitet. Die Wassermoleküle sind nämlich in der Lage wie eine Antenne zu senden, aber auch zu empfangen. Leider verbreiten sich in den Weltmeeren wenig gesundheitsfördernde Informationen. Denn:

**In den letzten hundert Jahren sind so viele schädliche
Substanzen in Flüsse und Ozeane gelangt, dass der Regen und
damit auch das Grundwasser weltweit informationsverseucht ist**

Nehmen wir schadstoffbelastetes Wasser zu uns, schwächen wir im Laufe der Jahre unsere körpereigene Abwehr und schaffen die Basis für Krankheiten.

So ist es offenbar auch der Frau von Dr. Lee H. Lorenzen ergangen. Wie so oft in der wissenschaftlichen Forschung war auch bei der Entwicklung des Microclusterwassers als Heilsubstanz die Not Mutter der Erfindung. Im Bemühen, seiner kränkelnden Frau zu helfen, begann der Biochemiker 1984 mit der Entwicklung von funktionellem Wasser, indem er das Konzept des Clusterwassers ausarbeitete. Er nahm an, dass er das energieschwache Körperwasser seiner Frau durch das mit Flüssigkeitskristallen strukturierte Nass austauschen bzw. regenerieren kann. Dadurch sind die durch den Wasserstoff zu kleinen Partikeln zusammengeschlossene Wassermoleküle besser in der Lage, scharfe Kehrtwendungen zu machen.

**So kann das Clusterwasser weit in die
entferntesten Winkel des Körpers vordringen**

Seine Absorptionskraft in den Zellen ist sehr groß. (Emoto 1999, S. 122).

Lorenzen entwickelte ein Verfahren, magnetische Informationen auf destilliertes Wasser zu übertragen, um es noch stärker zu machen. Dabei bringt er das Wasser mit einem Laserstrahl in Rotation und prägt ihm den Magnetismus bestimmter Substanzen auf. Durch die Entwicklung dieses besseren Wassers, das aufbauende Informationen speichert und überall dorthin in den Körper führt, wo sie gebraucht werden, konnte die Frau des Wasserforschers wieder gesund werden. Das von Dr. Lorenzen entwickelte Microclusterwasser wurde unter Mithilfe von Ärzten in den USA und Mexiko unterschiedlichen klinischen Tests unterzogen, die viele gute Ergebnisse zeigten. Daher bleibt zu hoffen, dass bei fortschreitender Entwicklung in diesem Forschungsbereich das 21. Jahrhundert das Zeitalter der *Symbiose von Wasser und Medizin* sein wird.

- Selbst wenn in Klärwerken Schadstoffe aus dem Wasser herausgefiltert werden, bleiben die gespeicherten Informationen dieser Stoffe erhalten

- Durch das rhythmische Schütteln breitet sich die homöopathische Infomation der Wirksubstanz von einem Molekül zum anderen rasch aus

- Das lebensnotwendige Nass funktioniert wie unser Gehirn

- Dr. Lorenzen kopiert positive Informationen bestimmter Substanzen und überträgt sie auf das Wasser, damit sie überall in den Körper transportiert werden können, wo sie gebraucht werden

- Vermutlich wird in naher Zukunft das Wasser die Medizin revolutionieren

Kristalle: Symbolsprache der Natur und Spiegel von Gefühlen

Masaru Emoto hat durch seine Wasserkristallfotos die raumgitterartige Anordnung von Wassermolekülen entsprechend ihrem Ordnungsprinzip und Informationsgehalt sichtbar gemacht. Durch die Arbeit des Forschers, der sich nomen est omen mit dem Ursprung von H_2O befasst (Die Silbe *E* bedeutet so viel wie *großer Fluß* und *Moto* heißt *Ursprung)*, hat das Lebewesen Wasser eine neue Ausdrucksform bekommen. Nun wird es darum gehen, die *Sprache des Wassers* verstehen zu lernen.

Die kristallinen Strukturen des gefrorenen Wassers möchten uns etwas mitteilen

Sie können die ausdrucksvollsten Wasserkristalle, die uns zu einem neuen Verständnis von Geist und Materie verhelfen, in dem unglaublich schönen Bildband des Japaners bewundern. Als Emoto mit seinen Experimenten begann, ging er von der Hypothese aus, dass ein auskristallisiertes Wassermolekül von reinem Wasser ein reines Kristall bildet, wogegen kontaminiertes H_2O nicht schön kristallisiert. Nach zweimonatlichen Versuchen, bei denen die Eiskristalle unter dem Mikroskop in Sekundenschnelle schmolzen, gelang seinem Mitarbeiter Dr. Kazuya Ishibashi die erste Aufnahme einer kristallinen Sechseckstruktur gefrorenen Wassers. Das sich in der Folge etablierende Fotografenteam konnte in viereinhalb Jahren weltweit mehr als 10.000 Bilder aufnehmen und verarbeiten, von denen kein einziges haargenau dem anderen gleicht. Das bedeutet:

Jeder Wassertropfen hat seine ureigene Schwingung, die ständig auf äußere Einflüsse reagiert

Emotos Hypothese, dass das Abbrechen oder das Zusammenbrechen der Kristallstrukturen keine guten Anzeichen sind, bestätigte sich insofern, als jene Fotos, die eine klare sechseckige Form zeigen, Ausdruck eines gesunden kraftvollen Wassers sind. Wird das Wasser in irgendeiner Form belastet, verliert sich diese Grundstruktur. Daneben hat sich ein einfaches Beurteilungskriterium herausgestellt; nämlich das Gefühl, ob der Kristall schön ist oder nicht. *Sonderbarerweise spürten und sahen wir schon oft, wie die Kristalle versuchten, ‚schöne Kristallfiguren‘ des Wassers zu bilden, und dass Kristallbilder wunderbare Botschaften enthalten.* (S. 18)

Wir spürten, dass das Wasser versuchte, uns etwas mitzuteilen

Ein überwältigendes Ergebnis lieferte Emoto mit folgendem Experiment: Er schickte Briefe an 500 Freunde in ganz Japan und bat sie, am 2.2.1997 um 14.00 Uhr für ein auf seinen Schreibtisch gestelltes Leitungswasser mit folgenden Worten zu beten: *Das Leitungswasser im Zimmer des Herrn Direktor Emoto ist sauber geworden. Vielen Dank.* Schauen Sie sich den Unterschied an! Dieser Versuch scheint zu beweisen, dass die Entfernung für die *Energie der Wortseele* keine Rolle spielt (Emoto, 2002, S. 62). Das, was Esoteriker das Reinigen der Atmosphäre von störend wirkenden Schwingungen nennen, stellt Emoto hier bildhaft dar. Denn, da Wasser überall ist, können wir durch unsere Gedankenkraft unsere Schwingungsfrequenzen erhöhen, wodurch wir immer empfänglicher für Telepathie, Hellsehen und Hellhören werden. Auch das im folgenden Kapitel beschriebene Experiment, bei dem das Wasser vor und nach einer Gebetsmeditation fotografiert wurde, deutet auf folgendes hin:

Wir sind in der Lage, durch unsere Gedanken von jetzt auf nachher tiefgreifende Veränderungen auf der Erde hervorzurufen!

Links das Trinkwasser aus einer Region von Tokyo, rechts nach der Gedankenübertragung

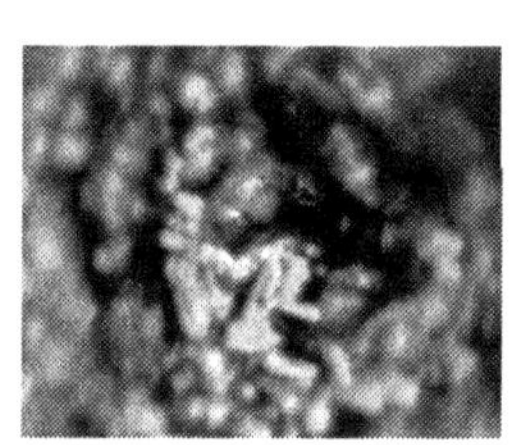

Nutzen wir unserere Gedankenkraft, um durch Liebe, Licht und Wahrheit die Betonung des Materialismus, seelische Verwirrung, lockere Moral und geistige Trägheit zu überwinden! Liebe auf japanisch heißt übrigens Ai. A und I sind im japanischen Alphabet die ersten beiden Buchstaben. Die Liebe ist ja auch der Anfang des Lebens.

Wie schon erwähnt ist H_2O das launischste Element. In hohem Maße instabil, verändert es sich in jedem Moment, je nach Bedingungen, Ort und Zeit. Auch unser Körperwasser reagiert auf Temperatur, Luftdruck oder Konstellation der Sterne. Irgendwann wird es gelingen, zwecks diagnostischer Abklärung intra- und extrazelluläres Wasser von heiteren, verliebten, entnervten, betrübten oder kranken Personen zu fotografieren. Auch könnten Wasserkristalle im Schlaf- gegenüber dem Wachzustand und die Untersuchung des Fruchtwassers aufschlussreich sein. Oder was sagt uns das elementare Nass nach einer Reiki-Behandlung? Vielleicht können Wasserforscher anhand von Wasserkristallfotos bald beweisen, dass beim Anschauen von Gewaltfilmen unser Körperwasser schaurige Kristalle erzeugt und herausfinden, wie lange dieser Zustand anhält. Sofern langfristig zerstörte Kristalle krank machen, werden wir ein völlig verändertes Verständnis von Krankheit bekommen. Bis dahin achten wir besser darauf, unsere kristallinen Strukturen zu schonen, indem wir uns vom Negativen möglichst abwenden und unser Wasser nicht durch unachtsam hingeworfene Worte verunstalten, wie Ihnen das folgende Kapitel verdeutlicht.

- Gesundes, kraftvolles Wasser zeigt sich in einer klaren hexagonalen Form

- Materiell wie geistig kontaminiertes Wasser erzeugt unansehnliche Gebilde

- Der menschliche Geist kann Wasser erheblich verändern

- Wir sollten lieber auf Gewaltfilme verzichten und bei negativen Nachrichten umschalten, damit uns der Psychoterror der Medien nicht schaden kann

Worte als Ausdruck der dem Geist innewohnenden Seele

Sie mögen diese Überschrift für eine kühne Behauptung halten. Doch wenn Sie Emotos Arbeiten im einzelnen kennen lernen, gelangen Sie vielleicht auch zu einer tieferen Geistlichkeit und verspüren eine innere Erweiterung und eine unermessliche Kraft. Erhabene Gelassenheit erfüllte mich beim Gedanken, dass Wasser auf Worte reagiert und sich damit als Wesen offenbart.

Emotos schönster Wasserkristall, das wunderschöne, brillante Energie ausstrahlende Hexagonalgebilde, entstand aus Wasser, das einem seelischen Reinigungsexperiment in Form einer Meditation durch den Oberpriester Reverend Kato unterzogen worden war. Vor dem Gebet zeigte die Probe aus dem Stausee ein fürchterliches Bild, das einem eitrigen Geschwür gleicht. Emotos Fotografenteam macht uns deutlich, dass H_2O eine sogenannte Wortseele hat, da es auf das gesprochene und geschriebene Wort reagiert. Um bei der Anlyse der Wirkung des Wortes Verfälschungen möglichst auszuschließen, wurden die Worte vom Computer ausgedruckt und die Etiketten mit der Schrift nach innen zum Wasser zeigend auf Glasflaschen aufgeklebt. Es wurde destilliertes H_2O in die Flaschen

Nachdem der Mönch eine Stunde lang neben dem unruhigen Wasser des Fujiwara - Damms gebetet hatte, gewannen die Fotografen von dem nun ruhigen, klaren und sichtbar schönen See dieses göttliche Wasserkristall - bild (rechtes Foto).

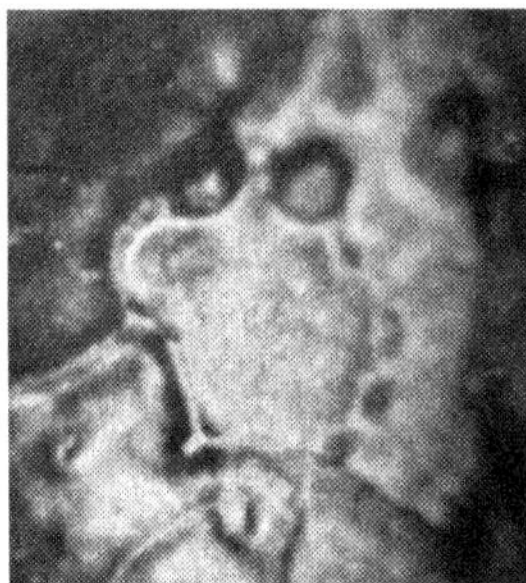

gefüllt und das Ganze über Nacht so belassen. Begriffe, wie *Danke, Engel oder Liebe* brachten traumhaft schöne Kristallstrukturen hervor. Worte, wie *Dummkopf, schmutzig* und *Teufel* riefen durchweg abscheuliche Gebilde hervor. Interessant ist: Die Forscher erhielten bei gleichen Begriffen abweichende Resultate, zum Beispiel *bei Dummkopf* auf japanisch und englisch. Dies hat offenbar mit dem unterschiedlichen Ursprung der Wörter zu tun. Auch gab es abweichende Ergebnisse, wenn sie das H_2O mal zornig mit *Dummkopf* anschrien oder sanft *Du bist ein Dummkopf* sagten. Hier erkennen wir, wie Beeinflussung durch Suggestion wirkt.

Da wir hauptsächlich aus Wasser bestehen, können wir uns diesen Effekt bewusst machen und durch sanfte, aufbauende Worte wahre Wunder in der Erziehung, im Umgang miteinander und in der Vorbeugung von Krankheiten bewirken

Wollen wir unsere *wichtigste Ressource* schützen und die Kristalle unseres Körperwassers nicht zerstören, hüten wir uns besser vor solchen Ausdrücken, die oft mir nichts dir nichts dahingeworfen werden, wie: *Du machst mich krank.* Oder: *Ich bringe dich um.* Dabei tritt ein besonders entstellter, wie implodiert und zersprengt wirkender Kristall zutage, der dem mit *Heavy Metal Musik* beschallte auf S. 52 gleicht. Hier lernen wir aber auch, dass wir durch den Gebrauch des rechten Wortes Negatives abwenden und Positives anziehen können.

Beim Beschriften der Flaschen mit Namen brachte das Wasser bei *Mutter Teresa* klare Kristalle hervor. Dagegen ähnelten die Bilder des Wassers, das dem Namen *Adolf Hitler* ausgesetzt worden war, meist denen, die mit den Sätzen *Du machst mich krank* und *Ich bringe dich um* beschriftet worden waren. Von jedem Versuch werden in der Regel mindestens 50 Fotos gemacht. Die meisten dieser Aufnahmen waren schwarzbräunlich, doch es waren auch zwei oder drei Bilder mit Ansätzen eines Kristalls dabei.

Die eine Hälfte des linken Fotos ist verschwommen und sieht wie ein untergehender Planet aus, auf dem der zertrümmerte Kopf eines Mannes zu sehen ist, halb verdeckt von einer sich grämenden Frau im Profil, darüber eitrige Geschwüre und Kriegsschrott und der tote Despot mit dem Kopf nach unten. Das rechte Foto zeigt eine positivere *Hitlerstruktur.* Der einzige voll auskristallisierte Zacken scheint ein positives Bewusstsein im Namen Hitler zu reflektieren bzw. sein eigentliches inneres Wollen und Bestreben auszudrücken, während die linke Prägung sein gestörtes Verhältnis zur Außenwelt wiederzugeben scheint.

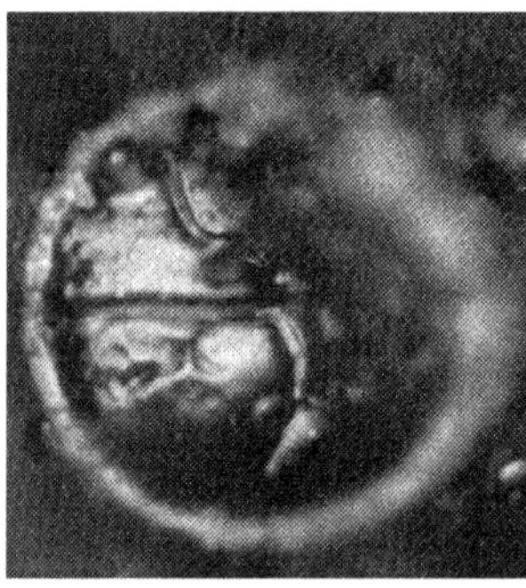

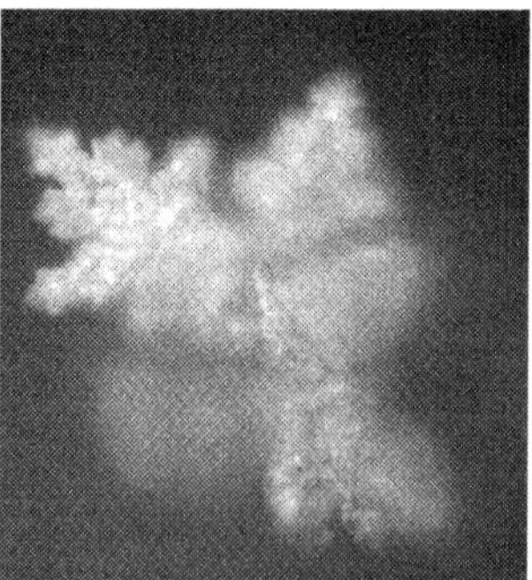

Das unvollendete Sechseck ist ein faszinierendes Bild. Es scheint, als ob das geflügelte Pferd direkt zum Olymp aufgebrochen ist. Pegasus sieht wie eine Hybride aus, mal ist ein Engel, mal ein Herrscher zu erkennen. Es sieht aus als ob der auskristallisierte luzide Zacken das Idealbild darstellt, das durch die untergehende Sonne sublimiert wird.

Emoto interpretiert es so, dass es keine wirklich bösen Menschen gibt, da alle ein Gewissen haben. Juden oder jene, die den Holocaust nicht im Sinne von Karma verstehen, werden ihm da nicht ganz folgen können. Und dennoch, das Abschlachten der Indianer, Auschwitz, Bosnien, Hisbollah, der Schmerz, die Gewalttätigkeit, die Grausamkeit ... es ist immer dasselbe, nur Gradunterschiede.

Akzeptieren wir das *Böse* in uns und transformieren wir es

Wir neigen dazu, unsere eigenen Fehler auf andere zu projizieren, in anderen zu erkennen und zu kritisieren. Dabei fühlen wir uns nur scheinbar besser, weil wir das Göttliche in uns nicht täuschen können. Verzeihen wir hingegen unsere Fehler, die wir in anderen erkennen, können wir uns auch selber verzeihen.

- Wasser reagiert auf gute Worte mit einem schönen Kristall

- Bei negativen Worten zeigt Wasser entstellte Gebilde

- Jeder einzelne kann etwas tun, um positive Veränderungen zu bewirken!

Wasser als Persönlichkeitsgutachter?

Die Wasserforschung könnte sich dahin entwickeln, künftig unser gesamtes gemeinschaftliches Leben zu revolutionieren. Infolge von Bewusstwerdungsvorgängen würde ein allgemeiner Läuterungsprozess stattfinden. Charakterschwache Menschen könnten ihre negativen Energien nicht ausleben, da wir mit einem handlichen Gerät sofort erkennen könnten, mit wem wir es zu tun haben. Spinnerte Träume oder künftige Wirklichkeit? Auf solche Gedanken kann man bei einem weiteren Experiment Emotos kommen. Hierbei stellte das Forscherteam Flaschen mit destilliertem Wasser auf Fotos. Über dem Bild eines lächelnden Kleinkindes entstand eine Schwingung, die zu diesem wunderschönen Kristall führte, dessen Verästelungen sich energetisch ausdehnen. In den unteren Zacken des Hexagonalgebildes verschwimmen die Formen.

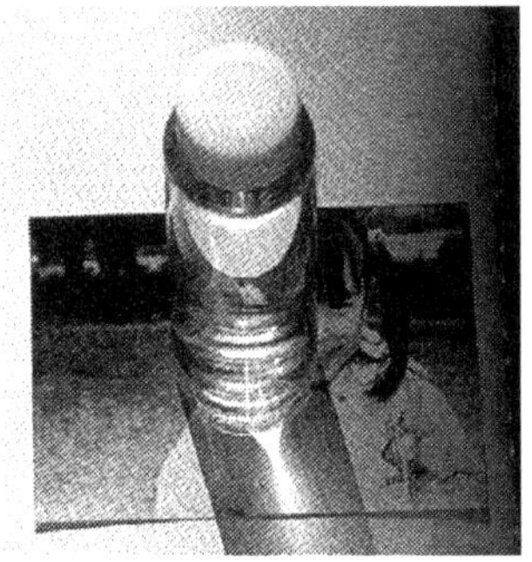

Ob der Kristall andeutet, dass die geistigen Fakultäten des Kindes schon bald abgeschlossen sind, während es die Entwicklung seiner Körperlichkeit gelassen erwartet?

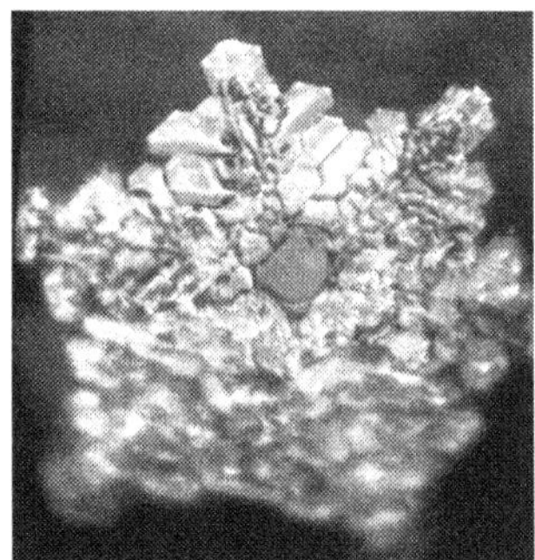

Ein Ziel des Japaners ist es, überall auf der Welt Wasserkristallbilder zu erzeugen, ohne dass Wasser gefroren werden muss. Der Prototyp eines handlichen Gerätes, das an einen Computer angeschlossen werden kann, existiert bereits (ZeitGeist 4/2000, S. 48). Vielleicht können wir bald selber harmonische oder disharmonische Wasserkristallfotos erzeugen. Wäre es nicht wundervoll, beim Einkaufen testen zu können, ob spezielle wasserhaltige Lebensmittel für unseren Organismus zuträglich sind oder ob wir besser darauf verzichten?

Es ist offenbar so, dass Wasser aufzuzeigen vermag, was Auraleser fertig bringen, wenn sie anhand von Farben, Ausbuchtungen oder Unterbrechungen des uns umgebenden Energiefeldes Charaktermerkmale, Gemützustand oder Krankheiten erkennen

Oft sind wir sogar ohne Hilfsmittel fähig, Fremde durch unseren ersten Eindruck zu beurteilen. Ob es unser Körperwasser ist, welches das andere erkennt und sich einschwingt oder nicht, je nachdem, wie wir mit dem anderen harmonieren? Ob es unsere sämtlichen Erfahrungen und Handlungen erkennt bzw. begutachtet? So würde sich spontane Sympathie oder Antipathie erklären.

- Wasser kann etwas über Personen aussagen

- Künftig soll ein handliches Gerät Wasserkristallbilder erzeugen können

- Übersinnliche Fähigkeiten sind möglicherweise ein Ausdruck des Wassers

Früherkennung von Luftverschmutzung und Naturkatastrophen

Tiefgefrorenes H_2O mit einer auf ein Mikroskop aufgeschraubten Kamera in der Kältekammer zu fotografieren, ist eine lästige, zeitraubende Arbeit. Hinzu kommt, dass keine schönen Fotos entstehen, wenn die Forscher schlecht gestimmt oder gesundheitlich nicht auf der Höhe sind. Daher hat Emoto mit der Entwicklung des o. g. Gerätes begonnen, das erlaubt, Wasserkristallbilder in nicht gefrorenem Zustand zu erzeugen. Es kann bequem auf Reisen mitgeführt werden.

Der Erfinder geht davon aus, dass mit dieser Technik eine Früherkennung von übermäßiger Umweltverschmutzung, radioaktiver Belastung und neu entstehender Krankheitskeime möglich wäre

Selbst sich aufbauende Erdbeben und Vulkanausbrüche könnten erkannt werden, wenn ein flächendeckendes Netz von Wassertestern ihre Resultate per Internet an spezielle Labors schickten. Emoto geht davon aus, dass Wasser ein Lebewesen ist, mit dem Gespür für das, was kommen wird. Dabei hält er

Grundwasser für noch viel sensibler als ein Tier, weshalb wir viel von ihm erfahren können. Die Kristalle des Wassers betrachtet Emoto als einen Spiegel des steigenden kollektiven Bewusstseins, das auf der Mikro- wie auf der Makroebene weitere Veränderungen möglich machen werde: *Der Himmel hat mit diesen Bildern die Erkenntnisschleuse geöffnet, deshalb werden sich schon bald weltweit Denken und Handeln verändern* (ZeitGeist 4/00, S. 51 f.).

Bleibt zu hoffen, dass der Japaner durch den Verkauf eines schon bald auf dem Markt erhältlichen Wasserkristallgerätes den Ausbau seiner privaten Studien finanzieren kann und die von ihm entdeckten Kristalle als Blaupause von Mensch und Natur dem Gesunden des ganzen Planeten dienen können.

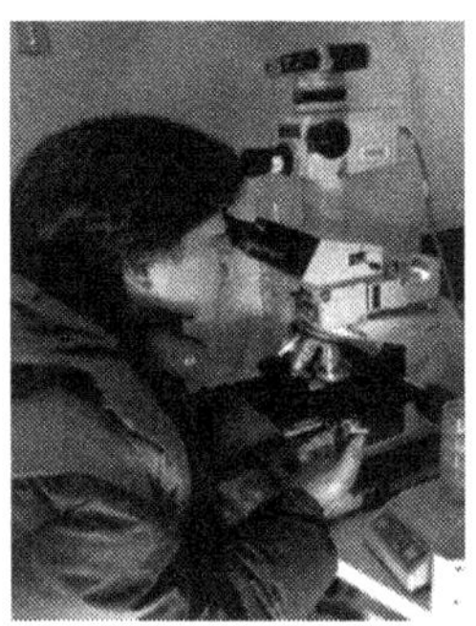

- Mit dem neuen Apparat soll die ungemütliche Arbeit in der Kältekammer überflüssig werden

- Die revolutionäre Philosophie der Wasserkristallbilder wird das Bewusstsein der Menschen verändern

Wasser als Schnittstelle zwischen physischer und metaphysischer Realität

Da mit Hilfe der Spirale Radiowellen in elektrische Impulse verwandelt werden, ist es offenbar möglich, von einer Ebene zu einer anderen Ebene zu gelangen – oder von einer Schwingung zu einer anderen.

John Nelson

Alles ist Energie, und Energiefelder können gestimmt werden. Das kosmische Orchester hält zahllose Musikinstrumente bereit.

Zunächst ist es wichtig herauszufinden, ob man in diesem Leben als Zitterspieler oder als Trompeter erscheint. Und zuletzt muss man lernen, mit allen Instrumenten zu musizieren

Die geistige Welt ist überall um uns herum, auch wenn sie auf einer anderen Ebene vermittels unterschiedlicher Schwingungen und Wellenlängen existiert. Um uns in die Welt des Geistes einschalten zu können, benötigen wir wie beim Transistorradio ein Empfangsgerät, jedoch ist der hierzu notwendige Apparat eine Person, ein Sensitiver. Mit diesem Medium als Empfänger sind wir in der Lage, mit der spirituellen Welt zu kommunizieren. Sofern Zeit und Umgebung richtig sind, kann es sich einstellen. Dies kann in Trance oder in völligem Wachzustand geschehen. In einem Stadium der Abstimmung kann das Medium die geistigen Wellenlängen empfangen und in uns verständliche umwandeln. Auch das Transistorradio nimmt die Radiosignale auf und wandelt sie in Schwingungen um, die wir hören können. Nur wenn man die *andere Welt* einmal empfängt, hat der Vergleich mit dem simplen Radio keine Gültigkeit mehr. Denn das Medium kann zurücksprechen, es kann Fragen beantworten, und von dieser Konversation erhalten wir Kenntnisse.

Folgend werde ich Sie mit meinem Zweiten Gesicht bekannt machen, in der Hoffnung, einige Umweltsünder verwandeln sich flugs in Naturschützer. Denn wir sind eher motiviert, unsere Umwelt zu schonen, wenn wir damit rechnen müssen, die Erde immer wieder in einem anderen Körper zu bevölkern. Sie mögen über meinen kindlichen Optimismus schmunzeln. Aber wäre es nicht ein Segen, verantwortungslose Reeder hörten auf, ihren Ölschlamm tonnenweise ins Meer zu pumpen? Oder Landwirte erfreuten uns mit ökologisch angebauten Früchten, statt unser elementares Nass zu verseuchen.

Schon Mitte der achtziger Jahre habe ich den Menschen meiner Umgebung meine übersinnlichen Erfahrungen mitgeteilt und bin dabei oft auf taube Ohren gestoßen oder habe in verdrehte Augen geblickt. In Kalifornien dagegen traf ich ständig Leute, die mir ihre eigenen paranormalen Erfahrungen anvertrauten. Seit ich Emotos Arbeiten kenne, mutmaße ich, dass die offenbar stärker ausgeprägte Übersinnlichkeit der Kalifornier mit der Wassernähe oder ihrem hohen Wasserverbrauch zu tun hat. Das Wasser scheint die kosmischen Botschaften besser zu leiten. Vielleicht liegt es aber auch daran, dass die satte Sonnenkraft die Instrumente besser stimmt und der Energieaustausch besser klappt. Zum Glück haben sich auch die Deutschen im letzten Jahrzehnt in verstärktem Maße zur Metaphysik bekannt.

Wie Sie in den vorangegangenen Kapiteln lesen konnten, sammelt das Wasser überall wo es gerade ist, Informationen und Energien. Noch vor fünf Jahren dachten wir an einen Wasserkreislauf, der sich auf die Erde beschränkt. Seit dem Bericht der NASA wissen wir nun, dass der Kreislauf des *unbekannten Wesens* in noch ganz anderen Dimensionen stattfindet. So wie unser Körperwasser gefühlsmäßig auf das anderer Körper reagiert, so scheint auch das Wasser unseres Planeten andere Himmelskörper zu beeinflussen und umgekehrt. Da H_2O in der Lage ist, Informationen und physikalische Kräfte zu sammeln, bringt es natürlich auch Botschaften aus dem All mit. Sollte das mitteilsame Nass also die Verbindung sein zwischen den unterschiedlichen Ebenen des Seins, zwischen metaphysischer und physischer Wirklichkeit?

Ist das feinstoffliche Element das Medium, das uns Botschaften zur Astralebene leitet? Liegt alle Wahrheit im Wasser, ALLES WAS IST?

Es war vor allem unser erster Aufenthaltsort an der Pazifikküste, der mich zur Annahme brachte, das Wasser sei unsere erste Brücke zum Äther: Denn die bisher intensivste Phase übersinnlicher Erfahrungen, in der Hauptsache waren es prophetische Träume[1] und *Zufälle,* erlebte ich in einem kleinen Strandort an der Pazifikküste. Jung nannte letztere *Kleine-Welt*-Geschichten *Synchronizitäten.* Während meine Verwandten mütterlicherseits seit ihrer Kindheit übersinnliche Erfahrungen haben, traten sie bei mir erst Ende der 70er Jahre auf, offenbar verursacht durch die Regeneration im *Forschungskreis für Geo-Hydro-Biologie.* Anfangs war mir gar nicht bewusst, dass mich die geistige Welt als Kanal benutzte. Eines meiner frühesten medialen Erlebnisse hatte ich erst viel später als solches erkannt. Es geschah während meines Promotionsstudiums. Meine Professorin Anitra Karsten organisierte im Frankfurter *Uniturm* ein Treffen mit Professoren und ausgewählten Studenten der Gerontologie, um eine Petition für die Gründung der Universität des *Dritten Lebensalters* auszuarbeiten, die dem damaligen Sozialminister Armin Klaus vorgelegt werden sollte. Entgegen meiner sonstigen Gewohnheit beteiligte ich mich äußerst rege an der Diskussion und wunderte mich, wo plötzlich all die fruchtbaren Gedanken herkamen. Etwa die Hälfte der Petitionspunkte basierten auf *meinen* Anregungen. Die Bittschrift nahm ich mit nach Hause, um sie auch noch über den Kanal der FDP weiterzuleiten. Denn Herr Mischnick, der Sohn des Politikers, wohnte im selben Haus wie wir, und ich bat ihn, sie seinem Vater zu geben. Eine Kommilitonin befragte mich hinterher über die einzelnen Thesen. Doch es war nichts, absolut nichts, was ich ihr sagen konnte. Die ganze Veranstaltung war wie ein Traum, an den ich mich nur vage zu erinnern vermochte. Wegen der eingeheimsten Bauchpinseleien hätte ich den mir damals unerklärlichen geistigen Höhenflug gern wiederholt und ließ alles, was ich am Vortag getan hatte, Revue passieren: *Geputzt, gefastet, gebadet ... (?)* Erst viel später wurde mir bewusst, dass eine Wesenheit aus dem Äther mich offenbar als Medium benutzt hatte, um der guten Sache zu dienen und zu helfen, das Lehrinstitut für ältere Menschen ins Leben zu rufen.

In dem einen Jahr, als wir in einem kalifornischen Strandort wohnten, häuften sich wie gesagt die übersinnlichen Erfahrungen aller Art, die ich demnächst in eine Erzählung oder in einen Roman einfließen lasse. Einmal war es mir möglich, Geister zu sehen, ein andermal war es einem Geist sogar gelungen, mich für kurze Zeit zu paralysieren. Und fast täglich hatte ich *Wahrträume[1]*, mehrmals Kontakt mit Verstorbenen und Astralträume vergangener Leben. So zumindest interpretierte ich die nächtlichen Visionen, nachdem ich Dutzende esoterische

---

[1] Solche Wahrträume, die vergessen werden, können Sie durch sogenannte Déja-vu-Erlebnisse erkennen, wenn Ihnen plötzlich Menschen, Umgebungen oder Situationen bekannt vorkommen, so als ob sie das alles schon erlebt hätten. Am besten schreiben Sie alle Träume gleich auf, damit Sie die prophetischen später nachweisen können. Wenn Sie meine Erfahrungen teilen und Ihnen auch gelegentlich vorm Einschlafen ein gleißendes Licht wie ein blitzender Diamant ins Stirnchakra eindringt (der Eintritt kann auch in anderer Weise geschehen; Chakras sind Energiezentren im Körper), schreiben Sie am nächsten Morgen gleich Ihre Erlebnisse auf. Kommt dieses Licht in meinem *Dritten Auge* zum Bersten, ist es als ob das Wasser in all meinen Zellen in Schwingung gerät. Mich durchströmt dann ein überwältigendes Gefühl bedingungsloser Liebe und ein wohliges Geborgensein, das mich vollkommen eins werden lässt mit der ganzen Schöpfung.

Bücher gewälzt hatte.[1] Die Anhäufung okkulter Erlebnisse versuche ich nun über die Wassernähe zu erklären. Das Meer war nur ein paar hundert Meter entfernt, der Pool direkt vorm Haus. Da, wie in Amerika üblich, Wasser- und Stromkosten im Mietpreis enthalten waren, nahm ich fast jeden Tag ein Vollbad und aß mehr Obst und Gemüse. Vielleicht sollten auch Sie einmal darauf achten, ob Sie bei Regen, beim Beobachten natürlich fließenden Wassers oder im Bade- und Skiurlaub mehr mit den kosmischen Energien in Berührung kommen und beispielsweise öfters von Verstorbenen träumen.

Ob Goethe so viele Badekuren durchführte, weil er gemerkt hat, dass Wasser den Fluss der himmlischen Botschaften in Gang hält?

Immerhin war er davon überzeugt, dass seine Worte *Worte aus einer höheren Welt* sind. Er sah ja auch seine Aufgabe oder den himmlischen Auftrag darin, die Menschen aus den Banden irdischer bzw. menschlicher Verstrickung zu erlösen und ihnen einen Weg aus der Irre heraus in die Freiheit zu weisen.

- Wenn es so ist, dass Wasser Informationen aus dem All leitet, sollte die übersinnliche Wahrnehmung bei Luftfeuchtigkeit höher sein

- Kleinkinder, die zu 80 – 90 % aus Wasser bestehen, sind noch viel intuitiver

- Achten Sie bei Regen oder nach Vollbädern[2] auf Botschaften in Ihren Träumen. Baden, in geringerem Maß auch ausgiebiges Duschen reinigt die Aura

- Prophetische Träume, die vergessen werden, tauchen als Déja-vu-Erlebnis auf, wenn die vorher geträumte Szene in der *Wirklichkeit* abläuft

---

[1] In einem dieser *Past-life*-Träume war ich ein englisch sprechender männlicher Schauspieler. Der Leiter des großen Orchesters, den viele Zufall nennen, ließ mich mit dem Mimen John Hudson bekannt werden. Dieser mittlerweile verstorbene Filmstar, der eine Oscar-Nominierung für die Hauptrolle neben Kirk Douglas in dem Streifen *The Racer* einheimsen konnte, war der Ehemann meiner Freundin Hilde (s. S. 148) und der frühere Lover von Jocelyn Brando. Bei letzterer traf ich Drehbuchautorinnen und Schauspielerinnen. Eine davon nahm mich mit zu ihrer von Sharon Chatten geleiteten Schauspielschule. Mariel Hemmingway war meine erste Partnerin in einem improvisierten Klassentreffen, bei dem wir in Zweiergruppen aufgeteilt worden waren. In der vierten Woche bei dem Stück *The Porch*, in dem ich eine New Yorker Verlegerin spielte, lobte mich Sharon mehr als sie je zuvor die professionellen Kollegen gelobt hatte, worauf ich die $140,-- für den folgenden Monat sparte und die Truppe verließ. Ich hatte ja nur vor, mein Talent zu beweisen, wobei ich folgerte: Wenn ich wirklich in einem früheren Leben ein Filmstar gewesen sein sollte, müsste doch wohl das schauspielerische Talent in mir stecken, zumal ich schon öfters in Las Vegas und L.A. mit Schauspielerinnen verwechselt worden war. Hat das gedächtniskräftige Wasser der Leute meine Erfahrung in diesem Beruf über Generationen hinweg wiedererkannt?

[2] Jasmuheen empfiehlt langdauernde körperwarme Bäder, weil sie stimulieren, die Energiefelder des Körpers neu ausrichten und ihre Balance wieder herstellen. Rebirther sind der Auffassung, dass tägliche Bäder und Rebirthing-Sitzungen das Zellgedächtnis vieler Zeitebenen, die jetzige eingeschlossen, reinigen könne. (Jasmuheen 1998, S. 235)

Wassertest mit einem Foto des Wunderheilers Bruno Gröning

Du glaubst zu schieben und du wirst geschoben, so heißt es in Goethes Faust. Vor kurzem wurde ich zum dritten Mal dem berühmtesten deutschen Geistheiler *zugeschoben.* Die beiden vorigen Male kam ich über das Durchlesen des Materials über Bruno Gröning nicht hinaus. Am 5. Juni sollte unser verschobenes Agenda - 21 - Treffen sein. Doch zu diesem Termin war der Sitzungssaal schon an den Bruno - Gröning - Freundeskreis[1] vermietet, der sich alle drei Wochen in der Löwenhofreite in Michelstadt trifft. Eine Sangeskame-

radin lud mich zu dem Treffen ein. Mir war klar, dass ich hingehen musste. Als der Baubiologe Thomas Dingeldein der Gruppe von Emotos Wasserkristallfotos berichtete, die ihn anregten, einen Versuch mit einem Lichtbild von Bruno Gröning durchzuführen, war mir kristallklar, dass das Treffen kein Zufall war und die Information offenbar ins Wasserbuch sollte. Der Forscher hatte ein Glas mit Leitungswasser gefüllt, das auf der Messskala zwanzigtausend Schwingungen (Bovis - Einheiten[2]) maß.

---

[1] Bruno Gröning war und ist posthum noch der bedeutendste deutsche Geistheiler. Zwischen 1949 und 1959 machte er im In- und Ausland Schlagzeilen. Seine Massenheilungen in Herford und am Rosenheimer *Traberhof* waren damals Tagesgespräch. Tausende leidender Menschen belagerten die Umgebung des *Wunderheilers.* Blinde konnten wieder sehen, Lahme wieder gehen. Prof. Dr. H. G. Fischer bezeichnete Bruno Gröning am 28.8.49 in der Zeitschrift *Revue* unter der Überschrift *Bruno Gröning ist kein Scharlatan* als einen *begabten, nicht ärztlichen Psychotherapeuten (Seelenarzt),* der sich aus einem *kindlich naturhaften und auch religiös begründeten Mitgefühl heraus ..* bemühte, *den Menschen in ihren seelisch bedingten Leiden zu helfen und die damit zusammenhängenden, nach außen zum großen Teil ,organisch' auftretenden Krankheiten zu heilen. Er maß sich nicht an, ein Prophet oder Messias zu sein. Er hat aber ein gläubiges Sendungsbewusstsein* (Eich, 1994. S. 85). Sein Können wurde vielfach von Ärzten bestätigt. Doch viele Schulmediziner und Pharmazeuten betrachteten die zahlreichen Spontanheilungen mit Sorgen. Nachdem Bruno Grönings Wirken aus Nächstenliebe verboten worden war, verließ er seinen Körper im Jahre 1959. Seitdem wirkt er auf einer höheren Ebene, in einer Dimension, die keine Lizenz zum Heilen fordert. Weltweit kommen die Menschen zum Freundeskreis. Hilfesuchende, aber auch Mediziner. 1992 wurde die Medizinisch-Wissenschaftliche Fachgruppe (MWF) gegründet, darunter ca. 400 Professoren, Instituts- und Universitätsleiter, Ärzte, Heilpraktiker und sonstige Heilberufler, welche die Wirksamkeit des *Heilstroms* dokumentieren und sich zur Lehre Bruno Grönings bekennen. Besonders beeindruckte mich der Bericht in der Zeitschrift Bio 6/2001 von der 65-jährigen Frau F., die vor wenigen Jahren an starker Osteoporose leidend nur noch unter großen Schmerzen an Krücken laufen konnte. 1995 wurde ein extrem geringer Spongiosemineralsalzgehalt von 51,7 mg CaHA/ml gemessen. Wenige Monate nachdem sie in den Bruno-Gröning-Freundeskreis (BGF) eingeführt worden war, konnte sie schmerzfrei ohne Krücken laufen. Bei einer Kontrolluntersuchung im April 1999 fand sich eine alterstypische Knochendichte von 80,1 mg CaHA/ml! **Weitere Informationen @: http://www.bruno-groening.de**

[2] Diese Sklala des Physikers A. Bovis zum Erkennen der Ausstrahlung von Menschen (Vitalität) und Plätzen (örtlich energetischer Zustand) ist nur eine Kontrollmethode, um die Qualität des Wassers festzustellen. Eine weitere ist die Absorption von UV-Licht durch H_2O. Je besser die Qualität des Wassers, desto weniger ultraviolettes Licht absorbiert es.

Danach stellte er das Glas auf ein Foto des Geistheilers. Zwei Stunden später zeigte das Wasser mit 75.000 Schwingungen eine bedeutend höhere Aktivität. Wie ist diese energetische Aufladung erfolgt? Könnte auch unser intra- und extrazelluläres Körperwasser beim Mitführen des Bildes einen positiven Aufschwung erhalten? Könnten die vielen Heilungen der Freunde Bruno Grönings darauf zurückzuführen sein, dass sie das Foto des Heilers bei sich tragen oder beim *Einstellen* und Bitten sich geistig mit ihm beschäftigen? Ist sein Geist Sender, das Wasser Leiter und unsere Seele Empfänger?

Ist es der aufgenommene Heilstrom, verbunden mit aufbauender Musik und wohltuenden Worten, der unser Körperwasser strukturiert?

Da die meisten Krankheiten auf seelische Qualen zurückzuführen sind, können sie durch das Fürbitten und den Glauben an die Gesundheit einfach verschwinden. Auf der anderen Seite werden wir krank, wenn unser Körperwasser auf dem energetischen Nullpunkt angelangt ist, weil wir zu viele negative Schwingungen aufgenommen, uns mit zu vielen sorgenvollen Gedanken geplagt, uns mit Worten geschadet oder zuwenig an unser eigenes Wohl gedacht haben. Emoto hat mit seiner neuen Wasserforschung die enorme Kraft des Wortes deutlich gemacht. Bruno Gröning sagte dazu: *Der Mensch, der die Macht des Wortes kennt, achtet sehr sorgfältig auf sein Sprechen.*

* Bruno Gröning war und ist der bedeutendste deutsche Geistheiler, der zwischen 1949 und 1959 Tausende Heilungen durchführte und auch post hum überall auf der Welt unzähligen Hilfesuchenden ihr schweres Los erleichtert

* Wasser, das zwei Stunden lang auf einem Bild von Bruno Gröning steht, zeigt fast die vierfache energetische Aufladung

* Viele Ärzte und Heilpraktiker überprüfen die Heilungserfolge und bekennen sich zur Heilung auf geistigem Weg durch die Lehre Bruno Grönings. Der Arzt Mathias Kamp dokumentiert die Erfolge auf 563 Seiten in seinem Buch *Revolution in der Medizin. Rehabilitation eines Verkannten. ISBN 3-927 685-20-8*

II. WASSER UND GESUNDHEIT

Die minderwertige Qualität unseres Trinkwassers kann neben einem Mangel an Ruhe und Besinnlichkeit als eine wesentliche Ursache für die Zunahme von Krankheiten betrachtet werden. Denn H_2O ist nur dann ein Lebenselixier, wenn es nicht innerhalb von Rohrleitungen vergewaltigt wird. Die Eigenbewegung des Wassers wird durch das Druckverhältnis in der Leitung weitgehend zerstört, und es verliert seine geometrische Struktur, ergo seinen Informationsgehalt und seine Lebendigkeit.

Eingesperrt und gequält kommt H_2O nur noch als depressives nasses Etwas im Glas an. Solch ein Wasser ist nicht in der Lage, Schlacken zu lösen und aus dem Körper zu schwemmen

Dies ist der Grund für die zunehmende Vergiftung unseres Körpers. Beobachten wir das frei fließende Wasser in der Natur, so können wir erkennen, dass es sich schlängelnd bewegt. Schauen Sie bei der nächsten Regenfahrt, wie es auf der Windschutzscheibe Ihres Autos in Mäandern verläuft. Wasser unterliegt nicht der Schwerkraft, läuft also nicht auf direktem Weg nach unten, sondern bewegt sich eiförmig in Schlangenlinien. Aus diesem Grund wirken sich Flussbegradigungen katastrophal aus; z. B. fällt der Kühlungseffekt der bewachsenen Kurven weg, wodurch es zu Überschwemmungen kommt. Auch reduziert sich der Gasaustausch mit der Atmosphäre sowie die Aufnahme kosmischer Energien und somit die Lebendigkeit und Regenerationsfähigkeit des Wassers. Wir neigen dazu, uns genialer zu fühlen als die Natur, wir vergewaltigen sie und scheitern am Ende. Die *Sündfluten* und Brände zeugen davon. Auch erfinden wir immer ausgefeiltere Verfahren, um uns vor körperlicher Anstrengung zu drücken. Dadurch verdicken die Säfte, und wir erkranken mit der Zeit. Denn:

Unser Körperwasser fühlt sich genauso vergewaltigt, wie das Leitungswasser, wenn wir uns zuwenig bewegen!

Besonders erfreut reagiert es dagegen, wenn wir ihm die Möglichkeit geben, sich durch Tanzen oder Trampolinspringen zu beleben, am besten in Achtform drehend. Dr. Samuel West empfiehlt das Hüpfen auf dem Trampolin zur Aktivierung der Lymphe und zum Lösen und Ausschwemmen der Schlackenstoffe. Mir bereitet es besonders viel Freude, mich beim Inline-Skaten in Schlangenlinien fortzubewegen. Bevor wir nun zur Erforschung des Wassers in Bezug auf unser Wohlbefinden kommen, möchte ich Ihnen in den folgenden drei Kapiteln die unkomplizierte Wissenschaft des menschlichen Körpers verdeutlichen. Denn:

Wollen Sie gesund werden und bleiben, ist es notwendig, dass Sie die elementaren Gesetze der Natur befolgen!

Erforschung von Körper, Geist und Krankheitsursache

Krankheiten entstehen im Schatten unseliger Gedanken und sind ihrem Wesen nach das Ergebnis eines Konflikts zwischen Seele und Gemüt. Daher können sie auch nur durch geistige Anstrengungen ausgemerzt werden. Denken Sie dabei an die Kristalle des besprochenen oder beschallten Wassers! Wir können offenbar durch erbauliche Musik sowie positive Gedanken und Worte unserem Körperwasser Struktur verleihen und uns somit heilen. Dies wird auch notwendig sein, da Erkrankungen, bei denen die Schulmedizin mit ihrem Latein am Ende ist, sich in Richtung eines volkswirtschaftlichen Fiaskos entwickeln. Welches sind die Faktoren, die unser Wohlergehen beeinträchtigen?

Auf der physischen Ebene trinken wir zu wenig reines Wasser, essen zu viel, zu fett, zu süß oder zu einseitig,

bewegen uns viel zu wenig, sammeln zu viele Gifte im Körper an, leben zu hektisch und besinnen uns weniger auf die wahren Werte des Lebens. Die westliche Welt krankt am Bestreben, sich das Leben so bequem wie möglich zu machen und am Ausschluss des Metaphysischen aus dem Denken. Als Ausgleich für die wahren Dinge des Lebens, wie Liebe, Vertrauen, Hoffnung, Emanzipation, Ganzheitlichkeit und Gewaltfreiheit, dienen uns weltlicher Besitz, Lust, Vergnügen und Ehrgeiz. Wir missinterpretieren die Lehre der Religionen, die lautet: *Entsage allem und folge mir nach.* Wir stellen uns vor, unser behagliches Heim, Liebe und Luxus aufgeben zu müssen. Doch das Leben verlangt keine unermesslichen Opferleistungen von uns.

Es geht im wesentlichen darum, mit Freude im Herzen unsere Aufgaben zu erfüllen und den Geboten unserer Seele zu folgen

Wenn wir wieder auf diese innere Stimme des Gewissens hören, uns also von unserer Seele leiten lassen, werden wir unsere Fehler allmählich ausmerzen, so dass uns Gesundheit und Glück winken kann. An dieser Stelle möchte Ich Ihnen das Gedicht eines Freundes, Kollegen und Namensvetters vorstellen, das dieser in seinem kürzlich erschienenen Buch veröffentlichte. Da den Einband ein Wasserfoto ziert, habe ich es hier abgebildet:

Bei der medizinischen Ausbildung steht die Behandlung von Symptomen im Vordergrund. Tut der Kopf weh, wird er durchleuchtet. Der Schmerz wird mit chemischen Arzneien betäubt. Da auf die Ursache des Leidens nicht eingegangen wird, kommt es mit der Zeit zur Vergiftung oder *Aufladung* des Körpers. Die Betroffenen haben sich womöglich nur körperlich übernommen, zu wenig Ruhe oder zu wenig frische Luft gehabt bzw. die Wirbelsäule überlastet. Im letzteren Fall genügen meist ausgiebige Dehnübungen oder ein kleiner Eingriff des Chiropraktikers bzw. Osteopathen, um Beschwerdefreiheit zu erreichen.

Auf der geistigen Ebene sind es Gefühle der Angst, Schuld, Zweifel, Niedergeschlagenheit oder Gereiztheit, die unseren Seelenfrieden stören und einen Mangel an Liebe ausdrücken

Am Beispiel der Gebetsmeditation des Oberpriesters am Stausee und der 500 Freunde Emotos können wir sehen, dass wir alle in der Lage sind, allein durch positive Gedanken die Struktur von Wasser zu verändern und durch unsere aufbauenden Gedanken wunderschöne Wasserkristalle zu zaubern. Nehmen wir uns daher täglich die Zeit, uns an den Wundern der Natur zu erfreuen, statt uns ständig mit Horrornachrichten berieseln zu lassen. Wenn wir uns in Geduld üben, nicht über andere urteilen und aufhören, unsere eigenen Fehler auf andere zu projizieren und zu kritisieren, haben wir eine Chance, wieder heil oder heilig zu werden und uns selber unsere Schulden vergeben zu können. Und zwar, indem wir sie im anderen sehen und dort vergeben!

Wie können wir nun, nachdem wir gelernt haben, unheilvolle Gedanken als Krankheitsursache zu sehen, unseren materiellen Körper als wissenschaftliches Studienobjekt verwenden? Wir müssen dafür gar nicht die einzelnen Muskeln und Knochen benennen können, sondern nur wissen, was unser Körper zum einwandfreien Funktionieren regelmäßig benötigt. Da wären zunächst frische Luft und Sonne, um uns energetisch aufzutanken und mit Sauerstoff zu versorgen bzw. den Organismus zur Produktion von Vitamin D und Glückshormonen anzuregen. Weiterhin brauchen wir zum Aktvieren der Stoffwechselprozesse und zum Entgiften des Körpers dringend lebendiges reines Wasser und Bewegung. Wie sonst sollen die Nährstoffe in die entlegenen Haargefäße des Gehirns gelangen und die Zellen versorgen, wenn wir nicht durch körperliche Aktivität die Säfte in Bewegung bringen? Unser Organismus benötigt aber auch Ruhe nach möglichst freudvoller Arbeit sowie genügend Pausen, Schlaf, besinnliche Stunden und geistige Beschäftigung. In meinem Buch *Stärke dein Immunsystem und heile dich selbst* habe ich die zum einwandfreien Funktionieren des Körpers notwendigen *Sieben Essentiellen* genauer definiert. Hier soll es genügen, Ihnen folgendes deutlich zu machen:

Die Natur hat uns mit einem perfekten Körper ausgestattet!

Weist er Störungen auf, hat die Natur keine Pfuscharbeit geleistet, sondern wir haben unseren *Tempel* geschändet. Vernachlässigen wir unser irdisches Vehikel über längere Zeit hinweg und versorgen es nicht mit allem, was es naturgemäß zum Leben braucht, meldet es sich freilich mit Symptomen. Und dies ist schon die ganze Wissenschaft unseres materiellen Körpers:

Geben wir unserem Organismus alles, was er benötigt, springen wir morgens voller Lebensfreude und Tatendrang aus dem Bett und begrüßen erwartungsvoll den neuen Tag

All unsere Ausscheidungen funktionieren prompt, der täglich abgesetzte Stuhl ist mittelbraun, fest, aber geschmeidig, der Urin hell. Sollten wir doch mal Probleme mit dem Körper haben, wie z. B. Verstopfung, gilt es uns zu fragen, was wir falsch gemacht haben. Haben wir zu viel Falsches gegessen, zu wenig getrunken oder uns zu wenig bewegt? Ändern wir daraufhin unser Verhalten, werden wir in kurzer Zeit ohne Beschwerden sein. Falls wir zu wenig oder zu dunkel urinieren, haben wir ebenfalls wenig getrunken oder zu viel Brot oder andere Mehlspeisen gegessen. Bei der Verdauung von Getreide braucht der Organismus sehr viel Wasser, so dass wir mindestens eine halbe Stunde vor dem Verzehr einen halben Liter davon trinken sollten. Zum anderen beeinträchtigen anorganische Salze und künstliche Stoffe die Nierenfunktion.

Es wäre wünschenswert, wenn in Gaststätten vor jeder Mahlzeit kostenlos Leitungswasser ausgeschenkt würde. Zumindest sollten alle kohlensäurefreies Flaschenwasser führen, wie das in jedem südeuropäischen Land der Fall ist. Verlangen Sie immer wieder Wasser ohne gelöstes CO_2.[1] Sonst hat der Körper nur Arbeit, die Säure bzw. ihre Salze (Carbonate) auszuscheiden. Falls kein stilles Wasser geführt wird, verlangen Sie immer wieder Leitungswasser, bis die entnervten Wirte endlich ein gesundes Nass aus der Flasche führen.

Wir benötigen für den Verdauungsprozess Wasser ohne Kohlensäure!

Trinken wir es nicht rechtzeitig vor dem Verzehr fester Nahrung, nimmt sich der Körper das benötigte Nass aus den Zellen und trocknet folglich aus. Im Laufe der Jahre entstehen dann eine Reihe von Krankheiten, die auf Wassermangel und der damit verbundenen Einlagerung unterschiedlichster Gifte beruhen.

Knabbern Sie vor dem Fernseher statt Salzgebäck, Kekse oder Wurst lieber Gemüsestreifen mit Dip. Das ist alles eine Gewohnheitssache, und Sie werden sehen, wie gut Ihnen das bekommt. Sie trocknen nicht aus, Ihr Stuhlgang funktioniert problemlos, Ihre gut gespülten Nieren produzieren hellen Urin, wodurch die Vergiftung dieser Organe verhindert wird. 1½ - 2 Liter reines

---

[1] Wenn die Wassermoleküle mit Kohlensäure oder auch mit zu vielen Mineralien gesättigt sind, können sie keine Gifte mehr aufnehmen, verlieren ihre Lösungsfunktion und damit ihre Reinigungskraft. Probieren Sie mal, Mehl oder Spirulinapulver in Sprudel einzurühren. Es ist nicht nur zeitraubend, auch schmeckt dieses Gemisch scheußlich.

Wasser, 2 Stunden nach oder ½ Stunde vor den Mahlzeiten bzw. wasserreiches Bioobst oder Salat sorgen dafür, dass sich Säurekristalle aus den Ablagerungen in den Gelenken lösen und Sie nicht mehr unter Entzündungen leiden müssen. Siehe auch: *Arthritis – gutes Spülen hilft gegen Gelenkschmerzen.*

Ergründen wir bei Symptomen, was wir falsch gemacht haben, betreiben wir grundlegende Ursachenforschung!

Beobachten wir unseren Körper, wie er auf bestimmte Verhaltens- und Essgewohnheiten reagiert, schaffen wir uns mehr Wissen, als beim Auswendiglernen des ganzen klinischen Wörterbuchs mit seinen schrecklichen Auswüchsen menschlichen Fehlverhaltens. Auch können wir die Astrologie zur Einschätzung unserer Dispositionen zu Hilfe nehmen; z. B. wird ein Wassermann mit Aszendent Waage kaum Probleme mit der Lunge haben oder an Raucherhusten leiden, da nur die Sternkreiszeichen Zwilling und Fisch mit Lungenproblemen zu tun haben (Goodman, 1988). Auch Schützen mit Aszendent Zwilling rauchen besser nicht und ziehen sich in der kalten Jahreszeit gut an.[1]

Allerdings kann es auch vorkommen, dass wir für die *Sünden* unserer Vorfahren büßen müssen, sofern sie als wandelnde chemische Kloaken durch Drogen-, Nikotin- und Alkoholabusus oder verschwenderischem Verbrauch an Arzneien, Pestiziden und Haushaltschemikalien den Nachwuchs mit Erbschäden belasten. Aber generell sind wir auch dann in der Lage, durch natürliches Verhalten ein Leben ohne Gesundheitsprobleme zu führen, zumal sich durch regelmäßige Vollbäder in lebendigem Wasser nach und nach selbst Erbschäden abbauen lassen. Siehe Kapitel *Lymphreinigung durch Vollbäder in Mineralwasser.*

Am besten lernen Sie aus Ihrer eigenen Erfahrung, denn jeder Organismus reagiert anders

Falls Sie sich eine der zahlreichen Seuchen unserer fragwürdigen Zivilisation zugezogen haben, forschen Sie nach, inwiefern Sie gegen die Gesetze der Natur verstoßen haben könnten. Haben Sie keine Angst, sondern erkennen Sie, dass Sie es selbst in der Hand haben, gesund oder krank zu sein. Ihr Körper ist Ihrer eigenen Verantwortung unterworfen. Er ist ihr Prüfstein, ihr Indikator, ob sie sich heilsam verhalten. Erforschen sie ihn nach dem Prinzip von Ursache und Wirkung.

---

[1] Diese Beispiele habe ich gewählt, da ich sie bestätigen kann. Denn mein Mann, ein Wassermann mit Aszendent Waage, raucht seit frühester Jugend und hatte noch nie mit Raucherhusten oder Lungenproblemen zu tun. Ich dagegen, ein Schütze mit Aszendent Zwilling, hatte als Kind öfters Bronchitis und Lungenentzündung. Auch meine Mutter ist im Tierkreiszeichen des Zwilling geboren und hat mit einem schweren Lungenleiden zu tun (Sarkoidose), das die 78-Jährige mit energetisiertem Wasser, Spirulina und Homöopathie gut in den Griff bekommen hat.

- Unser Körper braucht Clusterwasser, frische Luft, Ruhe und Bewegung

- Klarer Urin und täglich problemloser Stuhlgang zeugt von Gesundheit

- Brot, Pizza, Nudeln, Kuchen, Kekse und andere Getreideprodukte benötigen zur Verdauung besonders viel Wasser

- Jeder Organismus reagiert je nach Veranlagung und astrologischer Disposition unterschiedlich

- Wenn wir auf den Körper hören und lernen, seine Bedürfnisse und Sprache zu verstehen, schaffen wir uns ein substanzielles Wissen

Die Reinigungskraft wasserreicher Nahrung

Wasser transportiert Nährstoffe zu den Zellen und nimmt danach Abfallstoffe auf, um sie aus dem Körper zu leiten. So wie wir uns regelmäßig äußerlich reinigen, müssen wir auch für die innere Sauberkeit sorgen, sonst lagert sich der Schmutz ab und verursacht Probleme. Wir würden ziemlich stinken, ließen wir wochenlang kein Wasser an uns heran. Genauso brauchten wir eine Gasmaske beim Durchwandern unseres Körperinneren, würden wir kein Wasser trinken oder Obst, Salat und Gemüse essen.

Mit fester Nahrung können wir keine Reinigung durchführen. Zum Säubern Ihrer Fenster nehmen Sie ja auch Wasser und keine Wurst

Daher sind wasserhaltige Lebensmittel so wichtig. Das Wasser in natürlich ange-bautem Obst und Gemüse ist die beste Lösung, um Giftstoffe auszuschwem-men. Der Verzehr von gespritzten Früchten führt dagegen oft zu Übersäue-rung. Die entschlackende Wirkung biologischer Agrarprodukte konnten wir auf unserer monatelangen Reise durch Marokko erfahren. Da Hühner oft noch lebend angeboten werden und die über der offenen Ladentheke baumelnden, mit Fliegen gespickten Hammelteile auch nicht gerade appetitanregend wir-ken, beschränken sich die Reisemobilisten gewöhnlich auf den Verzehr von Obst, Gemüse, Reis, Hülsenfrüchte und Fisch. Die meisten Obst- und Gemü-sesorten kosten in Nordafrika 15 bis 25 cts. pro kg. Bei diesen Preisen können keine teuren Dünge- und Pflanzenschutzmittel verwendet worden sein. Wozu auch? Bei uns ging es früher auch bestens ohne. Meine Mutter baut ihre Früchte heute noch natürlich und in vollem Licht, also mit hohem Biophoto-nengehalt, an.

Wasserfasten reinigt besonders gut: Wer sich dabei nicht wohl fühlt, sollte grundsätzlich mehr wasserreiche Nahrung zu sich nehmen, einmal pro Woche einen Obsttag einlegen und alle zwei bis drei Monate das von Hanna Kröger empfohlene Reinigungsverfahren der Irokesen zur Vorbeugung von Arteriosklerose durchführen. Dabei wird am 1. Tag nur wasserhaltiges Obst gegessen, am zweiten gibt es nur Kräutertees mit etwas Honig gesüßt, am 3. Tag nur Gemüse, roh oder gedämpft, und am 4. Tag eine frisch zubereitete Gemüsebrühe. Bei diesem Diätplan der Seneca-Indianer wird am ersten Tag der Dickdarm, unsere innere Mülldeponie gereinigt. Am 2. Tag geht es um das Herauslösen aller Gifte, Salze und überschüssige Calciumablagerungen aus Muskeln, Geweben und Organen. Am dritten Tag wird der Darm mit mineralreicher Kost versorgt, und am vierten Tag werden Blut, Lymphe und innere Organe mineralisiert (Meyer 1999). Schon nach kurzer Zeit wird eine Entgiftung und Verbesserung der Sauerstoffversorgung des Blutes erreicht, vor allem, wenn Sie sich zusätzlich an der frischen Luft bewegen und Kneippsche Wasserbehandlungen oder das Lymphreinigungsbad im folgenden Kapitel durchführen.

- Künstliche Stoffe bringen Mensch, Tier und Pflanze in eine chemische Fehlsteuerung und führen zur Sucht

- Reines Wasser und wasserhaltige Kost reinigen und entschlacken

- Krankheiten haben mit der Vergiftung des Körpers zu tun, und die einzig sinnvolle Therapie ist die Ausleitung der Gifte mit Wasser

- Ein Obsttag pro Woche befreit den Organismus von Verunreinigungen, verhindert frühzeitiges Altern und sorgt für schöne Haut

Lymphreinigung durch Mineralbäder

Infolge von falscher Ernährung, Darmentzündung und anderen Überlastungen des Darms kann sich die Lymphe im Bauchraum stauen. Eine derartige Überlastung des Lymphsystems ist nach der Erfahrung von Dr. med. Jürgen von Rosen die Hauptursache für Rückenschmerzen. Denn ein Lymphödem führt immer auch zu einer Ernährungsstörung der Wirbelsäule und zu einer Minderversorgung der Rückenmarksnerven, ergo zu Schmerzen. Der Arzt rät zu einer Mayr-Kur und zu ganz speziellen Bauchmassagen (Reformrundschau 10/2001). Wir können das Lymphsystem auch regelmäßig aktivieren, so dass es tote Zellen und Gifte aus allen Organen und Körperteilen herausleiten kann. Diese Reinigung und Heilung des Körpers kann, wie schon erwähnt, durch ein Vollbad in einem *guten* Wasser geschehen, wie z. B. ein durch Verwirbelung oder Feldwirkung von Mineralkompositionen aktiviertes H_2O, oder durch das Schwimmen in einem mineralstoffreichen Gewässer, wie etwa im Toten Meer.

Beim Baden findet eine Grundreinigung und Lymphentlastung des Körpers statt, bei der selbst eine genetische Belastung abgebaut werden kann

Für ein Mineralbad können Sie das Salz des Toten Meeres verwenden oder mineralhaltige Kräuter wie Brennesseln oder Schachtelhalm überbrühen und dem Badewasser zufügen. Johann Tikale empfiehlt, nicht länger als 8 Minuten zu baden, da wir sonst die gerade abgegebene *Ladung* wieder aufnehmen. Vor und nach der Hälfte der Badezeit kann der Körper mit einem Sisalhandschuh, einer trockenen Bürste oder einem rauhen Schwamm abgerieben werden (immer zum Herzen hin streichen!), damit die Poren frei und die Giftstoffe besser ausgeschwemmt werden. Vor und während des Badens soll viel Kräutertee oder Wasser getrunken werden, damit die *Entstrahlung* noch verstärkt wird. Die sich lösenden Säurekristalle können Schmerzen im Kopf oder in Fingern und Zehen auslösen. Diese verschwinden rasch, wenn Sie die Alge Spirulina, den Saft einer halben Zitrone, einen halben Teelöffel Natron oder andere natürliche Antazida mit einem Glas Wasser trinken. Oder nur basisches H_2O.

Kräftiges Dehnen und Strecken nach dem Baden führt zu einem angenehmen Wärmegefühl im Rücken

Auch die *Fünf Tibeter*[1] eignen sich bestens, um die Wirbelsäule zu entlasten. Durch diese Dehnübungen werden alle Organe besser mit Blut, Sauerstoff und Nährstoffen versorgt. Tiefes Atmen, Springen auf weichem Untergrund oder auf dem Trampolin und Bürstenmassagen stimulieren ebenfalls die Lymphe.

Probleme mit der Lymphzirkulation, die oft mit Wasseransammlungen an Füßen und Händen verbunden sind, sprechen gut auf die Anwendung von kaltem Wasser und Massage an. Kreisen der Arme und die *Lymphwiege*[2] entlasten ebenfalls das Lymphsystem. Bei geschwollenen, schmerzhaften Lymphdrüsen am Hals hilft ein Umschlag mit kaltem Rosmarintee (Buchman 1995).

- Mineralbäder regenerieren das Lymphsystem und den gesamten Körper

---

[1] Die von Peter Kelder formulierten 5 tibetischen Riten regenerieren die Wirbelsäule. Der erste Ritus, die wiederholten Rechtsdrehungen mit ausgestreckten Armen, sorgt für die natürliche Bewegung unseres Körperwassers und regt auch die Energiezentren (Chakras) an.

[2] Dabei legt man sich auf den Bauch, bildet Fäuste und schiebt diese unter die rechte und linke Leistenbeuge. Die Hüften werden nun hin- und herbewegt, wobei die Lymphknoten massiert werden.

- Kaltes Wasser und Massage hilft bei Lymphstau (geschwollene Hände, Füße, Augen)

- Die *5 Tibeter* regen alle Drüsen an und entschlacken den Organismus

Optimales Trinkwasser

Artesische Quellwässer, die in mehr als 150 Jahren gereift sind und genügend levitante Kraft in sich tragen, um aus eigener Kraft sogar noch in 3000 Meter Höhe aus der Erde zu sprudeln, sind besonders wertvoll. Peter Ferreira, der über die biophysikalischen Zusammenhänge von Wasser und Salz forscht, weist auf die belebende, heilende Wirkung von solchen alten, reifen Wässern hin, da sie ganz bestimmte Frequenzmuster bzw. elektromagnetische Schwingungen aufweisen. Vor kurzem habe ich das bioenergetisch sehr kostbare Glaciar-Hochquellwasser getestet. Erstaunt hat mich, wieviel Durst auf mehr dieses Wasser macht und wieviel besser es schmeckt als alles, was ich bisher getrunken habe. Wenn ich das GIE-Gerät nicht hätte oder mir die Wasserbelebungsgeräte nicht leisten könnte, würde ich mir dieses köstliche Nass regelmäßig bei *Wellness-Express* bestellen. Das Monatsabo von 18 1½-l-Flaschen[1] kostet € 25,20 inklusive Versandkosten. Der expandierende Naturkostvertrieb mit einer reichhaltigen Palette von ca. 1000 biologisch erzeugten Produkten bietet dieses reinste Quellwasser, das aus 1400 m Höhe im Herzen Portugals sprudelt sowie das von Dr. med. Barbara Hendel und Peter Ferreira empfohlene kristalline Urmeersalz aus dem Himalaja zum Würzen und Baden an. Letzteres *flüssige Sonnenlicht,* das eine hohe Biophotonenaktivität aufweist, stellt, wie Lichtwasser, ein Mittel zur Gesundung und Bewusstwerdung dar und hat mit dem normalen Tafelsalz, das fast nur noch mit Fluorid und anderen das Immunsystem schwächende Zusätze im Handel erhältlich ist, nichts gemein. Das in seiner kolloidalen also zellverfügbaren Form vorliegende Himalaja-Kristallsalz versorgt uns mit 84 Mineralstoffen, all jene, aus denen der Körper besteht.

Professor Louis Vincent konnte den Beweis erbringen, dass ein enger Zusammenhang zwischen dem Trinkwasser und dem Gesundheitszustand bzw.

---

[1] Das seit etwa einem Jahr bestehende Unternehmen bietet einen Versandservice bei gleichen Preisen wie im Naturkostladen (ab 75 Euro portofrei) plus bis zu 20 % Rabatt. Sie können sich aber nicht nur gesund essen, sondern dabei noch etwas verdienen. Denn bei *Wellness Express* ist jeder Kunde am gesamten Firmenumsatz beteiligt, indem er für weiterempfohlene Kunden noch wiederkehrende Bonuszahlungen erhält. Das ist wie eine Rente, denn essen müssen wir ja alle. Und so bequem und preiswert an Vollwertkost zu kommen, wer würde da als Kunde abspringen? Auf diese Weise können wir die von Frau Künast bis 2010 geforderten 20 % Naturkost und womöglich noch weit mehr über unsere Kaufkraft erzwingen und dabei sogar noch finanzielle Unabhängigkeit gewinnen. Gutes tun lohnt sich! Falls Sie meine Begeisterung teilen und an der Genesung der Erde und am Schutz unseres Grundwassers Interesse haben, rufen Sie bei *Wellness Express* an (03675-421 991; Fax 999) oder senden Sie eine E-mail: wellness.express@t-online.de

der Sterberate einer Bevölkerung besteht.

In Gegenden, in denen das Wasser noch rein ist, gibt es fast keine Erkrankungen, vor allem kaum Krebs oder Herzinfarkt

Dagegen findet man in Gebieten mit erhöhter Krankheitshäufigkeit eine Menge schädlicher Substanzen im Trinkwasser. Bei der Beurteilung der Trinkwasserqualität führte der französische Hydrologe neben der üblichen chemischen Analyse auch physikalische Messwerte ein; z. B. spielt der elektrische Widerstand und der Leitwert des Wassers eine große Rolle. Vincent erstellte eine Skala, die von krankem bis zu gesundem biologischen Wasser reicht. Hat das Wasser einen hohen Widerstand von über 6000 Ohm bzw. einen niedrigen elektrischen Leitwert von unter 200 Mikrosiemens, so befinden sich in ihm sehr wenige gelöste Stoffe, und es kann seine Entgiftungsfunktion im Körper richtig wahrnehmen. Doch bei den meisten Mineral- und Trinkwässern liegt der Leitwert weit höher, und der Organismus wird belastet. Aus Vincents Warte sind sie daher für einen dauerhaften Genuss völlig ungeeignet. Vor allem leiden Neugeborene an der Übermineralisierung, da ihre Organe noch nicht voll entwickelt sind, besonders die für den Wassertransport so wichtigen Nieren (Honauer 1998). Aus diesem Grund bereiten Mütter in USA Babynahrung mit destilliertem Wasser zu, das es in großen Plastikbehältern zu kaufen gibt. Ferreira vertritt jedoch die Ansicht, Wasser sollte nicht in Plastik aufbewahrt werden, da es schon nach wenigen Minuten dissonante Schwingungen des Plastiks aufnehme. Tonmineralien und der Quarzsand, aus dem Glas besteht, würde dagegen eine positive Resonanz im Wasser erfahren. Außerdem wirke eine Glasflasche wie ein Faradayscher Käfig auf das Wasser und schütze es vor negativen Einflüssen (2001). Hier bestätigt sich wieder einmal, dass Wissenschaft Irrtum auf dem letzten Stand ist. Denn Emoto sagt heute, die Plastikflasche konserviere die guten Frequenzen bzw. die Schwingungsmuster des Wassers. Von dem Forscher André Siegel aus Merkenfritz (Lebensquelle.com), der sich schon seit vielen Jahren mit dem Einfluss geometrischer Strukturen auf das Wasser befasst, habe ich folgendes erfahren:

Es kommt weniger auf das Material eines Behältnisses an, sondern auf dessen geometrische Form

Wasser in einer geometrisch richtig geformten Plastikflasche, wie z. B. der 1½-l-Flaschen, in denen das *Glaciar*-Wasser vertrieben wird, ist besser als in einer falsch geformten Glasflasche. Dieser Effekt zeigt sich verblüffend deutlich am Geschmacksunterschied bei der Verwendung von Siegels Weinspirale, die allein durch ihre geometrische Form wirkt, ganz gleich, ob sie aus Metall, Holz, Glas oder Plastik geformt ist. Da dieses Thema in der Fachwelt höchst umstritten ist, bleibt es wieder einmal den geneigten Lesern überlassen, ob sie das wertvolle Nass in Plastik, Glasflaschen oder gar in verkorkten Terracottagefäßen aufbewahren. Vielleicht sollten wir unsere Geschmacksknospen entscheiden lassen. Mir hat das *Glaciar*-Wasser aus der Plastikflasche wie frisch von der Quelle geschmeckt.

Und eine über 90jährige Kundin hat den *Wellness*-Leuten zu verstehen gegeben, dass das portugiesische Hochquellwasser sie an jenes Nass erinnere, das sie in ihrer Kindheit getrunken habe! Diese Erfahrungen aus der Praxis decken sich mit den Studien von Experten, die folgendes festgestellt haben:

Das *Glaciar*-Wasser ist energetisch derart stabil und schwingungsreich, dass ihm weder der lange Transportweg aus Portugal noch die PET-Flasche irgend etwas anhaben kann

Ein gutes Plastik sei eben besser als ein schlechtes Glas, denn auch aus letzterem könnten Bestandteile ins Wasser übergehen.

Manche Fachleute äußern sich noch insofern skeptisch über die Mehrwegflasche, als diese sich selbst unter Einsatz scharfer Spülmittel und heißem Wasser nicht in Sekundenschnelle auf dem Fließband gründlich reinigen lassen. Denken Sie nur mal an eingetrocknete Fruchtsaftreste, auf denen gern ganze Schimmelpilzgeschwader wuchern! Oder an Tabakaschenreste. Einwegflaschen mit Schraubverschlüssen bieten eine gewisse Sicherheit gegenüber Mehrwegflaschen oder Dosen, deren Deckel verunreinigt sein könnten. PET-Flaschen werden von Recyclingfirmen in ein einwandfreies Granulat verwandelt, die erzeugte *Preform* wird aufgeblasen und das 2. Leben der Flasche beginnt.

Schädliche Schwingungsmuster oder stoffliche Bestandteile können in Mehrwegflaschen auf das abgefüllte Wasser übertragen werden

Jene Leser, die Wasser überhaupt nicht aufbewahren und somit auch eine Verkeimung ausschließen möchten, erfahren in Teil IV, wie durch Wasseraktivierungstechnik Leitungswasser eine optimale Oberflächenspannung erhält und wie Krankheitskeime und andere Schadstoffe eliminiert oder energetisch neutralisiert werden können. Außerdem können negative Schwingungsfrequenzen ge-löscht und gewöhnliches Trinkwasser in ein rechtsdrehendes vitalisiertes Nass verwandelt werden. Falls Sie sich kein Wasserbelebungs- oder –reinigungsgerät anschaffen möchten und Ihnen selbst ein gesundes, mineralstoffarmes Wasser nicht schmeckt, essen Sie große Mengen wasserhaltiger Früchte. Wassermelonen kosten oft nicht mehr, als manches Nass aus dem Handel. Von den vielen Wässern, die Vincent testete, schnitten seinerzeit das französische Volvic, das deutsche Haderheck und das belgische Spa am besten ab. Doch heute gilt das mineralstoffarme, aus Südtiroler Gletscherwasser gewonnene *Plose* als ein besseres Nass. Im letzten *Öko-Test* war das *St. Leonhard´s Wasser* Testsieger. Allerdings ist das artesische *Glaciar*-Wasser aus dem portugiesischen Hochgebirge bei diesem Test nicht berücksichtigt worden. Da beim Vergleich der Inhaltsstoffe letzteres noch weniger mit anorganischen Mineralien belastet ist als der Testsieger, dürfte das *Glaciar* - Hochquellwasser diesem bei einer Gegenüberstellung den Rang ablaufen. Hier einige Analysebeispiele:

**Leonhard's Wasser enthält 5,1 mg Natrium und 10,3 mg
Chlorid pro Liter, das *Glaciar*-Hochquellwasser
nur 2,1 mg Natrium und 2,5 mg Chlorid**

Der Grund, weshalb Volvic nicht mehr ganz vorne rangiert, ist die starke Nachfrage nach dem französischen Quellwasser, die dazu führte, dass es jetzt aus mehr als 600 Meter Tiefe gefördert wird. Dadurch enthält es mehr Mineralstoffe und ist weniger reinigungsaktiv. Vincent entdeckte zudem: Biologisch gesundes H_2O sollte nicht nur mineralarm, sondern auch leicht sauer und wenig oxidiert sein. Wasserblüten stehender Wässer sind Zeichen von Oxidation.

**Die Übermineralisierung des Blutes führt nach Ansicht von Vincent
zu dickflüssigem Blut und folglich zu Thrombose oder Krebs!**

Dies sei auf eine Herabsetzung des Widerstandswertes im Blut zurückzuführen, die durch das Übermaß an Mineralsalzen verursacht wird.

Der Leiter des berühmten Schweizer Rollier - Sanatoriums Auguste Rollier gab seinen Patienten schon vor mehr als einem halben Jahrhundert nur Regenwasser und Wasser aus geschmolzenem Schnee zu trinken, da es nicht so hart ist wie normales Wasser. Viele Naturvölker tranken jahrhundertelang mineralfreies Gletscher- und Regenwasser und erfreuten sich guter Gesundheit. Heute ist in den meisten Gegenden das Regenwasser zu stark belastet. Eine Möglichkeit, gewöhnliches Wasser zu entmineralisieren, ist die Dampfdestillation, welche die Diamonds (*Fit fürs Leben*) und der amerikanische Ernährungs- und Gesundheitsberater Paul C. Bragg[1] befürworten. Hartes Wasser macht letzterer für die Entstehung von Arterioskleose sowie Gallen-, Nieren- und Blasensteine verantwortlich. Er fand heraus, dass in Gegenden, in denen das Trinkwasser sehr hart ist, die Menschen früher und stärker verkalken. Von amerikanischen Ärzten aufgegeben, kurierte Bragg als Halbwüchsiger seine TBC in Dr. Rolliers Klinik. Seither preist er, was ihm in der Schweiz geholfen hatte: Reines Wasser, gute Ernährung, frische Luft und Sonne, Tiefenatmung und Gymnastik. Sein wichtigster Rat:

**Nur in Mineralwasser baden, es jedoch niemals trinken, da sich
anorganische Mineralien in Gelenken und Arterien ablagern. Auch
die Blutgefäße im Gehirn versteinern, wie bei einer Tropfsteinhöhle**

---

[1] In USA können Sie ein natürliches flüssiges Gemüsegewürz kaufen, das den Namen des berühmten Gesundheitspapstes trägt. Die wertvollen Aminosäuren und organischen Mineralien brauner Würzkonzentrate, auch von Sojasoßen, sind besonders zuträglich und werden von den Zellen gut aufgenommen. Nur die Pflanze kann die Mineralien des Wassers, die sie aus dem Boden entnimmt, mit Hilfe der Photo- und Chemosynthese lebenserhaltend verwenden. Über sie und aus zweiter Hand über das Tier bekommen unsere Zellen die Mineralien zur Energiegewinnung. Dagegen führen die in den Medien vielgerühmten Spurenelemente und Mineralstoffe des Wassers zu Ablagerungen, da unser Organismus diese weniger gut verstoffwechseln kann.

Zum Entmineralisieren und Ausscheiden der Säurekristalle empfiehlt er eine mindestens einwöchige Fastenkur mit dampfdestilliertem Wasser, etwas frischem Zitronensaft und ¼ bis ½ Teelöffel Honig falls gewünscht. Und, da Früchte das beste Wasser überhaupt enthalten, rät Bragg, viel Obst und Gemüse zu essen und reichlich frische Fruchtsäfte zu trinken.

- Artesische Wässer, wie z. B. das *Glaciar* - Hochquellwasser weisen ganz bestimmte Frequenzmuster bzw. elektromagnetische Schwingungen auf

- Wasser in geometrisch richtig geformten Plastikflaschen ist besser als Wasser in falsch geformten Glasflaschen

- Selbst mit scharfen Spülmitteln und heißem Wasser lassen sich Mehrwegflaschen nicht in Sekundenschnelle auf dem Fließband gründlich reinigen

- In Gesundheitssendungen wird uns vorgegaukelt, wir brauchten Calcium u. a. Mineralien aus Wasser und Milch; aber Japaner, die keine Milch trinken, sondern viel Gemüse und Algen essen, leben gesünder und länger als wir!

Beeinflussung unseres Körperwassers

Durch Röntgen- oder Mikrowellenstrahlen sowie Elektrosmog von Computer, TV, Radiowecker und anderen Geräten sind wir ständig elektromagnetischen Feldern ausgesetzt. Unser Körperwasser wird dabei elektrisch aufgeladen, verdickt und versauert. Weitere Quellen der Aufladung sind Rauschmittel, Zigaretten, Kosmetika, Farbstoffe, Konservierungsmittel, Spiralen, Antibabypillen und andere Medikamente. Jede Impfung ändert das Frequenzspektrum des Geimpften, also die Anzahl der Schwingungen in einer Zelleinheit. Dies kann zu akuten Überreaktionen, zu vorübergehenden Beeinträchtigungen oder zu Spätfolgen führen. Tote Nahrung[1] kann auch die Zellschwingung verändern oder gar auslöschen. Dies belegt die berühmte *Oxford-Studie,* bei der Kälber die pasteurisierte Milch ihrer Mütter tranken und nach kurzer Zeit starben. Eine weitere englische Untersuchung ergab:

---

[1] Kochen verändert die Struktur von *Lebens*mitteln, die daher nur noch als tote Mittel bezeichnet werden können. Bei der Milch zeigt sich der an das Milcheiweiß Kasein gebundene Mineralstoff Calcium laut Prof. Kollath und Prof. Wendt selbst bei kurzzeitiger Erhitzung (Pasteurisieren) unter dem Mikroskop als verfilzte Masse, die von der Leber nicht mehr verwertet werden kann. Der Genuss führt zu Arterienverschlackungen und Eiweißspeicherkrankheiten. Und, da der Körper kein verwertbares Calcium erhält, dieses aber benötigt, nimmt er es sich aus den Knochen. Daher ist die Osteoporose in den Ländern mit dem höchsten Milchkonsum besonders verbreitet. Auch eine Studie mit Schulkindern zeigte, dass die Kinder, die besonders viel Milch tranken, die schlechtesten Zähne und den schlechtesten Knochenbau aufwiesen.

Katzen, die nur mit Nahrung und Wasser aus der Mikrowelle ernährt werden, sterben alle innerhalb eines Monats!

Masaru Emoto zeigte, dass auch die Wellen bestimmter Gedanken, Worte und musikalischer Werke Wasser beeinflussen. Unser Körper besteht zu etwa 70 % aus dem wandlungsfähigen Element, das, je nach Einflüssen, *positiv* oder *negativ* reagiert. Ein freundlicher Umgangston, aufbauende Musik und besänftigende Worte führen nachweislich zu Harmonie und schönen Wasserkristallen. Ist unser Körperwasser strukturiert, scheidet es Gifte aus und sorgt für unser physisches und psychisches Wohlbefinden. Dagegen führen Beschimpfungen oder *Heavy Metal Musik* mit grässlichen Texten zu Disharmonien, ergo zu zerstörten Wasserkristallen, folglich zu Ablagerungen. Womöglich führen Mikrowellenkost, pasteurisierte bzw. H-Milch und disharmonische Musik dazu, dass immer jüngere Menschen an Arteriosklerose erkranken und bereits kleine Kinder Schlaganfälle erleiden.

Die positive Beeinflussung unseres Körperwassers ist für unsere Gesundheit elementar!

Schwingen wir also lieber auf dem Wiener Opernball Walzer tanzend miteinander, denn bei Popkonzerten mit stark arrhythmischer Musik fliegen öfter mal die Fetzen. Sie kennen ja die beruhigende Wirkung klassischer Musik von Wartezimmern.

Emoto ist davon überzeugt, dass ihm eines Tages auch Kristallfotos von menschlichem Zellwasser gelingen werden. Durch eine erhebliche Verdünnung des Blutes wie beim homöopathischen Verfahren hofft er, dass innere menschliche Schwingungen analog zu den äußeren Wasserkristallbildern sichtbar werden. Mit dieser angestrebten Weiterentwicklung in die immaterielle Ebene wird eine Früherkennung von Krankheiten möglich werden, lange bevor sie im klassischen Blutbild zu sehen sind. Bis wir mehr darüber wissen, ist es ratsam, sanft mit sich und anderen umzugehen und unser Wasser mit aufbauender Musik zu beschallen. Denn, wie wir bisher lernen konnten, haben wir durch

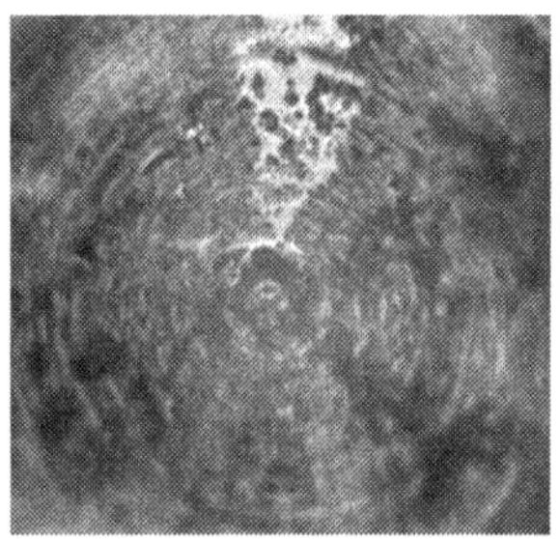
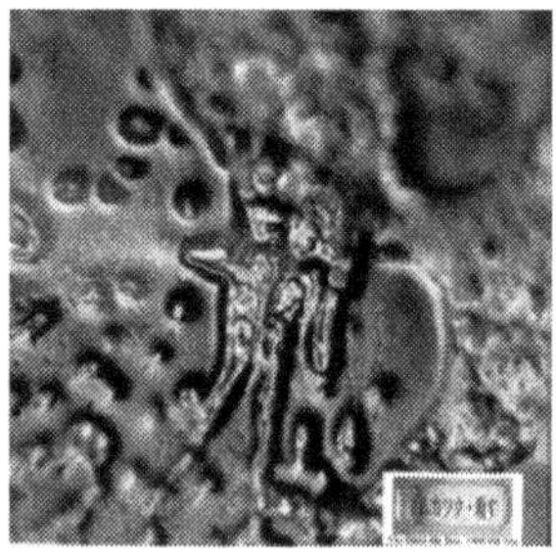

Heavy Metal Musik (li.) und Beschimpfungen, wie z. B. *Ich bringe dich um* oder *Du machst mich krank* (re.) stören die Harmonie des Wassers. Sieht es nicht so aus, als ob ein Mann den Torso einer Frau hält, ihr ein Messer ins Herz stößt und das Blut nur so spritzt?

unser Verhalten selbst den größten Einfluss auf unser Körperwasser. *Wir* sind insofern unsere eigenen Heiler, unsere eigenen Lehrer und auch unsere eigenen Priester. Denn wir können unser beseeltes Wasser mit Gebeten beleben bzw. einen seelischen Reinigungsprozess bewirken.

- Elektrosmog elektrisiert, verdickt und versauert unser Körperwasser

- Mikrowellenkost, Medikamente und Impfstoffe verändern oder löschen die Zellschwingung

- Sanfte Musik und aufrichtende Worte sorgen für schöne Wasserkristalle

- Emoto arbeitet an einem Verfahren, bei dem Zellwasserfotos benutzt werden,
um Krankheiten im Anfangsstadium zu erkennen

Stärkung der inneren Wasserdynamik im menschlichen Körper nach Johann Tikale

In den 60er Jahren begann Johann Tikale mit seinen Studien, die 1972 zur Gründung des Forschungskreises für Geo-Hydro-Biologie in Igelsbach am Neckar führte. Zweck dieses Vereins war die Erforschung der Zusammenhänge und Abhängigkeiten der Gesundheit des Menschen von geologischen und hydrologischen Verhältnissen, also eine sich auf den Menschen schädlich auswirkende Strahlung, die dann vorliegt, wenn der natürliche molekulare Bereich der primären molekularen Masse des Wassers in seinem Ausstrahlungsbereich gesprengt oder verzerrt wird bzw., wenn die dem Menschen zugrunde liegende natürliche mitogenetische Strahlung verzerrt oder aufgeladen, d. h. verändert wird.[1] Wie schon erwähnt, entwickelte der Forscher ein Verfahren, bei dem ein aufgeladenes Wassermolekül wieder in seinen natürlichen Grundzustand zurückführt wird. Schon vor der Gründung des Forschungskreises befasste sich Tikale mit geologischen Studien. Ein Teilergebnis dieser Arbeiten

---

[1] Alexander Gurwitsch, der Wegbereiter moderner biophysikalischer Auffassungen entdeckte Anfang der 20er Jahre die mitogenetische Strahlung. Er erkannte auch als erster, dass die Energieverteilung und nicht die chemische Zusammensetzung die Lebendigkeit ausmacht und ein Wechselspiel zwischen aufbauenden und abbauenden Prozessen, zwischen angeregten und nicht angeregten Zuständen Lebensvorgänge voraussetzt und selbststeuernde, nichtlineare und dynamische Regulationsvorgänge Leben erst ermöglicht. Das Feld ordne die Moleküle im Protoplasma an, gruppiere Moleküle, die sonst nicht zusammenkämen und verforme Makromoleküle oder Molekülgruppen. *Sobald solche Formationen, die von der Energie des Feldes gespeist werden, wieder in den ursprünglichen Zustand zurückkehren, wird die in ihnen gespeicherte Energie in Form mitogenetischer Strahlung frei. (Bischof 2001, S. 104)*
Tikale misst das molekulare Spannungsfeld des Wassers wie folgt:
Messstrecke = Molekulares Feld: 2. Die molekulare Grundeinheit des Wassers beträgt 0,7 Liter. X Liter : G + 1 x MoF : 2 = Maßstrecke (Bsp.: 3,5 Liter Wasser : 0,7 + 1 x MoF : 2 = 3,5 : 0,7 + 1 x 1,80 : 2 = 5 + 1 x 0,90 = 5,40 m). Das 1 bezieht sich auf die stets vorhandene Grundeinheit, die auch den Rest von 0 bis 699 cm³ umschließt. In der Umkehr der Formel kann die Menge Wasser errechnet werden, wenn die Messstrecke bekannt ist.

wurde im Sonderheft *Geologie des Buntsandsteins* im Jahre 1974 veröffentlicht. Er entdeckte eines Tages, dass seine auf Wasser reagierenden Sonden
auch auf Menschen ansprachen, allerdings zeigten sich individuell unterschiedliche Reaktionen. Tikale nahm daher an, dass die Anzeigen der Sonden
auf den Zustand der betreffenden Personen hinwiesen und beobachtete, dass
der jeweilige Zustand durch elektrische Impulsfelder [1] beeinflussbar war.

Auch R. G. Zinsser aus Idar-Oberstein entdeckte damals nach 10-jähriger
Forschung, dass eine Wasserprobe, die wenige Minuten mit einer äußerst
geringen Hochfrequenzenergie bestrahlt wurde, eine *Rückstoßkraft* erzeugte,
die einige Stunden anhielt. Diese Entdeckung wurde von Professor Dr. Ing.
Peschka aus Stuttgart bestätigt. *Besonders nachdenkenswert dürfte der Effekt
sein, dass das von jedem Lebewesen ausgehende Hochfrequenzfeld einen
messbaren Einfluss auf das bestrahlte Wasser ausübte. D. h., dass immer
wenn ein Mensch in die Nähe des Versuchsaufbaus kam, die geheimnisvolle
Kraft des Wassers gestört wurde (Fischer, 1980, S. 337).*

Damit Sie eine Vorstellung für die im Forschungskreis verwendeten Geräte
bekommen, rufen wir uns am besten erst die im Physikunterricht vermittelten
Grundkenntnisse ins Gedächtnis: Die Einheit für die elektrische Spannung ist
Volt, die der Stromstärke *Ampere.* Die Spannung können Sie mit dem Gefälle
eines Flusslaufes, die der Stromstärke mit der Wassermenge vergleichen. Die
Zelle einer AA-Batterie liefert 1,5 Volt *Gleichstrom.* Der mit + und – gekenn-
zeichnete Gleichstrom heißt so, weil der Strom nur in eine Richtung fließt.
Beim Strom aus der Steckdose verhält es sich ganz anders. Die Spannung ist
230 Volt und bei direkter Berührung lebensgefährlich. Die Fließrichtung dieses
von Nikola Tesla entdeckten Stroms wechselt z. B. 50 mal in der Sekunde,
weshalb er *Wechselstrom* genannt wird. Damit haben wir bereits den Begriff
Frequenz. Wenn nun die ständig wechselnde Polarität (+ und –) 50 mal pro
Sekunde wechselt, haben wir eine Frequenz von 50 Hertz. Die Leistung des
Stroms errechnet sich wie folgt: Volt mal Ampere = Watt; oder umgekehrt:
Watt : Volt = Ampere; z. B. braucht ein Wasserdestilliergerät von 585 Watt:
230 Volt = 2,5 Ampere. Bei dieser Leistung wird zwar nicht gleich die Siche-
rung herausspringen, aber es dauert rund 6 Stunden, bis das Wasser gereinigt
ist. Und wenn Sie das jeden Tag machen, summiert sich der Stromverbrauch.

Bei unserer Forschungsarbeit bzw. in den Experimenten von Prof. Peschka
wurden die unerklärlichen Effekte mit Energie von 20 Mikrowatt (millionstel
Watt) bis 100 Milliwatt (tausendstel Watt) erzielt, jedoch mit Hochfrequenz, einer
Schwingungszahl von 100 bis 300 MHZ (Megahertz; ebd. S. 338). Übrigens
wurde schon anderweitig mit Impulsfeldern experimentiert. In der Universität

---

[1] Die Geräte im Forschungskreis erzeugen ein Impulsfeld. Ein Feld entsteht, wenn an einen elektrischen Leiter, also an einen Draht, eine elektrische Spannung gelegt wird. Wenn wir eine Gleich-
spannung immer nur kurzzeitig und in ganz bestimmten Zeitabständen, also pulsierend anschal-
ten, erhalten wir ein Impulsfeld.

Saarbrücken wurde vor über einem Vierteljahrhundert festgestellt, dass die Schüler einer Klasse in einem Impulsfeld bessere Leistungen erbrachten und weniger krank waren, als in einer Parallelklasse ohne ein solches Impulsfeld.

Unser Körperwasser wird durch Lärm, Umweltgifte, radioaktive Strahlen, Elektrosmog, chemische Arzneien, Nikotin, schädliche Substanzen in Kleidern und andere Gifte *aufgeladen*

Die *Entstrahlung* geschieht durch Einstrahlen einer vorher genau berechneten Energie, welche die Elektronen befähigt, die als Quanten aufgenommenen Ladungen freizugeben. Um Ihnen den Vorgang der Aufladung zur erklären, werde ich Ihnen im nächsten Kapitel einen Einblick in den chemisch-physikalischen Bereich des Wassers geben. Zunächst möchte ich aber noch einmal darauf hinweisen, dass durch dieses wirkungsvolle System die Heilung von sogenannten Zivilisationskrankheiten über die Reinigung der Lymphe und die Regeneration der Wirbelsäule erfolgt. Der Organismus müsse laut Tikale über die Lymphe entgiftet und die Blockaden - Traumata des Körpers, die sich in der Wirbelsäule manifestieren - aufgelöst werden. Als ich vor mehr als 25 Jahren dem Forschungskreis beitrat, sagte mir der gebürtige Böhme, meine Operationen (Grauer Star) hätten nicht sein müssen, wäre ich früher gekommen. Damals zweifelte ich an dieser Aussage. Aber nach dem bisher Erfahrenen glaube ich, dass wir durch energetisiertes Wasser, Lymphreinigung und Entsäuerung Krankheiten vorbeugen und sämtliche Gewebe im Körper regenerieren können.[1] Wie schon erwähnt, kann die Regeneration der Zellen bzw. das Modulieren des Zellwassers laut Tikale auch durch ein Vollbad in *gutem Wasser* geschehen. Siehe Kapitel *Lymphreinigung* ...

Dr. Norbert Harthun, der seit Anfang der siebziger Jahre im Forschungskreis mitarbeitete, hatte damals schon die Vision von einem natürlichen Verfahren, durch das auch *zu Tode gequältes Wasser* zu kraftvoller Lebensfrische erweckt werden kann. Zum Glück konnte sich sein Zukunftstraum nun erfüllen.

---

[1] Meine Mutter litt Mitte der Siebziger Jahre unter starker Abnutzung der Wirbelsäule, offenbar verursacht durch anstrengende Arbeiten beim Hausbau. Sie konnte weder ihren damals einjährigen Enkel heben, noch ihren schweren Staubsauger bewegen. Wenn sie von der Liegeposition aufstehen wollte, konnte sie dies nur äußerst langsam und unter großen Schmerzen tun. Der Orthopäde sagte, er könne die Versteifung nicht beseitigen, allenfalls den Status quo erhalten. Etwa ½ Jahr nachdem meine Mutter dem Forschungskreis beigetreten war, konnte sie sich wieder frei bewegen. Heute 78-jährig ist ihre Wirbelsäule noch so elastisch wie bei einer viel jüngeren Frau. Ähnlich ging es Herrn Walz aus Eberbach, der sogar schon an der Wirbelsäule operiert worden war. Nach einigen Monaten der Modulation im Forschungskreis ließ er sich wieder röntgen. Sein Arzt konnte zuerst nicht glauben, dass ihm die Helferin die richtige Röntgenaufnahme brachte. Nach der Überprüfung war er aufgrund dieser nach schulmedizinischer Kenntnis unmöglichen Veränderung der Wirbelsäule ganz fassungslos. Ich persönlich war nach der Modulation 7 Jahre lang meinen Heuschnupfen los, bis Tschernobyl offenbar wieder für die *Aufladung* sorgte. Die Heilerfolge vieler der über tausend Mitglieder sind in den Vereinsmitteilungen festgehalten.

- Tikale entwickelte ein Verfahren, bei dem durch negative Einflüsse aufgeladene Wassermoleküle wieder in ihren natürlichen Grundzustand gebracht werden

- Die *Entstrahlung* bewirkt die Heilung degenerativer Krankheiten via Lymphreinigung und Wirbelsäulenregeneration

- Die durch Hochfrequenzapparate erzeugten Impulsfelder wirken sich auf das Denkvermögen aus und sorgen für Gesundheit und Wohlbefinden

- Die Regeneration der Zellen und die Umwandlung des Zellwassers kann durch moderne Wasseraktivierungstechnik geschehen

Der chemisch-physikalische Bereich des Wassers

Die Wissenschaft ist heute immer noch ohne genaue Kenntnis des Wassers und seines Verhaltens. Dennoch wird das elementare Nass schon seit vielen Jahren zersetzt, zerstört und aufgeladen. Um Ihnen die Aufladung des Wassers – unser Körperwasser eingeschlossen – zu erklären, hier einige grundlegende Aufzeichnungen, die auf einem Referat von Johann Tikale basieren:

Das Wasserstoffatom besteht aus einem Kern und einer Elektronenschale, auf der ein Elektron kreist. Bringt man in diese bestimmte Schale Energie ein und bleibt diese als Quant bezeichnete Energie auf der Elektronenschale haften, verändert sich das Wasserstoffatom in seiner Ladung. Denn das Elektron ist schwerer geworden und entfernt sich wegen der quantitativen Vergrößerung der Masse vom Kern durch eine Art Fliehkraft. Dadurch wird der Abstand zwischen Kern und Elektron größer. Das H-Atom kann nun in den vorübergehenden Zustand der *Anregung* kommen, bei der die zugeführte Energie in Form von Fluoreszenz, Phosphoreszenz oder Luminiszenz wieder abgebaut wird. Oder es kommt in den bleibenden Zustand der *Aufladung*. Diesen Vorgang können Sie in jedem Physikbuch nachlesen. Was Sie dort aber nicht finden, ist das, womit der Forschungskreis arbeitete. Da die auftretenden Energien zu klein sind, gibt das Bohrsche Atommodell keine Antwort auf die Frage, was passiert, wenn Strahlung von geringerer Energie aufgenommen wird, als man bei den Quantensprüngen beobachtet.

Wenn nun durch eine zu kleine Zufuhr das Elektron nicht auf die nächst höhere Bahn springt, sondern sich seine Bahn nur etwas aufbläht, spricht Tikale von der *Aufladung des Wassers* durch Wellenfelder, denen wir ausgesetzt sind

Das aufgeladene Atom entspricht also einem Energiebereich und einem Chemismus, der eine andere Form, eine andere Ladung besitzt, einen anderen Bereich einer Fusion eingeht und sich selbst nicht wieder entladen kann.

Neben dem Wasserstoffatom kann auch ein Sauerstoffatom, das 2 Schalen mit insgesamt 8 Elektronen besitzt, durch Energiezufuhr einen Aufladungszustand erreichen. Werden nun die beiden H-Atome und das eine O-Atom, die zusammen ein Wassermolekül bilden, auf diese Weise aufgeladen, so befindet sich das Wasser in einem neuen Aufladungszustand und verhält sich dann völlig anders, als das gesunde natürliche Wasser in seinem ursprünglichen Zustand. Auch zeigt es ganz neue Eigenschaften. Dieser Ladungszustand ist nicht mehr auf natürliche Weise abbaubar, wie das z. B. bei der erhöhten Ladung durch Salz (Sole) möglich ist.

- Bleibt eine in die Schale des H - Atoms eingebrachte Energie auf der Elektronenschale haften, verändert sich das Wasserstoffatom in seiner Ladung

- Das schwerer gewordene Elektron entfernt sich durch die Fliehkraft, wodurch der Abstand zwischen Kern und Elektron größer wird

- Beim vorübergehenden Zustand der *Anregung* wird die zugeführte Energie als Fluoreszenz, Phosphoreszenz oder Luminiszenz wieder abgebaut

- Beim bleibenden Zustand der Aufladung geht das H - Atom einen anderen Bereich der Fusion ein und kann sich nicht mehr selbst entladen

Das Vermessen des Wassers

Wie bereits ausgeführt, wurde durch ein im Forschungskreis entwickeltes Verfahren mittels Einstrahlung einer exakt errechneten Energie das aufgeladene Wassermolekül wieder in seinen natürlichen Grundzustand zurückgebracht. Die Elektronen können auf die ursprünglichen Schalen zurückkehren. Die frei gewordenen Quanten werden in Form von Wellen abgegeben, die sich mit den Sonden 71, einem dafür entwickelten Gerät, feststellen lassen. Das Messverfahren, mit dem ermittelt wird, ob sich Wasser in einem Aufladungszustand befindet, bezieht seine Maßeinheit vom gesunden lebendigen Wasser.

**Beim Messen des Wassers darf in Bezug
auf die Menge ein bestimmter molekularer Bereich
– 0,695 Liter – nicht überschritten werden**

Diesen Grenzbereich kennen wir von den 0,7-Liter-Flaschen, die weit weniger bruchempfindlich sind als größere. Diese Wassermenge bezeichnen wir als einfache molekulare Masse. Bis zu dieser Menge hat das frei im Raum stehende Wasser eine kugelförmige Ausstrahlung, deren äußerste mit unseren Sonden messbare Grenze bei 90 cm liegt. Die Messungen werden in der Regel nur in der Ebene durchgeführt, folglich sprechen wir nur von einem Kreis mit einem Radius von r = 90 cm. Da das Wassermolekül aus zwei H-Atomen und einem O-Atom besteht, kann innerhalb des 90-cm-Bereichs bei 50 cm und bei 25 cm je ein weiterer konzentrischer Kreis gemessen werden. Damit ist die chemische Formel des Wassers H_2O auch in diesen Messanzeigen bestätigt.

Das Wasser ist dem erdmagnetischen Einfluss unterworfen. Man kann in den Strahlungsbereich des Wassers – also in den 90-cm-Kreis – eine Nord-Südachse hineinlegen und diesen Kreis in 8 gleiche Sektoren einteilen. Es entstehen 4 Hauptfelder in den 4 Himmelsrichtungen und 4 Nebenfelder in den 4 Nebenhimmelsrichtungen. Weist ein Wasser diese Felder auf und vollzieht sich zusätzlich noch ein auf unserer nördlichen Halbkugel rechts herum drehender Impuls, ist es gesund, in seinem gesamten Verhalten biologisch freundlich und noch in der Lage, Stoffe zu lösen und abzusetzen. Die Messwerte des Wassers verändern sich aus vielerlei Gründen:

Ist ein Trinkwasser z. B. fluoridiert, also mit Fluorsalzen angereichert, misst es statt 90 cm oft 150 cm oder mehr und kann dann nicht als biologisch wertvolles Wasser betrachtet, sondern allenfalls als Nutzwasser verwendet werden[1] (Fußnote unbedingt lesen!)

Gibt man Salz in Wasser, erhält man eine Sole mit erhöhter Ladung, aber ohne

---

[1] Studien, die mit Fluoridmengen durchgeführt wurden, wie sie im Trinkwasser vieler US-Städte vorkommen, beweisen, dass Fluorsalze die Aktivität des Immunsystems herabsetzen und normale Zellen in Krebszellen verwandeln. Und da laut WHO (Weltgesundheitsorganisation) Länder in denen das Fluoridieren des Trinkwassers verboten ist, in den internationalen Gesundheitsstatistiken vor den USA rangieren, sollten wir auch künftig auf die Zwangsmedikation verzichten. Ein Auszug aus dem Morbidity and Mortality Weekly Report (1982) zeigt, dass in den ersten trinkwasserfluoridierten Städte (New York, San Francisco und Miami) viermal so viele Fälle von AIDS auftraten, als in den zu dieser Zeit noch nicht fluoridierten Städte Newark, Houston und Los Angeles. **Wie kam es überhaupt zur Verbreitung des Märchens von den gesunden Zähnen?** Bragg und Bragg schreiben in ihrem *Buch Das größte Gesundheitsgeheimnis - Die schockierende Wahrheit über Wasser*, dass das bei der Aluminiumherstellung und -verarbeitung abfallende Fluorid insofern Probleme machte, als es immer wieder zu Strafen wegen mangelhafter Entsorgung mit folgenden Umweltschäden kam. So beauftragte eine dieser Firmen vor mehr als 60 Jahren ihren Biochemiker, sich Gedanken über einen Verwendungszweck für das giftige Abfallprodukt zu machen. Dem findigen Mann kam die Idee, die Fluorsalze in Minimalmengen dem Trinkwasser beizugeben. Nun brauchten nur einige schwindelige Studien in die Welt gesetzt und entsprechende Gehirnwäsche betrieben zu werden, und im Laufe der Jahre verankerte sich die falsche Überzeugung, Fluorid sei gut für die Zähne, fest im Bewusstsein der Menschheit. Unser Körper kann aber anorganische, also nicht zur belebten Natur gehörende bzw. nicht durch Photosynthese in der Pflanze verstoffwechselte Salze (auch Multivitamin- und Mineralstoffpräparate) nur schwer verwerten und muss erst organische Transporthelfer bilden. Ist er damit überfordert, lagern sich die Fremdstoffe vor allem im Filter des Bindegewebes ab und führen mit der Zeit zu Problemen. Dies gilt natürlich auch für chemische Arzneien, künstliche Lebensmittelzusätze und Konservierungsstoffe. Wenn wir diese Zusammenhänge erkennen, wird uns auch klar, wie und wodurch Gesundheitsprobleme entstehen: **Krankheiten *haben mit der Vergiftung des Körpers zu tun!***

Veränderung der atomaren Aufladung. Salz und gesundes Wasser lassen sich durch Destillation wieder voneinander trennen.[1]

Tikale entnahm Wasserproben aus verschiedenen Flüssen, bei denen er statt der normalen Ausstrahlung des Wassers (90 cm), bis zu 600 cm maß.

Wenn Wasser als Kühlwasser eines Atommeilers verwendet wird, erfährt es eine radioaktive Aufladung

Das oberhalb des Atommeilers Obrigheim entnommene Neckarwasser besaß einen Strahlungsradius von 90 cm; es wies zwar wegen der relativen Verschmutzung kein ideales Drallverhältnis auf, konnte aber noch Stoffe lösen. Das unterhalb des Kernkraftwerks entnommene Wasser wies dagegen einen Radius von 560 cm auf, und die Schaumberge häuften sich, da das H_2O durch die physikalische Spannung nicht mehr in der Lage war, so viele Stoffe zu lösen, zu binden und abzusetzen. Dabei war es ganz gleich, ob das Wasser unmittelbar hinter dem Atommeiler, weiter unten in Heidelberg oder an der Mündung des Neckars in den Rhein entnommen wurde.

Ein solches durch Radioaktivität aufgeladenes Wasser kann sich selbsttätig nicht wieder normalisieren. Dadurch wird die Verschmutzung der Flüsse immer größer, und die Schädigung der Flora und Fauna ist unvermeidlich

Tikale wies darauf hin, dass sich nicht nur das Wasser des Neckars durch das abgelassene Kühlwasser verändert, sondern auch das Körperwasser der in Atomkraftwerken arbeitenden Menschen. Diese verändern sich, entwickeln Allergien, und einige können es gar nicht mehr drinnen aushalten. Ähnlich sei es bei Astronauten, die im Weltraum waren. Aufgrund ihrer *Spannungsgefügeänderung* verändere sich das Wasser in ihrem Körper und nehme Besitz von der Psyche. Zur Erde zurückgekommen, würden sie von ihren Angehörigen nicht mehr als die Menschen erkannt, die sie vor ihrer Weltraumfahrt waren.

- Beim Messen des Aufladungszustandes von Wasser wird die Wassermenge von 0,695 Liter (einfache molekulare Masse) nicht überschritten

- Die chemische Formel des Wassers H_2O bestätigt sich durch die Messanzeigen bei 50 und 25 cm innerhalb des 90 cm-Bereichs

---

[1] Übrigens gelang mir dies auch mit dem übel riechenden Leitungswasser in L.A., das ich täglich in einem Dampfdestilliergerät von einer grüngelblichen stinkenden zähen Masse trennte, die sich am Stahlboden des Topfes abzusetzen pflegte. Ob Chlor oder Fluorid, ekelerregend ist für mich immer noch der Gedanke, dass ich zwei Jahre lang diese giftige Brühe zum Kochen verwendete, bis ich mir auf Anraten der Gesundheitsexpertin Halima Neumann den Dampfdestiller anschaffte.

- Gesundes Wasser zeigt sich durch 8 gleiche Sektoren und durch einen auf der nördlichen Halbkugel rechtsdrehenden Impuls

- Das Wasser der Flüsse unterhalb eines KKW'S scheint sich ebenso wie das Körperwasser von Beschäftigten in einem Atommeiler zu verändern

- So wie die Flüsse viele Stoffe nicht mehr lösen und absetzen können, verliert auch das strukturgeschädigte Körperwasser seine Entgiftungsfunktion

Die Auswirkungen von Strahlen auf unser Körperwasser

Erst seit kurzem wissen wir, dass alles Leben auf Strahlungen und Schwingungen beruht. Bis zu Beginn des 20. Jahrhunderts lebten wir ausschließlich unter der Einwirkung kosmischer und irdischer sowie natürlicher mitogenetischer Strahlungen, die Menschen, Tiere und Pflanzen aussenden. Mit der Verbreitung von Elektrizität, Telegrafie, Radiowellen, radioaktiven und Röntgenstrahlen erzeugten wir Strahlungen und Schwingungen vielfältiger Art. Diese verschiedenen Strahlungsspektren beeinflussen den natürlichen Ablauf allen Lebens bis zur kleinsten lebenden Zelle und wirken sich auch auf die Strahlungs- und Schwingungsharmonie unserer Körperzellen bzw. auf unser Körperwasser aus. Die künstliche Strahlung kann im menschlichen Gewebe eine Unzahl biochemischer Reaktionen auslösen. Z. B. können auf Moleküle im Zellplasma treffende Röntgenstrahlen Zellgifte erzeugen, die zu Funktionsstörungen und zum Tod der Zellen führen können. Johann Tikale, der sich mit diesen Auswirkungen befasste, weitete die obigen Betrachtungen bezüglich der Messwerte für gesundes Wasser auf unser Körperwasser aus.

Der gesunde Mensch – also der Mensch ohne Aufladung des Wassers in seinem Körper – hat im Nahfeld die gleiche Messanzeige von 90 cm wie das gesunde Wasser. Darüber hinaus weist der gesunde Mensch einen *eingenordeten* Gesamtmessbereich von 960 cm auf. Auch beim Menschen unterscheidet man innerhalb des 960-cm-Kreises 4 Hauptfelder in den 4 Himmelsrichtungen und 4 Nebenfelder in den 4 Nebenhimmelsrichtungen.

9,60 m	15 m	25 m	70 m

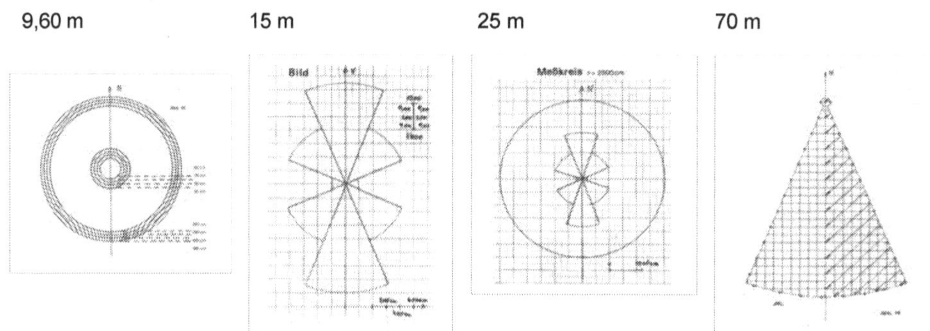

Dieses Messbild verändert sich durch Aufladung des Körperwassers, wobei sich je nach dem Grad der Aufladung verschiedene Bilder ergeben. Bei der ersten Stufe erweitert sich das Nordfeld auf 15 m, das Südfeld auf 16 m. Dagegen schrumpfen das Ost- und Westfeld auf je 2 m, die Nebenfelder von 9,60 m auf je 9 m. In diesem Zustand der statischen Veränderung des Wasserhaushalts befindet sich das Individuum bereits auf dem Weg, das eigene Ich zu spalten und zu zerstören. Obgleich der Mensch Beschwerden hat, ist bei diesem veränderten Aggregatzustand des Wassers organisch kein Befund festzustellen, so dass hier meist die vegetative Dystonie diagnostiziert wird.

Wenn Sie Pech haben, können Sie sich diesen Spannungszustand bei einer Kaffeefahrt in einen Atommeiler einhandeln!

Wenn es dann auf der Seite drückt und auf der gegenüberliegenden gleich darauf zwickt, ist das der Drehimpuls des Wassers, der die Verspannung einleitet. Jede neue Brille, die durch bestimmte Schleifverfahren hochgradig *verstrahlt* ist, jedes Medikament und jedes antibakteriell bestrahlte Taschentuch trägt zur Aufladung bei. Ebenso Schuhe und Kleider aus Kunststoffen oder mit ungesunden Farben gefärbt, Elektrosmog durch PC, TV und Radiowecker auf dem Nachttisch; vor allem aber Röntgenbestrahlungen[1]. Wer in einem der zigtausend Industriebetriebe und Krankenhäuser arbeitet, die mit atomaren Stoffen umgehen bzw. sie transportieren, ist besonders gefährdet.

Bei weiterer Aufladung des Körperwassers erreicht der Mensch die zweite Stufe mit einem Messkreis von 25 m Radius. Das Messbild ist verzerrt, die schützende Kugelhülle durchbrochen. Ankommende Frequenzen können nicht mehr abgeleitet werden und dringen ungehindert bis ins Innerste hinein. Die Betroffenen haben unklare körperliche und psychische Störungen.

Wenn unser Organismus - unser H2O - in einem solchen Ladungsbereich steht, können leicht Unfälle passieren

Denn es kann sein, dass wir genau noch eine Zone mit einer störenden Frequenz überfahren, die für wenige Sekunden das Rückenfeld eindrückt, wodurch eine Gedächtnisstörung auftritt, die genügt, um einen Unfall zu verursachen. 1977 berichtete der deutsche Diplomingenieur Robert Endrös beim Radiästheten-Kongress im österreichischen Puchberg, unterstützt durch Lichtbilder, über seine faszinierenden Forschungsergebnisse mit *Frontalzusammenstößen durch unterirdische Störungen.*

Der Aufgeladene kann sich nicht selbst regenerieren und ist sogar unbewusst bestrebt, den Ladungszustand zu erhalten. Er wird süchtig, mitunter auch schwierig und aggressiv. Solche spannungstechnischen Belastungen können natürlich

---

[1] Auch wer viel fernsieht oder vorm Fernseher einschläft, setzt sich einer lange wirkenden schwachen Röntgenstrahlung aus (früher wurde die Ionendosis in Röntgen gemessen).

nicht medikamentös abgeklärt werden. Wenn wir bei Kopfschmerzen den negativen Weg gehen und zur Tablette greifen, überlagern wir frequenztechnisch unser Warnsystem. Mit dem Symptom Schmerz signalisiert der Körper ja, dass etwas nicht in Ordnung ist und etwas geändert werden soll. Vielleicht fehlt frische Luft, reines Wasser, Ruhe oder Bewegung. Chemische Arzneien hingegen führen noch mehr zur Aufladung.

Bei fortlaufender Missachtung unseres Warnsystems steuern wir rasch in Richtung Herzinfarkt oder Gehirnschlag!

Etwas Vergleichbares im Bereich des Ackerbaus wurde bei einer Forschungsarbeit an der Universität Freiburg festgestellt. Wenn man Korn nur einen kleinen Anreiz mit etwas künstlichem Stickstoff gibt, weil man später, wenn der Klee reif ist, mit letzterem natürlichen Stickstoffdünger das Korn anreichern will, passiert folgendes: Das natürliche Korn ist nicht mehr in der Lage, den natürlichen Stickstoff des Klees aufzunehmen. In dem Moment wo es künstlichen Stickstoff bekommen hat, wurde es wie der Mensch *verpolt* (Tikale) und in eine chemische Fehlsteuerung gebracht. Es nimmt jetzt nur noch diesen künstlichen Stickstoff auf, während der natürliche am Boden bleibt. Das Korn ist nun auch süchtig geworden. Aus diesem Grund hat Künstliches nichts im Boden zu suchen! Beim Menschen ist es nun so, dass diese Aggregatzustände der Süchtigkeit erbgenetisch auf die Kinder übergehen. Solche Kinder sind nervös, Bettnässer, geben keine Ruhe und entwickeln sich nicht in einer rhythmisch harmonischen Weise.

Tikale warnte davor, das H und das O in seinem molekularen Bereich zu verändern. *Denn, wenn wir diese Schwelle überschreiten, verändern wir das Leben* sowie *uns selbst, und* wir *gehen elend zugrunde.*

- Alles Leben wird von natürlichen Strahlungen und Schwingungen getragen

- Elektrizität, Radiowellen sowie radioaktive Strahlen wirken sich auf die Strahlungs- und Schwingungsharmonie unserer Zellen und unseres Körperwassers aus

- Der gesunde Mensch misst 9,60 m mit 4 Haupt- und 4 Nebenfeldern

- Je nach Grad der Aufladung ergeben sich unterschiedliche Messbilder

- Künstliche Stoffe in Kleidern, Medikamenten und Nahrungsmitteln, wie auch Elektrosmog und Röntgenstrahlen tragen zur *Aufladung* bei

- Der veränderte Zustand des H_2Os wird oft als v*egetative Dystonie* diagnostiziert

- Wenn durch ankommende Frequenzen die schützende Kugelhülle durchbrochen wird, kann es durch momentane *Blackouts* zu Unfällen kommen

Die *übernatürlichen Heilwirkungen* der Lichtwässer

Die magnetische Energie ist die elementare Energie, von der das gesamte Leben des Organismus abhängt.

Werner Heisenberg

Die elektrischen Eigenschaften von Wasser werden überwiegend von der elektrolytischen Zusammensetzung, der Sonneneinwirkung und dem Sauerstoff bestimmt. Weitere Faktoren, die sich auf die Wassereigenschaften auswirken, sind die elektrische Leit- und Speicherfähigkeit.

Ein besonders gesundheitsfördernd wirkendes, da mit biologisch wertvollen Naturinformationen angereichertes Nass können wir z. B. noch im Himalaja oder auf der Pyrenäen-Halbinsel finden. Es sprudelt aus den Gebirgsfelsen, plätschert über Steine im Flussbecken und nimmt die Morgenröte, das volle Mittagslicht, die Abendröte, das Mondlicht, die Frequenzen der Erdpulsation sowie andere natürliche Informationen in sich auf. Durch Strömung, Sog und Strudel wird das Wasser verwirbelt und mit viel Sauerstoff angereichert.

Im März 2001 habe ich solch ein Nass im südfranzösischen Lourdes in natura erlebt. In dieser Region liegen alle möglichen Schwingungen in der Luft; es ist, als ob sie vibrieren würde. Ich fühlte mich indifferent und merkwürdig ruhig und still. Hat dieser seltene magnetische Kraftpunkt mit dem häufigen Schauplatz intensiver elektromagnetischer Emotionen zu tun? Oder mit der

 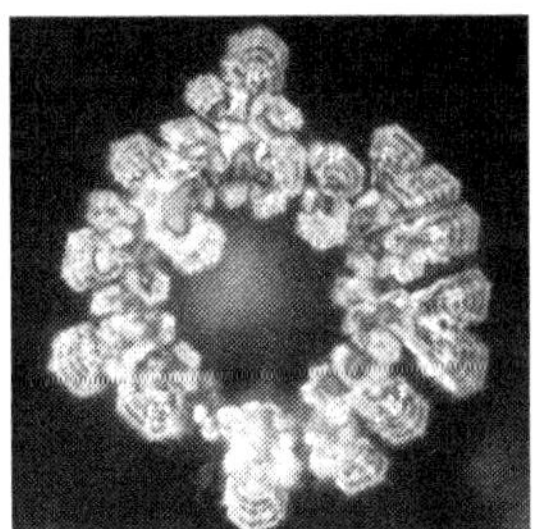

Das linke Foto zeigt das munter sprudelnde Flüsschen unterhalb der berühmten Wallfahrtskirche.

Emotos Kristall von der heiligen Quelle erinnert mich an die von Tikale gemessenen 4 Schutzringe der Geheilten.

Ehrfurcht und Hoffnung der Heilsuchenden vor dem Lebenselixier Wasser? Respektive mit den besonderen Frequenzen dieses Lichtwassers?[1]

---

[1] Enza Ciccolo hat für besondere Heilwässer den Begriff Licht- oder Liebeswässer geprägt. Die Biologin entdeckte bei ihren vielen Reisen, bei denen sie mit ihren Frequenzmessern die Schwingungsphänomene in der Natur und bei Menschen genauer ergründen wollte, 1984 die Lichtbezogenheit des Lourdes-Wassers. Während eines Urlaubs in Südfrankreich kam sie auch zu den legendären Quellen des berühmten Wallfahrtsortes Lourdes und nahm dort Proben von Wasser, Gestein und Erde. Sie war verblüfft darüber, dass sie in den Proben das gesamte Lichtspektrum vorfand. Bakterien und andere Mikroben verloren im Lichtwasser ihre Aggressivität, wurden verträglich und ungefährlich. Die Biologin fand ebenfalls heraus, dass die Lourdes-Frequenzen nicht nur jenen des Regenbogens entspricht, sondern auch jenen im gesunden menschlichen Hirn und im lebenden Gewebe. Sie folgerte daher, dass hinter den unzähligen Wunderheilungen eine

Im Quellwasser von Lourdes konnten jedenfalls überdurchschnittlich starke Magnetkräfte nachgewiesen werden. Der japanische Wissenschaftler Dr. Kyoichi Nakagawa, der die Lehre vom Magnetfeldmangelsyndrom entwickelte, und Dr. Ludwig stellten fest, dass es gravierende natürliche Unterschiede in der regionalen Magnetfeldstärke gibt. Durch künstliche Maßnahmen und zivilisatorische Eingriffe, wie z. B. geschlossene Betonbauweise, Boden- und Flächenversiegelung oder künstliche elektrische Felder der modernen Elektro- und Kommunikationstechnik, wird sie auf ein krankmachendes, weil schwächendes Maß verringert. Ein anderer Faktor ist die Heilkraft des Lichts.

Das Lourdeswasser weist ungewöhnliche, auf den Organismus positiv wirkende Frequenzen auf

Die Mailänder Biologin Enza Ciccolo fand im Lourdes-Wasser die gesamte Lichtpalette des Regenbogens (siehe Fußnote), wie das z. B. auch bei der Alge Spirulina der Fall ist. Die in Lichtnahrung oder Lichtwässern enthaltenen Biophotonen haben eine ordnende und regulierende Kraft und bringen den Organismus in eine höhere Schwingung, was sich in einem Gefühl von Vitalität und Wohlbefinden ausdrückt. Dies ist wohl der Grund für die vielen Heilerfolge des Pyrenäenwassers oder des heiligen Nasses vom portugiesischen Fatima und anderen heiligen Quellen, zu denen jährlich Millionen von Menschen pilgern. Mehr als 6000 anerkannte Wunderheilungen gibt es allein von Lourdes.

Noch weniger als für das Phänomen Lourdes gibt es eine wissenschaftliche Erklärung für das Phänomen Ganges. Dieser heilige Fluss der Inder zählt zu den schmutzigsten Gewässern der Welt. Obgleich die Armen aus den umliegenden Dörfern ihr Trinkwasser daraus schöpfen, bleiben sie gesund. Sie waschen sich und ihre Kleider; hin und wieder schwimmt eine halbverkohlte Leiche vorbei. Zigtausende wallfahrender Kranke mit offenen Wunden und eitrigen Geschwüren baden im knietiefen Wasser des heiligen Stroms und werden gesund. Unglaublich, aber wahr. Hier zeigt sich eins ganz deutlich:

Es kommt nicht darauf an, wie *rein* Wasser ist, entscheidend sind die für das Leben nützlichen Informationen, die es uns gibt

- Das Lourdes-Wasser schwingt mit allen Lichtfrequenzen des Regenbogens

- Die in Lichtwässern gespeicherten Biophotonen sorgen für Vitalität und Wohlbefinden

- Das Phänomen Ganges zeigt, dass Wasser nicht *rein* sein muss, um heilend zu wirken; es muss nur lebensförderliche Informationen enthalten

---

Resonanz zwischen den Schwingungen des Wassers in Lourdes und dem nach Gesundheit strebenden Teil im menschlichen Organismus stecken muss (Honauer, 1998, Bischof 2001).

Die Schreie des Körpers nach dem alles erhaltenden Nass

Ohne Wasser ist kein Heil
J. -W. v. Goethe

Man kann das Dichtergenie wohl als den berühmtesten Naturforscher bezeichnen. Ob Farben, Bäume, Steine.. Goethe studierte die Natur wie kein anderer. Und er badete wie kein anderer. Seine Aufzeichnungen bezeugen, wie wichtig ihm seine Badekuren waren.

Das für alle Lebensprozesse dringend benötigte Element reinigt nicht nur unseren Leib von außen und innen. Es sorgt auch für das Wachstum unserer Nahrung und für den Transport der Nährstoffe zu den Zellen des Körpers.

Abhängig von Alter und Gesundheit besteht der menschliche Körper zwischen knapp 60 und 90 % aus Wasser. Um Krankheiten vorzubeugen, muss dieser Wasserhaushalt unbedingt aufrecht erhalten werden. H_2O wird unter anderem für die Verdauung, den Stoffwechsel und die Entgiftung des Organismus dringend benötigt. Es transportiert nicht nur lebensnotwendige Nährstoffe zu unseren Zellen, sondern leitet auch lebensfeindliche Stoffe über die verschiedenen Kanäle der Ausscheidung, wie Darm, Harnleiter und Haut aus.

Trinken Sie daher täglich 1½ - 2 Liter reines, lebendiges Wasser und nehmen Sie so oft wie möglich ein Vollbad darin. In Teil IV erfahren Sie, wie Sie Ihr normales Leitungswasser zu neuer Vitalität erwecken können.

Dr. Faridun Batmanghelidj hat das dunkle Kapitel des Wassermangels in der modernen Industriegesellschaft ins öffentliche Bewusstsein gerückt. Er glaubt, Krankheiten seien meist durch Wassermangel verursacht. Wer nicht ½ Std. vor jeder Mahlzeit mindestens ein großes Glas Wasser ohne Kohlensäure trinke, dehydriere, d. h. der Körper trockne aus. Anhand seiner Untersuchungsergebnisse und zahlreicher Leserbriefe kann der Arzt folgendes überzeugend darlegen:

Krankheiten sind Durstsignale des Körpers nach reinem Wasser!

Wasserhaltige Getränke wie Kaffee, Tee, Cola, Limonadengetränke, Bier und Wein verursachen dagegen seine Austrocknung. Dies hat offenbar damit zu tun, dass dem Wasser beigemengte Substanzen seine Lösungsfähigkeit vermindert. Leider geht der Arzt dabei nicht näher auf den biochemischen Vorgang ein.

Ohne die herausragende Leistung Batmanghelidjs schmälern zu wollen, hat er bei seinen Studien jedoch nicht berücksichtigt, dass unser Leitungswasser und die meisten handelsüblichen stillen Wässer Schadstoffe bzw. schädliche Schwingungsmuster (Informationen) enthalten. Gutes Wasser kann auch durch falsche Lagerung verunreinigt werden, z. B. in einem Keller, in dem Farben oder Reinigungsmittel lagern. Es kommt also darauf an, dass wir unserem Körper nur das bestmögliche Wasser, also die wirklich *gesunde Lösung* zur Verfügung zu stellen. Bei Wassermangelerkrankungen ist der Stoffwechsel durchweg entgleist, da das Fehlen des Nasses zu Funktionsstörungen führt. Bei Epilepsie, Parkinson und Alzheimer ist z. B. der Hirnstoffwechsel gestört, da zuwenig lebendiges Wasser das Gehirn erreicht. Doch gerade in Hirn und Nervensystem ist das Körperwasser im gesunden Organismus besonders hoch strukturiert. Es wird daher auch als *Flüssigkristall* bezeichnet. Viele von Ihnen mögen nun sagen, wenn das so einfach wäre, wüsste man doch schon längst von diesen Dingen. Die Schulmedizin erkennt ja auch, dass dem Körper Flüssigkeit zugeführt werden muss, aber meist raten Ärzte ihren Patienten nur, viel zu trinken. Dass es reines kohlensäurefreies Wasser sein soll, ist wenig bekannt. Auch in Krankenhäusern wird den Patienten Sprudel angeboten: Aber Wasser mit gelöstem CO_2, also Kohlendioxid, gehört nicht in den Körper.

In unserer schnelllebigen Zeit ändern sich ständig Umweltbedingungen und Gewohnheiten. Was gestern noch galt, ist morgen schon überholt.

Früher gab es viele Krankheiten nicht, weil das Grundwasser nicht mit Pestiziden und Schwermetallen verseucht war

und kaum kohlensäurehaltige Getränke konsumiert wurden. Nur reines, lebendiges Wasser ist in der Lage, die Arbeit von Verdauung, Stoffwechsel und Ausscheidung von Stoffwechselschlacke und Schadstoffe ordentlich durchzuführen. Probieren Sie es aus! Durch die eigene Erfahrung schaffen wir Wissen. Unsere Erkenntnis ist letztlich die wahre Wissenschaft.

- Der Wasserarzt Dr. Batmanghelidj ist davon überzeugt, dass die meisten Leiden auf einem Mangel an Wasser beruhen

- Kaffee, Tee, Cola, Limo, Sprudel, Bier und Wein trocknen den Körper aus

- Bei Epilepsie, Parkinson und Alzheimer fehlen dem Hirn und Nervensystem reines, strukturiertes Wasser

Wieviel Wasser braucht der Mensch?

Unser Körper besteht zu mehr als zwei Dritteln aus Wasser, das Gehirn sogar zu 90 Prozent. Im Verlauf des Lebens nimmt der Wasseranteil im Körper ab. Säuglinge bestehen zu etwa 90 % aus Wasser, Greise zu weniger als 60 %

der Körpermasse. Um den täglichen Wasserverlust, der durch das Atmen, Schwitzen und Ausscheiden von Schadstoffen entsteht, auszugleichen, müssen wir je nach Körpergewicht 1 ½ - 3 Liter Wasser trinken.

Als Faustregel gilt: 30 ml Wasser pro kg Körpergewicht

Bei einem Gewicht von 50 kg genügen in der Regel 1 ½, bei 65 kg 2 Liter usw. An heißen Sommertagen, bei Fieber, Durchfall oder Erbrechen kann der Wasserbedarf auf das Doppelte und Dreifache dieser Menge ansteigen.

Trinken wir nicht genügend Wasser und essen wir eine wasserarme Kost, setzt ein Rationalisierungsmechanismus im Körper ein, um den *Körperbetrieb* aufrecht zu erhalten. Es kommt zur Histaminausschüttung, um die Reserven des lebenserhaltenden Nasses zu schützen (siehe Kapitel *Asthma/Allergie*). Das Gehirn, das nur ein Fünfzigstel des Körpergewichts beträgt, aber 20 % des zirkulierenden Blutes enthält, hat dabei absoluten Vorrang.

**Bei allen Gehirnerkrankungen ist Wasser die optimale Lösung,
die uns nicht nur gesünder, sondern auch bewusster macht!**

Ein mit Heilinformationen und Lebensenergie aufgeladenes Nass gibt dem Körper die Kraft, sich selber zu heilen und zu regenerieren.

Aufgrund des *Sparflammenbetriebs* spüren wir die Dehydration nicht sofort. Erst wenn der Körper die Notsignale, wie Durst, Mundtrockenheit oder Appetitlosigkeit sendet, erkennen wir die Notwendigkeit zu trinken. Aber Wassermangel kann schon Beschwerden verursachen, wenn kein Durst verspürt wird.

- Vor allem bei Gehirnerkrankungen gilt: Mehr Wasser trinken oder Melonen u. a. wasserhaltige Früchte essen, und nicht erst warten, bis man Durst hat!

Zeichen von Wassermangel

Wenn Ihr Gesicht aussieht, als sei es mit dünnem Pergamentpapier bezogen, das bis zum Zerreißen gespannt ist und Ihre Augen vor lauter Falten nur noch aus kleinen Schlitzen müde schauen, dann sind dies deutliche Zeichen eines Wassermangels. Weniger sichtbare Symptome sind chronische Verstopfung und stark gefärbter, ätzender Urin. In jedem Fall benötigen Sie dringend ein lebendiges Nass. Denn nur strukturiertes Wasser ist in der Lage, Schadstoffe zu lösen und auszuschwemmen. H_2O gilt als tot, wenn es keine Molekülhaufen (Cluster) bildet. Letztere schließen sich um Keime und Giftstoffe und transportieren sie aus dem System. Leider ist Leitungswasser, wenn es nicht durch Wasserenergetisierungstechnik belebt wird, in der Regel tot. Siehe Teil IV.

Folgende Symptome der Austrockung sollten Sie beachten:

Bei einem Wasserverlust von

bis zu 3 % :   Mundtrockenheit, Durst, geringe Harnproduktion
4 – 6 % :   Müdigkeit, Schwäche, Übelkeit, motorische
                Störungen, Herzrasen, erhöhte Temperatur
7 – 11 % :   Schwindelgefühl, Kopfschmerzen, Atemnot,
                Blutmangel, Unfähigkeit zu Gehen
über 11 % :   Verwirrtheit, Krämpfe, Delirium
über 20 % :   Tod

(Medicom, 14/2000)

Wie Sie sehen, kann ein gestörter Wasserhaushalt unsere Gesundheit erheblich gefährden. Denn das Lösungsmittel Wasser wird dringend zur Entgiftung unseres Körpers gebraucht. Verstopfung führt dazu, dass Gifte nicht ausgeschieden werden. Das Blut wird dickflüssig. Die mangelnde Ausscheidung von Schadstoffen führt gewöhnlich zu einer Nierenfunktionsschwäche. Es können sich Nierensteine bilden, und die Harnwege können sich entzünden.

- Faltige Pergamenthaut ist das deutlichste Zeichen von Wassermangel

- Wenn Ihr Stuhl zu fest und Ihr Urin dunkel ist und übel riecht, fehlt H_2O

- Wassermangel führt zu Verstopfung, die Gifte bleiben im Körper, das Blut wird dickflüssig, Nierenprobleme können entstehen

Stärkung des Wasserhaushalts im Körper

Wenn wir unseren Körper als einen Tempel betrachten, ihn hegen, pflegen und achten, wird er uns bestens dienen. Stärken wir also das Wasserelement immer wieder gezielt, indem wir reichlich reines Wasser trinken und wasserhaltige Obst- und Gemüsesorten essen. Schwingen wir diese noch mit positiven Gedanken und Worten auf, werden Interferenzen mit unserem Körperwasser, also gegenseitige Beeinflussungen, erzeugt. Die Ergebnisse von Emoto lassen vermuten, dass verzerrte Kristalle so zu ihrer schönen Form zurückkehren. Dies geschieht seiner Ansicht nach, wenn wir seine Wasserkristallfotos betrachten.

Konsumieren Sie zuwenig Obst, Salat oder andere wasserhaltige Nahrung, können Sie dieses Manko mit speziellen Kräutern, wie Süßholz (Lakritze), Ginseng oder Beinwell – am besten in Verbindung mit heißem Wasser, Gemüsesuppe oder frisch gepressten Fruchtsäften - ausgleichen. Allgemein verstärkt sich das Wasserelement durch süße, salzige und süßsaure Speisen.

Ist das Gewebe schon stark ausgetrocknet, nehmen Sie 1 - 2 Msp. Kristallsalz in Zitronensaft oder essen Sie Misosuppe[1]

(Weise, 1995). Doch lassen Sie sich Zeit mit der Wiederaufschwemmung des Gewebes. Denn durch die lange Dehydrierung könnten die Nieren geschädigt sein. Sie wissen ja, dass ein vertrockneter Schwamm nicht sofort alles Wasser aufsaugt. Wenn Sie nun gleich zuviel auf einmal trinken, können die Nieren das überschüssige Wasser nicht filtern, und es kann in die Lungen gelangen. Trinken Sie daher nur ein Glas Wasser zusätzlich, einige Tage später ein weiteres. Messen Sie, wieviel Wasser Sie getrunken und wieviel Harn Sie produziert haben. Scheiden Sie ordentlich aus, können Sie auch mehr trinken.

Nach Hildegard von Bingen vermehren wir durch eine bestimmte Ernährung die gesunden Säfte, z. B. durch gekochte Rüben, gekochten Sellerie und rohen oder gekochten Fenchel. Bei erkranktem Darm bzw. zum Entsäuern empfiehlt sie, Bohnenwasser zu trinken: Eine Tasse Kidneybohnen über nacht mit viel Wasser einweichen, das Wasser restlos entfernen, die Bohnen in einem Topf voll mit frischem Wasser 1 ½ Std. kochen, etwas Öl oder Butter und Kristallsalz darangeben, eine Tasse von dem warmen Sud langsam zu sich nehmen, den Rest im Kühlschrank aufbewahren. Bohnen kompostieren. 1 - 2 Tassen davon getrunken und 2 Liter abgekochtes Wasser über den Tag verteilt, regt die Körperosmose an.

Wenden Sie sich in vielfältiger Weise dem Wasser zu!

Sie stärken Ihren Wasserhaushalt wenn Sie an einem See, Fluss oder Wasserfall sitzen, durch feuchtes Gras oder Schnee laufen, im Watt waden und im Regen singen. Ebenso durch Teil- oder Vollbäder, Kneipp-Kuren, Wasserdampfanwendungen, Wassergymnastik und –massagen, Wassertanzen und alle Sportarten im kühlen Nass. Mütter könnten ihr Kind per Wassergeburt zur Welt bringen. Wir könnten uns einen plätschernden Brunnen anschaffen oder uns mit schönen Edelsteinen des Wassers schmücken. Zu ihnen zählen Mondstein, Topas, gelber Saphir und Bergkristall. Auch gibt es ein dem Klang des Mondes entsprechendes Mantra des Wassers: Es heißt: Som, gesprochen: SOUM. Nach traditioneller indischer Medizin (Ayurveda) soll dieses Mantra die innere Stabilität festigen, Stress mildern, zu einem Gefühl der natürlichen Spannung verhelfen, die Nerven und feinstofflichen Energiekanäle nähren, für einen wohltuenden Schlaf sorgen sowie den Geist beruhigen und reifen lassen (Edde, 1992).

- Süße, saure und süßsaure Speisen stärken das Wasserelement

---

[1] Miso ist ein unter Zusatz von Pilzen fermentierter Reisbrei, der auch gegen radioaktive Strahlen wirkt. Der Makrobiotik-Papst Michio Kushi berichtet in seinem Buch über Krebs vom Leiter eines Krankenhauses, das sich in unmittelbarer Nähe des Absturzortes der Nagasaki-Bombe befand. Er gab der Belegschaft jeden Tag eine Misosuppe, worauf keiner seiner Leute von den sonst so schweren Strahlenschäden heimgesucht worden war.

- Bei starker Austrocknung ist der Wasserkonsum allmählich zu steigern

- Der Wasserhaushalt wird gestärkt, wenn wir strukturiertes Wasser trinken, viel wasserhaltiges Bioobst essen und oft mit H20 in Berührung kommen

Angst trocknet den Körper aus

Wer kennt nicht das Phänomen der am Gaumen klebenden Zunge, wenn wir ängstlich und aufgeregt sind? Daraus können wir folgern: Wer oft unter Angst leidet, braucht mehr Wasser. Wenn Sie also zu dem Typ Mensch gehören, der sich ständig durch nagende Angst, Frust, Sorgen, hundsgemeine Plagen, zwischen die Beine geworfene Knüppel und kleinliche Leiden niederdrücken lässt, müssen Sie sich nicht wundern, wenn ihr Körper austrocknet. Schwingt Ihr Pendel ständig zwischen nagender Unlust und würgender Angst oder

leben Sie ständig in Angst, etwas Schreckliches könnte geschehen, setzt dies Ihren Organismus so unter Druck, dass ein natürliches Gleichgewicht im Körper kaum aufrecht erhalten werden kann

Angst, Hass und Unheil haben nichts mit unserer wahren Natur zu tun. Unsere wahre Natur basiert auf Vertrauen und Liebe! Sagen Sie daher nie: *Natürlich hatte ich Angst ...!* Sondern wenden Sie täglich positive Affirmationen an, wie sie in den *Nachbemerkungen* beschrieben sind. Üben Sie den liebevollen Umgang mit allem Lebendigen und vergessen Sie nicht, lieb zu sich selbst zu sein, denn Liebe vertreibt Angst, Schuld, Leid und Ärger. Die Angst schleicht sich gern als hinterhältiger Kobold in unsere Grübelkammer, setzt sich zentnerschwer auf die Brust, schnürt uns die Kehle zu und raubt uns den Atem. Dabei sind die Grübeleien nicht immer unsere eigene Erfindung. Oft werden negative Gedanken von ängstlichen Menschen ausgesandt, und unser Gehirn wird zum Köder dieser unseligen Gedanken. Stellen Sie ihren ruhelosen Grauzellenkasten sofort auf Durchzug, und geben Sie die Schwarzmalerei postwendend an den Sender zurück!

Ein beeindruckendes Beispiel gesendeter Angst lieferte vor kurzem eine Bekannte: Ihr abenteuerlustiger Ex - Mann war allein in den südamerikanischen Dschungel gereist. Ein paar Tage nach seiner Abreise hatte Frau F. in den Nachrichten von drei Entführten gehört, ohne sich jedoch Sorgen zu machen, da sie in vollem Vertrauen auf sein Glück war. Eines Morgens jedoch schreckten sie grauenhafte Bilder auf, die sie sogleich verscheuchen wollte. Doch immer wieder schlichen sich die Dämonen ein. Es wurde so schlimm, dass sie beim Treppensteigen ganz außer Atem war und unter Herzbeklemmungen litt. Als dann mittags ihr Ex-Schwiegervater anrief und sich sorgenvoll erkundigte, ob sie schon eine Ansichtskarte erhalten hätte, wusste sie sogleich, woher ihre Unruhe kam. Es handelte sich offenbar um eine Gedankenübertragung. Daher:

Achten Sie auf Ihre Gedanken und verscheuchen Sie
alles Negative, denn es schadet Ihnen und ihren Nächsten!

Falls Sie die unseligen, in Ihren Grauen Zellen umherschwirrenden Bits nicht vertreiben können, lesen Sie am besten keine Zeitung mehr und schalten Sie bei negativen Nachrichtensendungen in Rundfunk und TV sofort um. Wozu sich mit den täglichen Schreckensmeldungen belasten, damit wir ein Gesprächsthema haben? Wenn Sie täglich diese Litanei von Verbrechen und Gewalt über sich ergehen lassen und den Horror mit verbreiten helfen, wird das Übel in der Welt bleiben. Glauben Sie, beängstigende Nachrichten sind gut für die Seele? Ganz im Gegenteil, die Welt braucht gute Nachrichten. Wissen Sie übrigens, was *gute Nachricht* heißt? Es bedeutet: *Das Evangelium.* Vielleicht sollte ich Sie an dieser Stelle mit der Zeitschrift *GUTE NACHRICHTEN* bekannt machen, die Sie kostenlos abonnieren können (Tel.: 0228-945 46 36 (Fax 37) oder E-MAIL: gutenachrichten@compuserve.com - www.gutenachrichten.org. Diese Schriften der *Vereinten Kirche Gottes* in Zusammenarbeit mit der *United Church of God, an International Association* informieren Sie sachlich über das Zeitgeschehen, ohne Polemik und lästige Werbung. Das hat mir übrigens auch in USA so gut gefallen, diese zwanglose Art, Religion auszuüben. Wenn ich nur an die *AGAPE*-Sonntage am Olympic Blvd. in Santa Monica denke. Der stimmgewaltige Chor ließ sogar meinen Mann aufspringen und in die Hände klatschen. Und das soll bei so einem herben Friesen schon etwas heißen. Emoto hätte bestimmt von seinem Zellwasser die wunderschönsten Kristallfotos erhalten! Doch leider liebt er auch Gewaltfilme. Allerdings fanden Brad Bushman und Angelica Bonacci kürzlich an der Iowa State University in Ames heraus, dass bei TV-Sendungen mit gewalttätigem oder pervers sexuellem Inhalt sich die Teilnehmer nur an halb so viel Werbung erinnern konnten als jene, die Sendungen mit neutralem Inhalt gesehen haben. Da einzig und allein der Profit entscheidet, was gesendet wird, werden künftig Firmen und Werbeagenturen den Brutaloreportagen und -filmen die Basis entziehen. Letztlich bestimmen wir sowieso durch das Einschalten der Programme selbst, was wir in unserem Leben haben wollen!

Wir sollten uns täglich von neuem fragen, ob das, was wir uns
anschauen oder anhören wirklich das ist, was uns gut tut!

Auch schüren *Gesundheits*sendungen die Angst, und wer kennt nicht die hypochondrischen Befürchtungen beim Durchblättern eines klinischen Wörterbuchs? Medizinisches Wissen kann heftige Konflikte auslösen. Man braucht kein Internist zu sein, um bei jeder Lymphknotenschwellung zwischen den Befürchtungen zu schwanken, sich eine erworbene Immunschwäche zugezogen zu haben oder nur an einem banalen Infekt zu leiden. Ärzte und Heilpraktiker bestätigen, dass nach der Darstellung von Krankheitssymptomen in medizinischen Sendungen die Zuschauer zahlreich in ihren Praxen erscheinen, da sie glauben, an einer Krankheit zu leiden. Sie verlangen häufig nach den in den Sendungen vorgestellten neuen Untersuchungsmethoden und therapeutischen Maßnahmen. Dies führt zu einer Kostenexplosion im *Krankheitswesen*, trägt aber keinesfalls zur Erhaltung der Gesundheit bei. Denken wir lieber darüber nach, wie die schönen Wasserkristallfotos entstehen und leben wir danach. Bei allem, was uns ängstigt und stresst, reagiert auch das Wasser mit strukturlosen Gebilden, vor allem trocknet es den Körper übermäßig aus.

Kraft der Gedanken sind wir selber die Schöpfer unserer Realität; beteiligen wir uns also an der vollkommenen Schöpfung!

Wenn Sie sich über die folgenden Wassermangelkrankheiten informieren, denken Sie stets daran, dass Sie nicht machtlos sind. Vertrauen Sie der Natur und schützen Sie sich vor dem Zeitgeist der Angst, des moralischen Verfalls, vor giftigem und totem Trinkwasser sowie vor Pestiziden, chemischen Arzneien und anderen Übeln unserer fragwürdigen Zivilisation! Wir müssen heute leider alles hinterfragen. Hinter jedem Skandal, hinter jedem Verbot oder hinter jeder neuen Krankheit könnten Interessen stehen, die den unseren zuwiderlaufen. Denn mit der Angst lässt sich die besten Geschäfte machen. Denken Sie nur an die Kaufkraft von reißerischen Schlagzeilen!

Verdrängen und leugnen wir unsere Angst nicht, damit sie nicht zu unserem Feind wird und wir nicht ihr Opfer werden. Erforschen wir sie als Produkt des Denkens. Wir haben alle schon mal erlebt, dass Angst irrationales Verhalten erzeugt. Aus der Geschichte wissen wir, wie gefährlich eine Gesellschaft sein kann, die aus ängstlichen Menschen besteht. Dabei muss Angst vor schwindendem Lebensraum und schwindenden Ressourcen, wenn wir flächendeckend erneuerbare bzw. freie Energien nutzen und uns um Nachhaltigkeit bemühen, gar nicht sein. Und darf auch nicht sein, weil sie zu Unvernunft und Zerstörung führt.

- Wer sich ängstigt und stresst, braucht mehr Wasser

- Angst wird uns oft via Telepathie gesendet. Senden Sie sie sofort zurück!

- Verscheuchen Sie alle negativen Gedanken, denn sie nützen niemandem

- Denken Sie an das, was Sie lieben und nicht an das, was Sie fürchten!

Leiden, die auf einem Mangel an gutem Wasser basieren

Ärzten ist bekannt, dass Patienten, die im Delirium eingeliefert werden, nach der Verabreichung von Wasser wieder aufklaren und der Körper insgesamt besser funktioniert, wenn er genügend H_2O bekommt. Allerdings wissen die wenigsten, dass es lebendiges, mineralarmes Wasser sein soll.

Das Körperwasser im gesunden Organismus weist eine sehr hohe Strukturiertheit auf. Das heißt, es haben sich über sogenannte Wasserstoffbrückenbindungen zahlreiche Wassermoleküle in komplexe, hochstrukturierte Molekülgruppen zusammengeschlossen. Die meisten Zivilisationskrankheiten und nahezu alle sogenannten Alterserkrankungen haben damit zu tun, dass unser Körperwasser an Struktur verliert und wir nicht genug energiereiches Wasser zu uns nehmen. Der Körper trocknet aus, und der Kummer über die Schreckgespenster mit Namen Krebs, Alzheimer oder Parkinson sickert als bleierner Seim durch die Ritzen unseres täglichen Lebens. Aber wir sind gar nicht so hilflos und können durchaus mit einfachsten Mitteln dem Siechtum und vorzeitigen Älterwerden entgegenwirken. Denn, wie in Teil IV beschrieben, können wir mit Wasserbelebungsgeräten aus unserem gewöhnlichen Leitungswasser ganz einfach ein hochstrukturiertes, gesundes Wasser erzeugen. Und dies scheint ebenso mit seelisch-geistiger Betätigung, wie Gebet, Yoga oder Meditation zu gehen, wie Emotos Experimente und seine Fotos zeigen.

Prof. Dr. Ana Aslan, die berühmte, im Alter von 91 Jahren vom Regime unter Ceausescu ermordete Wissenschaftlerin, konnte nachweisen, dass der Mensch am Zusammenbruch der Regeneratiosfähigkeit des Zellsystems stirbt. Die Ursache hierfür ist, dass die Zellen mit zunehmendem Alter die ihnen zugeführten Nährstoffe nicht mehr richtig verarbeiten und sich giftige Schlacken in ihnen ansammeln, wodurch weniger Energie bereitgestellt werden kann.

**Unsere Schlackenhalden sind der Nährboden für Krankheiten.
Wenn wir unserem Organismus regelmäßig genügend
energetisiertes Wasser und in der Sonne natürlich gereifte
Nahrung zuführen und uns tüchtig bewegen, brauchen wir keine
Angst vor einem gramvollen Dahinvegetieren zu haben**

Denn mit dem entschlackenden, belebenden Nass und regelmäßiger Bewegung, selbst wenn wir nur unsere Muskeln anspannen und wieder lockern (Isometrik), wirken wir Depression, Gebrechen, Lethargie und vorzeitigem Altern entgegen. Heutzutage erhalten sich die Menschen künstlich am Leben, wenn sie sich mit *Zivilisationskost* ernähren. Denn Konservierungsmittel machen nicht nur die Lebensmittel, sondern auch ihre Verbraucher haltbarer. Doch zu welchem Preis leben wir länger? Schauen Sie mal in ein Altenpflegeheim rein und urteilen Sie selbst, ob die Menschen dort wirklich leben oder nur langsam und qualvoll sterben. Haltbarmacher und andere künstliche Stoffe werden nämlich aufgrund ihrer zu grossen Moleküle von den Zellen nicht aufgenommen, lagern sich ab und verursachen Probleme, vor allem Schmerzen.

Wir steuern auf eine Vergreisung unserer Gesellschaft zu und eins steht fest: Die Volkswirtschaft wird sich das medizinische Fiasko nicht mehr lange leisten können. Daher müssen wir uns natürlich ernähren und unser Gesundheitssystem in der Weise verändern, dass Vorbeugemaßnahmen gefördert und Interessenskonflikte abgebaut werden. Die medizinische Ausbildung muss ganzheitlich ausgerichtet sein und Ansätze von Homöopathie, Ayurveda bzw. natürliche Hygiene integrieren. Bereits etablierte Hydro- und Farbfrequenztherapien müssten weiterentwickelt sowie Ernährungs- und Umweltthemen im Lehrplan aufgenommen bzw. erweitert werden. In jedem Fall muss der Organismus als Ganzes im Vordergrund stehen.

**Wollen wir Veränderungen im Gesundheitssystem,
müssen wir uns selber schlau machen und die
Verantwortung für unsere Gesundheit übernehmen!**

Hören Sie nicht auf irgendwelche Mediziner! Folgen Sie dem Arzt aller Ärzte Hippokrates! Dieser sagte: *Die Nahrung soll Euer Heilmittel sein.* Das sind Obst, Gemüse, Getreide, Nüsse, Keime und Wildkräuter - keine Fertigkost in Form von Pizza, Hamburger, Würstchen, Eiscreme und Schokolade.

Im folgenden habe ich nur wenige Krankheiten exemplarisch aufgeführt. Auch bei anderen Gesundheitsproblemen, vor allem wenn sie die Verdauung, den Stoffwechsel oder die Ausscheidungsorgane betreffen, können Sie zuerst einmal von einem Wassermangel ausgehen. Das kommt daher, weil die meisten denken, wenn sie morgens und nachmittags 3 Tassen Kaffee oder Tee, mittags eine Flasche Cola oder Bier und abends eine Flasche Wein trinken, hätten sie 2 Liter Wasser zu sich genommen. Doch nur Wasser ohne Zusätze lösen Gifte und schwemmen sie aus. Alle erwähnten Suchtgetränke entziehen den Körperzellen das lebensnotwendige Nass! Früher wusste man dies noch und servierte grundsätzlich Kaffee und Wein zusammen mit Wasser.

Der gefürchteten Alzheimer-Krankheit habe ich mich besonders gewidmet, da sie am deutlichsten zeigt, dass Krankheiten mit mangelnder Ausscheidung zu tun haben und das Verabreichen von strukturiertem Wasser zu einer raschen Besserung des Zustandes führt.

- Das Körperwasser im gesunden Organismus weist eine sehr hohe Strukturiertheit auf und verlangt daher auch nach energiereichem Wasser

- Der Mensch stirbt am Zusammenbruch der Regeneratiosfähigkeit des Zellsystems, verursacht durch langjährige Verschlackung und mangelnde Ausscheidung

- Wassermangel ist die Hauptursache für Verdauungs- /Stoffwechselleiden

Wer nicht das Glück hat, sich an dieser Quelle im spanischen Fortuna laben zu können, ist gut beraten, das artesische Hochquellwasser von *Wellness* zu beziehen (03675-421991).
Zum Vorbeugen etwaiger Claims weist an vielen Quellen, wie auch hier, ein Schild auf die *Ungenießbarkeit* des Wassers hin. So ist wieder einmal Intuition nötig.

Alzheimer – das Gehirn schrumpft um 20 %

Meine deutsch-amerikanische Freundin Hilde Richter-Hudson pflegte ihren an Alzheimer leidenden Mann von 1977 bis 1985. Daher machte ich mir schon seit langem Gedanken über diese im Alter auftretende Gesundheitsstörung. Immer wieder kam ich mit neuen Theorien und fragte sie, ob es mit dem Beruf als Raketenbauingenieur zu tun gehabt haben könnte, ob Heinz viel Antazida genommen oder anderweitig mit Aluminium in Berührung gekommen sei. Als die Theorie des Aluminiums von der des Quecksilbers als Verursacher abgelöst wurde, fragte ich sie nach möglichen Amalgamplomben. Erst vor kurzem, als mir eine befreundete Ärztin meine Vermutung *mangelnde Ausschwemmung durch reines Wasser* bestätigte, bekam ich auch von Hilde ein positives Feedback: *Oh, ja, Heinz hat insgesamt sehr wenig getrunken, Wasser gar nicht.*

Sabine Bauer versicherte mir, dass ihr und ihren Ärztekollegen der Zusammenhang zwischen Wassermangel und geistiger Unbeweglichkeit bewusst ist, zumal sie stets die gleichen Beobachtungen machen konnten:

Verwirrte Personen klaren etwa eine Stunde nach der Verabreichung von einem Liter Wasser geistig wieder auf!

In der Schulmedizin geht es weniger um Krankheitsvorbeugung oder um die Entgiftung des Körpers. Daher werden die klinischen Wörterbücher immer umfangreicher. Die vielen *neuen Krankheiten*, die vor allem ältere Menschen betreffen, sind alle durch unterschiedliche Giftstoffe verursacht, die wir im Laufe der Jahre im Körper ansammeln. Die Dinge, die der Organismus benötigt, um sie wieder loszuwerden, sind reines Wasser und Grünzeug, jene *Medizin,* die auch wilde Tiere zu schätzen wissen, wenn sie sich vergiftet haben.

**Für jede sogenannte Zivilisationskrankheit,
ob sie den Namen Alzheimer, Parkinson, Krebs oder MS trägt,
wäre *Vergiftung des Körpers* die korrekte Bezeichnung**

Denn es handelt sich um unterschiedliche Reaktionsweisen des Organismus auf verschiedene im Körper angesammelte Gifte. Bei Alzheimer ist es Quecksilber, vor allem von Amalgamplomben, das sich aufgrund mangelnder Ausscheidung im Gehirn ablagert (Klinghardt 1996, Leong et al. 2001). Und wenn Sie selber einmal nachforschen, können Sie feststellen, dass Alzheimer-Patienten ganz wenig reines Wasser trinken.

Für diese und andere Alterskrankheiten des Gehirns bietet die Medizin kaum Hilfe, weil die wahren Ursachen nicht erkannt oder negiert werden. Man hofft auf Gentherapien und Impfungen. Selbst Antibiotika, die Metalle aus dem Plaque lösen sollen, werden in Betracht gezogen. Glauben Sie tatsächlich, chemische Arzneien könnten den Körper problemlos von Ablagerungen befreien?

Da das Hirn im Verlauf der Alzheimer-Krankheit um bis zu 20 % schrumpft, brauchen die Gehirnzellen lediglich mehr Wasser. Und zwar Clusterwasser, wegen seiner großen Absorptionskraft in den Zellen. Denn es kann die Zellen regenerieren, giftige Beläge lösen und diese ausschwemmen.

Sie kennen doch das Prinzip der Austrocknung am runzeligen Apfel, der, legt man ihn eine Zeitlang in Wasser, wieder voll und glatt wird. Da bedarf es keiner komplizierten Grauzellenakrobatik, um dahinterzukommen, dass auch die Schrumpfzellen durch das gesunde Nass wieder voll und geschmeidig werden. Aber wie gesagt, die Wassermenge sollte nach und nach erhöht werden, da nicht absorbiertes Wasser sonst in die Lunge gelangen könnte.

Alle Angehörigen von Alzheimer-Patienten sollten die Verabreichung von Wasser als Therapie ausprobieren!

Dr. med. Antonius M. Schmid mutmaßt in Anlehnung an Rudolf Steiner, dass mit wirklich sauberem Wasser unser Gehirn gereinigt und unser Denken wieder klarer, wie kristallklares Wasser werden kann. Das Problem ist aber, dass ältere Menschen es oft ablehnen, viel Wasser zu trinken. Zum einen, weil sie nicht wissen, wie wichtig es ist, zum anderen, um nachts nicht zu oft zur Toilette gehen zu müssen. Doch da der Ausscheidungszyklus um 12.00 Uhr abgeschlossen ist und sich der Körper danach kaum noch reinigt, macht es sowieso mehr Sinn, bis mittags das meiste zu trinken, da in dieser Zeit die Schadstoffe am besten ausgeleitet werden.

Falls Alzheimer-Patienten das Wassertrinken verweigern, kann den Angehörigen vom Hausarzt gezeigt werden, wie man Infusionen anlegt. Sie können ihren Verwandten dann während des Schlafs das lebensnotwendige Nass zuführen. Wir alle sollten etwas tun, damit die folgende Prognose des Kieler Instituts für Gesundheitssystemforschung sich nicht bestätigen wird:

Im Vergleich zu 1,5 Millionen geschätzten Demenzpatienten 1997 ist 2030 mit bis zu 2,5 Millionen zu rechnen.

(DER SPIEGEL 1/2001)

Helfen Sie mit bei der Aufklärung von Betroffenen und Angehörigen! Verbreiten Sie die Wahrheit über Wassermangel und ungenügende Ausschwemmung von Giften als Hauptverursacher von Erkrankungen des Gehirns.

In einer neuen Untersuchung stellten kanadische Forscher fest, dass kleinste Mengen von Quecksilber, und zwar noch weit geringere als die durch Amalgamfüllungen freigesetzten, bereits nervenzerstörende Reaktionen hervorrufen. Minimalste Quecksilberspuren reichen aus, um die für die Alzheimer-Krankheit typischen *amyloiden Plaques* zu verursachen. Das früher im Verdacht stehende Aluminium und andere Metalle führten nicht zu dieser Reaktion. Die Wissenschaftler konnten sieben verschiedene krankhafte Eiweißmarker nachweisen, die für Alzheimer verantwortlich sind und bei der Anwesenheit kleinster Quecksilbermengen als Katalysator entstehen (Leong et al. 2001). Die Forscher haben ihre Befunde auf Video festgehalten, das Sie kaufen oder sich vom Internet herunterladen können (siehe Literaturverzeichnis).

Viele Maßnahmen zur Entgiftung finden Sie in meinem Buch *Stärke dein Immunsystem und heile dich selbst,* in dem ich in Anlehnung an das Referat von Dr. Klinghardt dargelegt habe, wie Sie das hochgiftige Quecksilber aus dem Körper leiten können. Bereits 1988 haben japanische Wissenschaftler festgestellt, dass die Alge Spirulina Quecksilber auszuscheiden vermag (Yamane et al.).

Prof. Probst machte 1998 ebenfalls darauf aufmerksam, dass Quecksilberdepots sich mit Makroalgen aus dem Körper ausschwemmen lassen

Algen leiten auch andere Schadstoffe, sogar radioaktive Substanzen aus. Dies ist offenbar der Grund, weshalb Japaner, die mehr als 10 % Algen (Spirulina, Chlorella, Arame, Dulce, Kelp, Nori, Wakame u. a.) in ihrer Kost zu sich nehmen, gegenüber Bewohnern westlicher Industrienationen weitaus weniger an Alzheimer u. a. modernen Seuchen erkranken. Und das trotz der 1945 abgeworfenen Atombomben! Auch hier bestätigt sich die Weisheit des Begründers der wissenschaftlichen Heilkunde Hippokrates, der vor fast zweieinhalbtausend Jahren forderte, dass die Nahrung unser Heilmittel sein soll. Er wusste noch, dass Vergiftungen, Verbrennungen und Verwüstungen mit dem Skalpell zu energetischen Blockaden führen und sich gegen die Natur richten. Mit diesem

Pesto zum Ausleiten von Giften
können Sie turnusmäßige Reinigungen Ihres Organismus durchführen:

2 – 3 Bund	Korianderkraut oder Wildkräuter waschen und zusammen mit
½ Ts Olivenöl	etwas Wasser und
½ TL Himalaja-Kristallsalz	im Mixer verflüssigen. In ein Schraubglas füllen und mit
1 EL Spirulina	und
1 TL Braunalgenpulver	(Kelp) binden

- H_2O-Mangel bedingt das bei Alzheimer typische Schrumpfen des Gehirns

- 1 ½ - 2 Liter reines Wasser (Quellwasser oder energetisiertes Leitungswasser) kann dafür sorgen, dass Metalle sich nicht ablagern

- Geistig verwirrte Personen klaren nach der Verabreichung von einem Liter Wasser nach etwa einer Stunde wieder auf

- Wasser bringt lebensnotwendige Nährstoffe zu den Zellen und sorgt für die Ausscheidung lebensfeindlicher Substanzen

- Kleinste Quecksilbermengen führen zu nervenschädigenden Reaktionen

- Algen leiten Quecksilber (Amalgam) aus dem Körper aus

Arthritis – gutes Durchspülen hilft gegen Gelenkschmerzen

Arthritis ist keine Krankheit, vielmehr der Oberbegriff für eine Kombination von Beschwerden, meist verursacht durch süße, fette und weiße Kleisterkost sowie durch einen Mangel an reinem Wasser, Rohkost und Bewegung.

Jährlich machen 5000 Schmerzpatienten mit ihrem Leben Schluss, weil ihnen nicht geholfen wird und sie nervlich völlig am Ende sind

Meiden Sie bei allen Entzündungsschmerzen tierisches Eiweiß, vor allem Schweinefleisch und –wurst und trinken Sie viel reines Wasser. Denn nach Ansicht von Dr. Faridun Batmanghelidj beruht auch die durch Ablagerungen in den Gelenken bedingte Arthritis auf einem dehydrierten körperlichen Zustand und kann durch die Zufuhr von 6 - 8 Glas Wasser (1 - 2 Glas Leitungs- oder stilles Wasser ½ Stunde vor jeder Mahlzeit) und Salz geheilt werden.[1] Der in den USA lebende iranische Arzt, der auch schon zahlreiche Magengeschwüre

---

[1] Batmanghelidj hat bei seiner Empfehlung die oft mangelhafte Leitungswasserqualität nicht berücksichtigt. Ein artesisches Wasser, wie z. B. das *Glaciar*-Hochquellwasser der Fa. *Wellness-Express* (siehe unten) ist dem gewöhnlich belasteten Nass aus dem Hahn unbedingt vorzuziehen.

Batmanghelidj spricht vom *Unsinn salzfreier Diäten*. Rund 27 % des Salzgehaltes wird im Körper in Form von Kristallen in den Knochen gespeichert. Da Salzkristalle die Knochen hart machen sollen, könnte ein Salzmangel auch für die Entstehung der Osteoporose verantwortlich sein. Denn bei einem Salzmangel im Blut wird dem Knochen Salz entzogen. Krebspatienten weisen laut Studien einen niedrigen Salzspiegel auf. Bei vermehrtem Wasserkonsum ist daher besonders darauf zu achten, dass kein Salzverlust entsteht. Allerdings berücksichtigt der Arzt folgendes nicht: **Der Körper ist auf kristallines Salz angewiesen, wogegen das verwendete Kochsalz mit dem natürlichen Salz nichts mehr zu tun hat. Denn durch die chemische Reinigung wurden die essentiellen Mineralien und Spurenelemente entfernt, und das ursprünglich natürliche Salz auf die Verbindung Natriumchlorid reduziert. Aus dem *weißen Gold* wurde *weißes Gift*, das der Körper auch als solches identifiziert und schnellstmöglich ausscheiden möchte. Dadurch sind unsere Ausscheidungsorgane ständig überfordert. Ödeme und Cellulite sind die Folge.** Denn für jedes Gramm Natriumchlorid, das wir nicht ausscheiden können, braucht unser Körper die 23fache Menge an Zellwasser. Ist der Natriumchloridgehalt immer noch zu hoch, rekristallisiert der Körper das Kochsalz unter Verwendung nicht abbaubarer Tiereiweißbausteine, z. B. von der Milch. Dabei entsteht Harnsäure, die sofern sie nicht ausgeschieden wird, sich mit dem Natriumchlorid zu Rekristallisationen verbindet, welche sich vor allem in Knochen und Gelenken ablagern. Arthritis, Rheuma und Steinbildungen sind die Folge. Führen Sie daher ihrem Organismus nur Kristallsalz zu, am besten aus dem Himalaja (Hendel und

mit H_2O heilte, ist davon überzeugt, dass das Wasser, mit dem die Tabletten eingenommen werden, den wahren Heilungseffekt ausmacht und nicht das Medikament. Probieren Sie es doch einfach mal aus. Trinken Sie bei Kopfschmerzen oder anderen Beschwerden nur das Wasser und lassen Sie die Tablette weg. Oder nehmen Sie statt der Schmerztablette 2 bis 3 Spirulinapresslinge. Denn die blaugrüne Alge ist ebenfalls ein wahres Wundermittel der Natur gegen Entzündungsschmerzen (Meyer, 2002).

- Wassermangel führt zu Ablagerungen und Entzündungsschmerzen

- Prüfen Sie, ob das Glas Wasser (ohne Tablette) von Schmerzen befreit

- Spirulina hilft bei arthritisch und rheumatisch bedingten Schmerzen

Asthma/Allergie – zu viele Belastungen, zuwenig Wasser

Atemnot, Dauerhusten, Hauterkrankungen und andere allergische Reaktionen haben zuallererst mit der Umweltverseuchung und dem Baumsterben sowie mit Überlastung und Dauerstress zu tun. Denn verglichen mit den 50er und 60er Jahren, wo es nur 1 % Asthmatiker und Allergiker gab, gerät die Ausbreitung von Asthma und Allergie derzeit total außer Kontrolle.

Bestimmte Substanzen (Allergene) können heftige Atemnotsanfälle auslösen, die durch Atemwegsverengung infolge von Spasmen, Ödeme oder übermäßiger Schleimsekretion verursacht werden. Dr. Batmanghelidj geht davon aus, dass Asthma ein Anzeichen dafür ist, dass der Körper die Produktion der an den Nervenenden ausgeschütteten Substanz Histamin erhöht hat. Dieser Neurotransmitter regelt den Wasserstoffwechsel und die Verteilung des Wassers im Körper. Ist zu wenig Wasser im Körper, wird mehr Histamin gebraucht und daher ausgeschüttet, damit die Wasserreserven geschützt werden. Da man einen höheren Histaminanteil im Lungengewebe von Asthmatikern festgestellt hat, geht der Arzt davon aus, dass sie zuwenig Wasser trinken und folgert, dass Asthma durch regelmäßiges Trinken von Wasser behandelt werden kann. Asthmatiker sollten sich daher fragen: *Trinke ich genügend kohlensäurefreies Wasser*? Süchtigmacher, wie Cola, Sodagetränke, Kaffee, Tee, Wein und Bier trocknen laut Batmanghelidj den Körper noch mehr aus.

**Testen Sie reines Wasser als Therapeutikum! Wenn wir nicht
selber laborieren, wer sonst sollte ein Interesse an der
Erforschung des Wassers als Heilmittel haben?**

Ferreira, 2001). Sollten Sie in Ihrer Nähe kein hochwertiges Kristallsalz bekommen, können sie es über *Wellness Express* (Tel. 03675-421991) zusammen mit einem Informationsblatt beziehen.

Allerdings sollte auch der geistige Aspekt des allergischen Asthmas berücksichtigt werden. Und zwar unsere persönliche Einstellung, nach der wir frei entscheiden, in welcher Weise wir auf die ununterbrochen einströmenden Umweltreize reagieren. Je mehr wir uns öffnen, desto größer ist der Informationsfluss, aber auch das zu bewältigende Aufgabengebiet. Bürden wir uns mehr auf, als uns gut tut, blähen wir uns auf und sind im entscheidenden Moment nicht in der Lage, rechtzeitig *Dampf abzulassen,* also genug auszuatmen. Meine Mutter ist das Paradebeispiel einer in Atem gehaltenen Asthmatikerin; mit 78 Jahren macht sie den Garten, töpfert, malt, strickt, stopft und näht flinkhändig für Kinder, Enkel und Urenkel; dazu Reisen, Seminare, Ehrenämter, Chor, Gymnastik, Tanzgruppe, Agenda-21. Und bloß keine Informationssendung auslassen ... ein *Hans Dampf in allen Gassen.* Uns kann auch die Luft wegbleiben, wenn wir mit Liebe geradezu erdrückt oder in unserer Freiheit eingeengt werden. Als Jugendliche litt ich mehrere Monate lang unter Atemnot, da mein Freund mich nicht loslassen wollte. Röntgen- und andere Untersuchungen ergaben keinen Befund. Erst während des Studiums kam ich auf die Ursache meiner Probleme. Neben Personen, können auch Tiere oder Pflanzen nicht (mehr) in unser Bewusstseinskonzept hineinpassen und Atemnot oder andere allergische Reaktionen auslösen, wie Niesanfälle, Ödeme, Hautausschläge oder Durchfall. Auch bestimmte Lebensmittel können einen Asthmaanfall verursachen, häufig mit vermehrter Schleimbildung. In solch einem Fall bin ich nach dem Lutschen einiger Spirulinatabletten und einem Glas Wasser sofort wieder beschwerdefrei. Aber womöglich genügt auch nur H_2O.

- Das Lungengewebe von Asthmatikern zeigt einen erhöhten Gehalt an Histamin, das den Wasserstoffwechsel regelt und die Wasserreserven schützt

- Zuviel Input und zu viele Aufgabengebiete führen dazu, dass wir im entscheidenden Moment nicht mehr in der Lage sind, rechtzeitig auszulassen

- Asthmatiker brauchen Ruhe, Meditation, Atemübungen und viel Wasser

Immunschwäche – Microclusterwasser stärkt die Abwehrkraft

Wer täglich chemische Medikamente und künstliche Stoffe in der Fertigkost zu sich nimmt und nicht für eine ausreichende Ausschwemmung dieser Fremdstoffe mit mineralarmem Wasser sorgt, setzt sich der Gefahr aus, die Immunabwehr zu unterdrücken. Ständige elektrische Belastung, radioaktive Verseuchung und dauernder physischer und psychischer Stress führen dazu, dass unser Abwehrsystem - also Haut, Zellen, Blut, Knochenmark, Lymph- und Hormonsystem, Mandeln, *Blinddarm*, Milz, Leber und Nerven - nicht mehr funktioniert. Es gerät aus dem Gleichgewicht und reagiert abnorm. Trinken wir genügend belebtes

Wasser, funktioniert unser Immunsystem besser, weil das Blut dann weniger dick und klebrig ist. Die Abwehrzellen von zähflüssigem Blut können ihren Aufgaben dagegen nur schwer nachkommen. Der den Wasserhaushalt regulierende Neurotransmitter Histamin ist auch am Abwehrsystem des Körpers gegen Mikroorganismen und Fremdkörper (Proteine und chemische Substanzen) beteiligt. Bei normalem Wasserhaushalt laufen diese Funktionen unbemerkt ab. Doch

trocknet der Körper aus, kommt es zu einer übersteigerten wasserregulierenden Aktivität des Histamins

Außerdem regt das Immunsystem die das Histamin produzierenden Zellen an, eine übertrieben große Menge dieser Neurotransmitter auszuschütten, die für ganz andere Aufgaben vorgesehen sind. Tierversuche bestätigen, dass durch die tägliche Erhöhung der Wasserzufuhr die Histaminproduktion nachlässt. Trinken Sie daher das lebenserhaltende Nass, die Basis aller Körpersäfte.

- Wasser hält das Blut dünnflüssig

- Je dünnflüssiger das Blut, desto besser arbeiten die Abwehrzellen

- Bei ausreichender Wasserzufuhr braucht der Körper weniger wasserregulierendes Histamin zu produzieren

Krebs – Störungen im Wasserhaushalt

Bei dieser modernen Seuche muss ebenfalls das Immunsystem durch das Trinken von viel reinem Wasser gestärkt werden, um die Abwehrzellen zu stimulieren. Die aktivierten Makrophagen (große Fresszellen) können dann den Tumor-Nekrose-Faktor bilden, der selektiv Tumorzellen auflöst.

Das Krebsgeschehen entwickelt sich auf unterschiedlichen Ebenen, z. B. kann aus jeder unerledigten Problematik sowie aus Einsamkeit, Frustration, Angst und Lieblosigkeit Krebs entstehen. Oder durch Umweltgifte, zu viel tierisches Eiweiß und geopathogene Zonen[1]. Hier geht es allerdings um den nicht zu unterschätzenden Krebsauslöser: Mangel an lebendigem Wasser.

Wasser steuert die Zellkommunikation sowie die Stoffwechselkoordination und ist daher für die Balance und Harmonie des ganzen Systems von zentraler Bedeutung

Infolge zunehmender Trinkwasserbelastung mit krebsfördernden chemischen Substanzen kann die an sich natürliche Reinigung und Regeneration des Körpers

---

[1] Joseph Fraumeni vom *NCI (National Cancer Institute)* in Bethesda ist der Ansicht, dass 80 % der Krebserkrankungen auf Umweltfaktoren zurückzuführen sind (Rauchen, falsche Ernährung, Alkohol, Infektionen und berufliche Risiken).

nicht mehr erreicht werden. Da Leitungswasser gewöhnlich energetisch tot ist, sollte die hauseigene Reinigung bzw. Belebung des wichtigsten Lebensmittels oberstes Gebot sein und die Anschaffung eines Wasseraktivierungsgeräts vor jeder Designercouch und jedem Luxusschlitten erfolgen.

In der Schulmedizin wird das Untersuchen der Zellflüssigkeit in der Regel vernachlässigt. Der österreichisch-russische Biophysiker Karl S. Trincher geht davon aus, dass nicht der Chemismus der Zellflüssigkeit, sondern die Vernetzung der Wassermoleküle entscheidend ist. Wichtig sei nicht, welche Mineralien und andere Stoffe ein Wassermolekül enthält, sondern wie die Substanzen untereinander resonieren, also miteinander schwingen. Trincher geht davon aus, dass die Zerstörung der Wasserstruktur in der Zelle zur Entstehung von Tumoren führt. Dabei kommt es im intrazellulären Wasser zu einem Herd aus abgestorbenem Zellwasser innerhalb des lebenden Zellwassers. Dieser Fremdkörper erzeugt einen permanenten Reiz auf die Zelle, sich zu teilen. Die geordnete Struktur der Zellflüssigkeit bricht zusammen, die physikalische Struktur verändert sich insgesamt, und entartete Zellen beginnen zu wuchern.

Ein schlechter Wasserhaushalt und ein gestörtes Gefühlsleben sind oft jahrelange Vorboten von Krebs

Bei Krebs ist es besonders wichtig, dem Körper Microclusterwasser zuzuführen, um das überlastete Immunsystem durch das Ausschwemmen der Giftstoffe zu entlasten. Auch muss das im Körper befindliche Wasser nach und nach ausgetauscht werden. Siehe Meyer 1999, 2000, 2002 und folgende Seite.

- Lebendiges Wasser schwemmt Giftstoffe aus und regeneriert alle Zellen

- Laut Trincher führt die Zerstörung der Wasserstruktur in der Zelle zur Entstehung von Tumoren

- Lichtwässer und Lichtnahrung, wie z. B. die blaugrüne Alge Spirulina stärken das Immunsystem und regenerieren die Zellen

Parkinson – Vergiftung des Körpers

Die Übersäuerung der Körpersäfte führt dazu, dass kristallisierte Säuren die feinen Nervenenden abschmirgeln, die Nervenfunktion einschränken und die Impuls-übertragung vom Gehirn zu den Muskeln unterbrechen. Hoffentlich wird dieser Zusammenhang, auch im Hinblick auf andere Krankheiten, bald von schulmedizinischer Seite beachtet! In der Ärzte - Zeitung / Dokument Morbus Parkinson 1991 heißt es allerdings noch:

Vor dem Parkinson-Syndrom stehen die Ärzte völlig hilflos. Das rührt daher, dass wir uns zu sehr von der Natur abwenden und uns zu wenig um ausscheidende Maßnahmen bemühen. *Den schlechten Schlaf eines Patienten, seine miesen*

Stimmungen, seine sich steigernden Ängste deuten sie als Depression und behandeln sie dann kunstwidrig mit Antidepressiva. Die weiter dabei auftretenden Schulter- und Rückenschmerzen werden oft mit einer Bandscheibenoperation wegzuschaffen gesucht. Für die Verstopfung gibt es wieder andere Medikamente (Konz 1999,S. 989). Beim Parkinson-Syndrom sind die Betroffenen laut Befragungen mit Schädlingsbekämpfungsmitteln in Berührung gekommen, und Körper bzw. Gehirn sind angefüllt damit.

Allein hierzulande werden landwirtschaftliche Produkte jährlich mit 30.000 Tonnen Pestizide eingenebelt. Wir sind daher alle in Gefahr, sofern wir nicht endlich nach Bioprodukten greifen!

Arzneien stehen ebenso im Verdacht, Parkinson auszulösen. Im GESUNDHEITS-KONZ sind folgende Arzneien gelistet: Mittel gegen Übelkeit und Erbrechen, Blutdrucksenker (Methyldopa), durchblutungsfördernde Mittel (Cinnarizin), Rheumamittel, Schmerzmittel (Ibuprofen), Psychopharmaka (Neuroleptika), Antiepileptika (Valproinsäure), abruptes Absetzen von Anticholinergika (S. 853).

Auch muss vor Massenimpfungen gewarnt werden. Denn in einem Auszug von Simpson, R.: Seeding Humans with Cancer, Rutgers University, New Jersey heißt es: *Die Immunisierungsprogramme gegen Grippe, Masern, Mumps und Polio übertragen RNA (Ribonukleinsäure) in die Menschen, so dass Proviren gebildet werden, die dann latente Zellen im ganzen Körper bilden. Einige dieser Proviren könnten sich zu „Molekülen auf der Suche nach Krankheiten" begeben, so dass sich unter besonderen Bedingungen diese Krankheiten entwickeln können: • Rheumatische Arthritis • Multiple Sklerose • Lupus Erythematodes • Parkinsonsche Krankheit und vielleicht sogar • Krebs* (ebd. S. 896).

**Es handelt sich also auch bei der Parkinson-Krankheit
um den Zustand eines vergifteten Systems und eines mangelnden
Ausschwemmens krankheitsverursachender Schadstoffe**

Wenn Sie einmal nachforschen, erfahren Sie, dass Parkinson-Patienten wenig reines Wasser getrunken haben oder trinken. Zwingen Sie sich zum Wassertrinken, und verwenden Sie öfters ein Pesto zum Ausschwemmen von Giften. Siehe unter *Alzheimer*. Und meiden Sie vor allem alle Getränke und Nahrungsmittel mit künstlichen Stoffen.

- Übersäuerte Körpersäfte schmirgeln die feinen Nervenenden ab, schränken die Nervenfunktion ein und unterbrechen die Übertragung von Impulsen

- Parkinson wird mit Pestiziden und Medikamenten in Verbindung gebracht

- Massenimpfungen gegen Grippe, Masern, Mumps und Polio können ebenso zur Parkinson-Krankheit führen

- Die in den Körper gelangten Schadstoffe können mit großen Mengen strukturiertem Wasser und Algen ausgeleitet werden

83

III. IST UNSER WASSER NOCH LEBENSERHALTEND?

Viele Menschen gehen davon aus, dass ihr Trinkwasser gut ist. Das kommt daher, weil viele Wasserwerke ihre Kunden mit Werbeslogans wie: *Unser Trinkwasser ist besser als Mineralwasser* einlullen. Wenn ich ein Gespräch über das Lebenselixier beginne, höre ich fast immer den Satz: *Unser Wasser soll sehr gut sein.* Doch keiner der Angesprochenen hat je selbst das eigene Trinkwasser prüfen lassen. Alle verlassen sich darauf, dass man sie schon nicht vergiften wird. Und selbst wenn Sie vom Wasserwerk oder von der Stadtverwaltung eine Liste anfordern, gibt diese keine Auskunft über den Gehalt an Antibiotika, Hormone oder Krankheitskeime. Traurige Tatsache ist, dass im Wasser Nitrate, meist Chlor zum Zwecke der Sterilisation, Bakterienleichen und deren Leichengifte als Folge der Sterilisation, Viren, Chemikalien, Schwermetalle, radioaktive Substanzen, Antibiotika und andere Schadstoffe herumschwirren, deren Grenzwerte der Gesetzgeber toleriert. Woher aber weiß letzterer, welche Mengen von Giftstoffe unser Körper toleriert?

**Besonders anfällig ist der kindliche Organismus,
weil die aufgenommene Schadstoffmenge im Verhältnis
zum geringen Gewicht problematisch sein kann**

und die Blut-Hirn-Schranke noch nicht entwickelt ist. Wenn der Gesetzgeber also bewusst oder sorglos mit unserer Gesundheit spielt, müssen wir selber dafür Sorge tragen, das für unseren Körper optimale Wasser zu erhalten. Siehe Teil IV.

Der steigende Absatz von Mineralwasser und Wasseraktivierungsgeräten zeigt ja auch, dass immer mehr Verbraucher der Qualität ihres Leitungswassers misstrauen. Es schmeckt weder so, noch fühlt es sich so an, als dass man freiwillig die empfohlene tägliche Menge von 1 ½ bis 2 Liter seinem Gaumen zumuten möchte. Daher haben auch Sprudelgeräte, die aus gewöhnlichem Trinkwasser ein prickelndes Nass erzeugen, Hochkonjunktur. Doch

**dieses bei Kindern so beliebte *Blubberwasser* überlistet
nur die Geschmacksknospen; zudem verschlechtert
das im Wasser aufgelöste CO^2 noch die Qualität**

Die Carbonate, also die Salze der Kohlensäure, belasten den Organismus und tragen zu Azidose (Übersäuerung) und Ablagerungsproblemen bei.

- Unser Trinkwasser enthält zahlreiche Gifte, die von Wiederaufbereitungsanlagen nicht eliminiert werden können

- Sprudelgeräte und Mineralwässer stellen keine gesunde Alternative zum Leitungswasser dar

Wird das Wasser im natürlichen Kreislauf noch gereinigt?

Wenn heute Regenwolken ihre nasse Fracht über Wiesen, Felder und Wälder entladen, das Wasser im Boden versickert und aus Quellen wieder zutage tritt, wird uns zwangsläufig die Belastung der Schadstoffinformationen mitgeliefert. Ursprünglich war H_2O natürlich und hatte die Kraft, sich selber zu reinigen. Heute kann man das nicht mehr erwarten. Das in den Boden eindringende Regenwasser, der spätere Teil des Grundwassers, wird zwar durch die Erde gefiltert. Aber

wie soll bei all den Pestiziden, Herbiziden, Schwermetallen, Abgasen, radioaktiven Partikeln u. a. Schadstoffen in Luft, Erde und Gewässern noch eine Reinigung stattfinden?

Emoto zeigt an Beispielen von Flüssen, dass verschmutztes und belastetes Wasser in seinem inneren Rhythmus gestört wird und die kristalline Struktur verloren geht. Im Oberlauf der Flüsse funktioniert die natürliche Reinigung, und es treten schöne Kristalle zutage. Dagegen zeigt das Wasser aus dem durch Fabriken verdreckten Mittelteil des Flusses Bilder, die an krebsartige Auswüchse erinnern. Weiter unten im Flusslauf findet das Wasser oft wieder zu seiner Kristallform zurück. Es wäre interessant, das Wasser des Ganges auf dieses Phänomen hin zu überprüfen. Auch der Gewässerbiologe Theodor Schwenk wies nach, dass quellfrische Gewässer infolge eingeleiteter Abwässer und Schadstoffe an Lebenskraft verlieren, nur noch diffuse, fast formlose Strömungsbilder liefern und optisch wie tot wirken. Auf der anderen Seite konnte der Strömungswissenschaftler zeigen, dass in Maßen belastete Gewässer dank der biologischen Selbstheilungskräfte ihr Gleichgewicht zurückgewinnen (1962). Allerdings war das vor vierzig Jahren. Heute scheint das Maß voll zu sein. Denn wenn wir bedenken, dass es derzeit auf der Welt kaum noch Quellen gibt, aus denen Wasser mit einem neutralem pH-Wert sprudelt, können wir davon ausgehen, dass es nur noch ungenügend auf natürliche Weise durch Destillation des Regenwassers gereinigt wird. Dabei sind es nicht nur die oben erwähnten Schadstoffe im Boden, die unser Grundwasser sauer machen und dazu führen, dass wir kein einwandfreies Trinkwasser bekommen können. Eine große Gefahr für unsere Gesundheit sind Medikamente in den Abwässern, die durch die chemische Wiederaufbereitung nicht eliminiert werden können. Kläranlagen können Schadstoffe, wie z. B. spezielle krebsfördernde Medikamente und Antibiotika nicht unschädlich machen, wie Sie im folgenden Kapitel lesen können. Arzneien, die Kranke gesund machen sollen, machen Gesunde krank. Krank, nicht?

- Heutzutage ist selbst das Grundwasser schon mit Schadstoffen belastet

- Giftige Chemikalien und radioaktive Strahlen verseuchen unsere Gewässer

- H_2O wird nur unzureichend durch Destillation des Regenwassers gereinigt

Medikamente im Leitungswasser

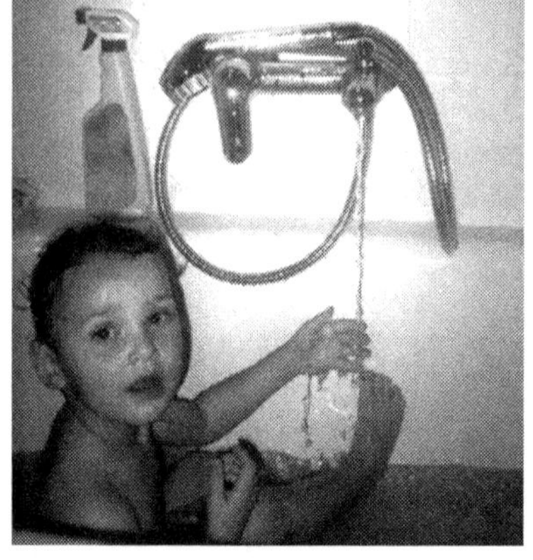

In Deutschland werden jährlich mehrere tausend Tonnen Arzneimittel hergestellt. Allein die Produktionszahlen für Antibiotika lagen 1994 laut Statistischem Bundesamt bei rund 2000 Tonnen (Hirsch 1998). Aus Kliniken gelangen u. a. große Mengen an Antibiotika und krebserregende Zytostatika (zelltötende Mittel) ins Abwasser und in unsere Flüsse. Diese und andere

gefährliche Medikamente kommen auch via Toilettenspülung direkt in die Kanalisation. Denn der überwiegende Teil pharmazeutischer Wirkstoffe wird nach den Erfahrungen der Mediziner mit dem Urin wieder ausgeschieden

In einer Studie an der Universitätsklinik Freiburg konnten die Umweltmediziner Klaus Kümmerer und Ali Al-Ahmet zeigen, dass drei gebräuchliche Zytostatika (Cyclophosphamid, Ifosfamid und Epirubicin-Hydrochlorid) in der Kläranlage nicht eliminiert werden. Diese

Arzneien, die Krebspatienten im Rahmen der Chemotherapie einnehmen, gelten selbst als krebsauslösend!

Wenn ich auf diese schreckliche Gefährdung durch das Trinkwasser aufmerksam mache, starren mich oft entsetzte kreisrunde Augen an, die zu fragen scheinen, ob dies der Grund für die drastisch steigende Krebsrate sei. Die Erfahrungen mit der Entsorgung von Medikamenten sind zudem bedenklich. Es kommt vor, dass man in der Apotheke den Rat bekommt, die Restbestände in den Müll zu werfen oder alle Pillen aus den Packungen zu lösen und in der Toilette wegzuspülen, damit sich eventuell im Müll wühlende Kinder mit den interessanten bunten Perlen nicht vergiften können. Doch dass dann auch wieder die Kinder die Dummen sind, da wegen der noch nicht ausgebildeten Blut-Hirn-Schranke für sie das schwer belastete Leitungswasser besonders schädlich ist, wird nicht bedacht. Die o. g. Forscher stellten in einem weiteren Test mit dem Antibiotikum Ciprofloxacin fest, dass Kläranlagen auch für derartige Pharmawirkstoffe keine Barriere darstellen. Das kann bedeuten:

Wir nehmen mit dem Trinkwasser regelmäßig Antibiotika zu uns, züchten im Körper resistente Stämme verschiedener Krankheitskeime und finden im Krankheitsfall kein wirksames Mittel mehr

Wie gefährlich die kontinuierliche Aufnahme dieser Medikamente ist, zeigt sich derzeit an der Rückkehr längst vergessener Tierseuchen. Denn Schlachttiere werden mit Antibiotika gefüttert, damit sie schneller wachsen. Es ist ganz natürlich, dass dadurch das Immunsystem der Tiere zerstört wird und sie keinen gesunden Nachwuchs zur Welt bringen. Dass diese Tiere uns als Nahrungsquelle mehr schaden als nutzen, dürfte wohl jedem klar sein.

Ob es nun um Krebsmedikamente, Antibiotika, Psychopharmaka, Röntgenkontrastmittel oder um andere die Gewässer verschmutzende Pharmaprodukte geht, Daten über die Folgewirkungen von Arzneimitteln in Gewässern sind kaum vorhanden. Außerdem werden Östrogene, cholesterinhemmende Mittel und Antibiotika von den Untersuchungsmethoden nicht erfasst; folglich gibt es auch keine speziellen Filter. Und noch ein anderer Aspekt kommt erschwerend hinzu: Diese nicht abbaubaren im Abwasser vagabundierenden Stoffe können miteinander reagieren und neue Verbindungen herstellen!

Statt immer mehr toxische Arzneien zu entwickeln, die das Potential haben, via Trinkwasser die ganze Menschheit zu vergiften, wäre es angebracht, die bereits vorhandenen Medikamente auf ihre ökologischen Wirkungen hin zu untersuchen!

Außerdem ist bekannt, dass natürliche Nahrungsergänzungsmittel, wie z. B. bestimmte blaugrüne Algen das Immunsystem stärken, Krebszellen zerstören und das Leben verlängern, ohne die Umwelt zu belasten. Es ist höchste Zeit, dass sogenannte alternative Heilverfahren gefördert werden. Vor Jahren noch schmunzelten Schulmediziner über die heute etablierte Krebsbehandlung mit Misteln. Es ist nur eine Frage der Zeit, dass Spirulina, Farbtherapie und andere sanfte Heilverfahren gegen Tumoren allgemein akzeptiert werden. Denn sie stärken im Gegensatz zur Chemotherapie den inneren Heiler bzw. die Abwehrkräfte und zerstören keine gesunden Zellen. Außerdem schonen sie, bedenkt man, dass rundum gesunde Menschen nach freudvoller Arbeit und stabilen Verhältnissen streben, auch noch den stark gebeutelten Staatssäckel. Schreiben Sie an Ihre Volksvertreter und fordern Sie vorbeugende Maßnahmen!

Wenn wir unser gutes Geld für noch mehr zelltötende Pharmazeutika ausgeben, kann es passieren, dass wir unsere Leiden selbst finanzieren oder uns an etwas beteiligen, das sich zum größten Massensterben aller Zeiten entwickeln könnte!

Dazu kommt, dass die generöse Verschreibungspraxis von weiblichen Geschlechtshormonen sich negativ auf die Reproduktion des Menschen auswirken kann. Denn durch die Überschwemmung der Gewässer mit Östrogenen gibt es bereits in vielen Flüssen überwiegend weibliche Fische. Die Zeit drängt, die Notbremse zu ziehen! Oder soll eine Vielzahl der *Männchen* aussterben ..?

Wir sind in größter Gefahr. Die meisten ahnen es schon, aber die Angst lähmt sie, etwas dagegen zu tun. Doch müssen wir wirklich Angst haben? Sind wir tatsächlich so machtlos, wie viele glauben? Erkennen und nutzen wir die Macht unserer Gedanken! Wir können uns und unsere Umwelt von jetzt auf nachher verändern! Indem sich unser Bewusstsein wandelt und wir gemeinsam endlich aktiv werden! Tief in unserem Innern wissen wir, wer wir wirklich sind. Der bescheidene Zimmermann aus Nazareth hat es uns gesagt. Streben wir also danach, mit unserer Mutter Erde und all ihren Bewohnern in Harmonie zu leben. Wir sind alle eins, materiell und immateriell. Seelisch-geistig und physisch bzw. biochemisch. Die Erde hat bis auf das kleinste Spurenelement genau dieselbe Zusammensetzung wie der Mensch. Ebenso wie das Meer, das wie wir und die Erde ein Lebewesen ist, wie Josef Lorbeer in seinem Buch *Mond und Erde* eindrucksvoll darstellt.

Das, was wir der Erde, dem Wasser, den Tieren oder einem anderen Menschen antun, das tun wir uns selber an!

Lassen wir uns von der Phrase *Wir können das Rad nicht zurückdrehen* nicht vom Handeln abhalten, sondern springen wir vom Wagen, bevor das Rad bricht! Es gibt zahllose nachhaltige Projekte, die dem Schutz des Lebens dienen und nicht dem Verfall. Mit einer flächendeckenden Züchtung von Spirulina und der Umstellung auf freie bzw. erneuerbare Energie (Sonne, Wind, Wasser und Biomasse) könnten in 10 Jahren Hunger und Arbeitslosigkeit weltweit beseitigt sein. Allein die Sonne liefert etliche tausendmal mehr Energie als wir benötigen. Die Angst vor einer Überbevölkerung, vor atomaren Katastrophen und vor der Verseuchung unseres Trinkwassers durch Pestizide, Altöl, und chemische Abfälle müsste daher nicht sein. Auch nicht die Angst vor Krankheiten, die von Giften im Wasser herrühren.

Wenn Ärzte uns eine Chemotherapie, radioaktive Bestrahlung oder eine sonstige Maßnahme vorschlagen, die erheblich in den natürlichen Ablauf des Organismus eingreift, sollten wir sie auf Ehr und Gewissen fragen, was sie im gleichen Fall ihren Müttern raten würden. Möglicherweise könnten wir so auch von unseren Zweifeln geheilt werden, das Richtige zu tun. Denn, wie mir vor kurzem der Chemnitzer Arzt Dr. Bernd Winter von der *Gesellschaft für biologische Krebsabwehr* mitteilte, liegt die Erfolgsrate von Chemotherapie insgesamt nur bei 5 – 7 %. Da diese zelltötende Therapie für Tumore der Fortpflanzungsorgane entwickelt wurde, wo die Erfolgsrate bei ca. 25 – 30 % liegt, bestehe keine Notwendigkeit, einen an einer anderen Krebsart erkrankten Menschen auch noch mit solchen Giften zu belasten.

Solange die von Hippokrates formulierten sittlichen Gebote ärztlichen Handelns mit den materiellen Interessen der Mediziner und Pharmazeuten in Konflikt stehen, werden massenweise schädigende Medikamente in unser Trinkwasser gelangen. Oft sind Patienten selber schuld, da sie nach schnell wirkenden Medikamenten verlangen. Ärzten wissen, dass Krankheiten auskuriert werden müssen. Hippokrates forderte ja die Stärkung der Abwehrkräfte durch Kräuter und andere Naturheilmittel, um den inneren Heiler zu mobilisieren. Aber ungeduldige Patienten nehmen lieber seine Verdummung und Abschwächung in

Kauf, da sie nicht wissen, was sie sich damit antun. Chemische Keulen sind oft bequemer als natürliches Regenerieren mit Wasserkuren und –fasten. Was glauben Sie übrigens, was bei einer Chemotherapie passiert? Der ganze Organismus wird mit höchst giftiger zelltötender Medizin bombardiert, damit Tumore oder Metastasen absterben. Es sterben aber vor allem gesunde Zellen ab, und oft werden Haut und Haare weggeätzt. Zudem wird, wie schon erwähnt, der größte Teil der eingenommenen Chemotherapeutika mit dem Urin ausgeschieden und gelangt aufgrund unzulänglicher Wasserwiederaufbereitung ins Trinkwasser. Uns muss endlich klar werden, dass wir uns selber schaden, wenn wir immer mehr Chemie in unseren Wasserkreislauf bringen!

Vertrauen wir der unfehlbaren Natur als der Weltmeisterin im Heilen! Entdecken und eliminieren wir unsere Fehler!

Lassen wir uns nicht irgendwelche Medikamente verschreiben, von denen wir im voraus wissen, dass wir sie wegen der vielen unerwünschten Nebenwirkungen sowieso nicht einnehmen. Denn damit treiben wir unnötig die Krankenkassenkosten in die Höhe und verseuchen unsere Umwelt und unser Wasser, da es keine sichere Entsorgung chemischer Substanzen gibt.

- Tausende Tonnen Krebs auslösende Arzneien gelangen in unsere Flüsse

- Wir müssen durch unser Verhalten bessere Verhältnisse anstreben; sprechen Sie mit Ihren Gemeindevertretern über sichere Sondermüllstellen!

- Tägliche Antibiotikagaben im Futter von Schlachtvieh zerstören das Immunsystem der Tiere und führen zu längst vergessenen Seuchen

- Sanfte Heilverfahren schützen unser Trinkwasser

- Die Chemotherapie ist nur zu 5 - 7 % erfolgreich. Offen bleibt die Frage, wie der Körper mit den giftigen Therapeutika fertig wird und wie es mit der Rückfallquote steht

Welche Gefahren lauern beim Schwimmen?

Bei der Fachtagung *Arzneimittel in Gewässern. Risiko für Mensch, Tier und Umwelt?* befassten sich Allner und Kollegen mit den Wirkungen umweltrelevanter synthetischer Östrogene auf Fische. Die Wissenschaftler wiesen darauf hin, dass

89

die derzeit angewandten Toxizitätsuntersuchungen für Fische zwar keine chronischen Wirkungen - z. B. auf das endokrine System (Drüsensystem) - erfassen, die Beeinträchtigung der Fortpflanzungsfähigkeit einiger Organismen aber für eine schleichende Dauerbelastung durch Gifte, die das Hormonsystem schädigen, sprächen. Die Spaltprodukte verstoffwechselter Östrogenpräparate, also ausgeschiedene empfängnisverhütende Mittel, die in oberirdische Gewässer gelangen, können in Nichtzielorganismen endokrine Wirkungen haben. Das sind vor allem Jungtiere und Kinder, deren Drüsen und Hormone durch eine solche Zwangsmedikation mit Östrogenen besonders mit Funktionsstörungen reagieren können.

Es kann nicht unser Ziel sein, den Körper mit Hormonen, Antibiotika oder krebsauslösenden Antikrebsmitteln zu belasten

Da aber die Schulmedizin mit toxischen Arzneien immer noch so verschwenderisch umgeht, anstatt vorbeugende Maßnahmen zu lancieren, müssen wir, um durch Medikamente verursachte Krankheiten zu vermeiden, uns selbst um die Vorbeugung von Gesundheitsstörungen kümmern. Gegen Gefahren, die im Trinkwasser auf uns lauern, können wir uns durch die im Buch beschriebene Wasseraktivierungstechnologie schützen. Wie sieht das aber in Badeanstalten aus?

In stark besuchten Schwimmbädern besteht die Gefahr, dass ausgeschiedene Östrogene sich auf die Geschlechtsdrüsen der Kinder auswirken und die Fortpflanzungsfähigkeit beeinträchtigen

Johann Tikale stellte fest, dass früh morgens das Wasser in Schwimmbecken noch nicht durch Hormone belastet ist, die Messungen aber gegen Abend deutlich positiv sind. Östrogene werden zur Verhütung und zur Abschwächung von Beschwerden während der Wechseljahre eingenommen. Es wäre daher im Sinne unserer Kinder und der Fortpflanzung unserer Rasse, wenn weniger synthetische Östrogene eingenommen bzw. rücksichtsvollere Verhaltensweisen befolgt werden. Dazu gehört, dass auf Ausscheidungen in Schwimmbecken unbedingt verzichtet wird oder medikamentenabhängige Personen abends schwimmen. Nur wenn uns die Folgen unseres Tuns bewusst sind, werden wir uns bemühen, Schaden abzuwenden. Daher ist es mein Anliegen, Sie auf Gefahren der Umweltverschmutzung aufmerksam zu machen. Wir können uns und unsere Mitmenschen nur schützen und informieren, wenn uns die wahren Zusammenhänge bewusst sind. Erst dann können wir an Schritte denken, die Veränderungen bringen.

- Früh morgens ist das Wasser in Schwimmbädern noch nicht östrogenbelastet; abends sind die Messungen dagegen deutlich positiv

- Um Krankheiten zu verhüten, darf nicht ins Schwimmbecken uriniert werden! Dies sollte man nicht fordern müssen

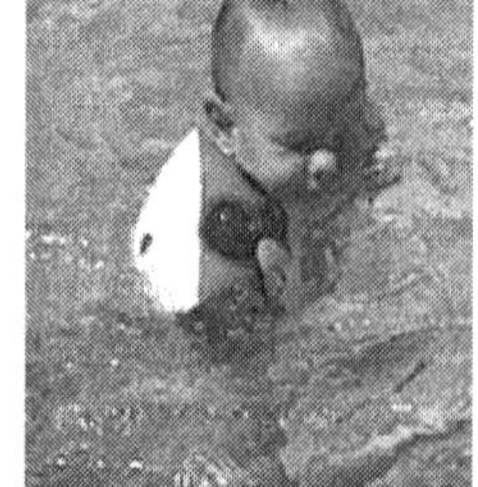

Belastung durch Luftverschmutzung

Schadstoffe in der Luft kommen hauptsächlich von Flug- und Straßenverkehr, Atomkraftwerken, Landwirtschaft, Industrie und Haushalten. In der Hauptsache leiden wir unter den Folgen der Gewinnung von Kraftstoffen. Energie wird zu mehr als 95 % aus der Verbrennung durch in der Erde lagernde Brennstoffe gewonnen. Der Verbrauch verdoppelt sich alle 15 Jahre. Dabei könnten wir auf die *Todestechnik* verzichten. Mit alternativen Technologien wäre es möglich, auf umweltschonende Weise unseren Lebensstandard beizubehalten. Hoffentlich werden Erdölmulties bald erkennen, dass es keine Zukunft auf unserem Planeten gibt, wenn sie sich nicht auf die Produktion umweltfreundlicher Energie konzentrieren. Und zwar rasch, sonst werden sie mit ihren Ölinseln und über die Ozeane hetzenden rostigen Tankern das Leben im Meer bald zerstört und uns die Luft zum Atmen geraubt haben. Durch die gefährlichen CO^2-Emissionen, die bei der Verbrennung von Erdöl und Kohle entstehen, ist die uns vor UV-Strahlen schützende Ozonschicht schon erschreckend dünn geworden. Immer mehr Menschen reagieren darauf mit Asthma, Haut- und Augenerkrankungen.

Das Abscheuliche an der Sache ist, dass die Umweltverschmutzung sowie die bei der Verbrennung fossiler Reserven entstehenden Schadstoffpartikel im Grundwasser überhaupt nicht sein müssten. Denn der Entdecker des Drehstrommotors und des Wechselstroms

Nikola Tesla soll schon vor rund hundert Jahren eine auf dem Phänomen rotierender Energiefelder basierende Freie-Energie-Maschine entwickelt haben!

Der Bankier Pierpont J. Morgan, der frühere Vorhaben Teslas finanziert hatte, war entsetzt, dass ein *Schwerkraftenergiekonverter* die Kraftwerksindustrie verdrängen sollte. Zumal er schon in Kupferminen investiert und sich einen satten Gewinn beim Verkauf des Metalls ausgerechnet hatte, das für elektrische Leitungen gebraucht wird. Er ordnete daher an, keine weiteren Projekte des genialen Forschers mehr zu unterstützen. Immerhin soll der einst am meisten gefeierte Wissenschaftler der Welt seinen *Energieaufnehmer* an seinem Luxusautomobil, einem Pierce Arrow, getestet haben. Der Motor lief mit einer maximalen Drehzahl von 1800 U/Min. und erreichte eine Geschwindigkeit von 90 Meilen/h. Außerdem versicherte Tesla, sei die Energie noch genug, um zusätzlich ein ganzes Haus zu erleuchten. (Ferzak, 1995, S. 98 f.). Wenn man darüber nachdenkt, könnte man gerade heute, wo uns die Angst vor terroristischen Anschlägen auf Kernkraftwerke im Nacken sitzt und alles den Bach runter zu gehen droht, vor Wut auf die Barrikaden gehen. Allerdings können wir mittlerweile auch selber aktiv werden. In der Zeitschrift *LICHTFORUM* 12/Sommer 02 finden Sie Informationen zum Nachbau von Wassermotoren und über den im März 2002 unter dem Namen Tom Bearden und der Nummer US 6,362,718 patentierten bewegungslosen elektromagnetischen Generator. Auch der französische Forscher Jean-Loui Naudin hat den *MEG (Motionless Electromagnetic Generator)* erfolgreich nachgebaut und in Frankreich zur Patentierung eingereicht.

Diese *Raum-Energie-Maschine* soll nun tatsächlich ab 2003 auf dem Markt zu kaufen sein

Damit könnten wir unser Haus vom Stromnetz abhängen und mit sauberen Elektroautos unbegrenzte Strecken fahren. Es gibt natürlich auch kritische Stimmen. Dan Winter warnt, man könne nicht wissen, was passiert, wenn die Energie rund um den Erdball genutzt wird. Doch vermutlich wird sie auf anderen Planeten längst erfolgreich angewendet. Und bedenken Sie, welche Risiken wir mit der Atomenergie eingegangen sind! Die o. g. Zeitschrift existiert nur noch kurz! Daher hier zu Ihrer Information einige der angegebenen Webseiten und Adressen:

> **Webseiten und Adressen zum Thema Energie**
>
> Pläne für den Umbau des Autos bei Geoff Egel, Adelaide, Australien, unter:
> **www.fortunecity.com/greenfield/bp/16/waterasfuel.htm**
>
> **www.aw-verlag.ch** *(Raumenergie)* - **www.wasserauto.de** - **www.**

Wie weit wären wir heute, hätte der o. g. Bankier an das Gemeinwohl gedacht und nicht an seine vollen Taschen? Denken Sie nur an die vielen Arten, an denen wir uns noch erfreuen könnten! Und daran, dass die Gedanken an den Atommüll uns keine Schauder der Angst über den Rücken jagen müssten. Außerdem würden Menschen nicht an Hunger und an den vielen modernen Seuchen sterben müssen. Und wir brauchten uns um eine Überbevölkerung keine Sorgen zu machen. Denn freie Energie würde bedeuten, dass dem Boden und dem Wasser die Ressourcen an Kohle, Öl, Gas oder Uran blieben.

Vielleicht ist jetzt unsere letzte Chance, aktiv zu werden!

Der zusehende Verfall der Moral, die *Sündflut,* kann nur durch positive Energie gestoppt werden. Bitten wir daher gemeinsam jeden Morgen und jeden Abend um positive, heilende Energie für alle Erdenbürger, vor allem für jene, die sich rücksichtslos nur noch um ihr eigenes materialistisches Wohl kümmern! Denn nur in einem gesunden Körper kann der kranke Geist gesunden. Bitten wir für genügend Nahrung, anständige Behausung und ein artgerechtes Erdendasein für alle Lebewesen. Bitten wir, dass alle Menschen friedvoll miteinander leben und einer freudvollen Beschäftigung nachgehen. Bitten wir für gesunde Luft und reines Wasser, damit sich unser Ernährerplanet wieder regenerieren kann. Wie Sie sich durch positive Affirmationen am Erschaffen dieser *Himmlichen Neuen Welt* beteiligen können, erfahren Sie am Ende des Buches. Selbst wenn Sie das Bitten oder Beten verlernt haben, schließen Sie sich an, je mehr sich daran beteiligen, desto stärker strömt die universale Energie. Wenn reaktionäre Unionspolitker unsere Mitbestimmung durch Volksentscheide verhindern, können wir durch die Kraft unserer freien Gedanken Veränderungen durchsetzen.

Unzählige Bücher informieren über die Wirksamkeit der Gedankenenergie, wie z. B. *Ein Kurs in Wundern* ISBN 3-923662-18-1. Joseph Murphy, Masaharu Taniguchi, Shakti Gawain und Neale Donald Walsch sind nur einige der vielen Autoren, die durch ihre Arbeit zur Gesundung des Geistes und damit auch des Planeten beitragen. Lesenswert sind auch die Bücher *Unser ausgebrannter Planet. Von der Weisheit der Erde und der Torheit der Moderne* von Thom Hartmann und *Ernährung für ein neues Jahrtausend* von John Robbins.

Um auf die Luftverschmutzung zurückzukommen, von Rauchern werden Leute als intolerant hingestellt, wenn sie einen Raum verlassen, in dem geraucht wird. Dabei möchten sie nur ihre Gesundheit schützen. Denn

die Milliarden von Giftwölkchen, die genüsslich in die Luft geblasen werden, tragen zur Luftverschmutzung bei

Bis zum 27. Lebensjahr gehörte ich selber zur Klasse der Dampfwolken ausstoßenden Luftverpester. Heute lache ich über diese blöde Angewohnheit und bemühe mich, eingefleischte Raucher ganz ohne Zynismus und ohne zu urteilen auf ihr gedankenloses Paffen aufmerksam zu machen, indem ich sie auffordere, ihre Sucht objektiv oder wie ein Kind zu betrachten.

Ist es nicht überaus sinnlos, jedes Jahr eine schöne Urlaubsreise einfach so in die Luft zu blasen?

Und neben der vernunftwidrigen Verschwendung des Sauerverdienten sind noch viele Unannehmlichkeiten zu ertragen, die der Mief mit sich bringt; z. B. müssen die Vorhänge von Rauchern öfter gewaschen und die Wände häufiger gestrichen werden. Von dem Mehrverbrauch an Vitaminen und/oder den Gesundheitsproblemen gar nicht zu reden. Manchmal hilft es, rauchenden Eltern das Buch *Körperverletzung durch Passivrauchen* von Frank Wöckel zu schenken, der fundiert und allgemeinverständlich über die medizinische und rechtliche Bewertung des Zwangsmitrauchens informiert.

Wäre es nicht schön, wenn wir den einen oder die andere von seinem oder ihrem schädlichen Laster befreien helfen könnten? Mir wies das Glück Mitte der 70er Jahre den Weg zu Johann Tikale, dem ich es verdanke, dass Nikotin und andere Gifte nach und nach aus meinem Körper ausgeschieden wurden. Es kann nicht genug darauf hingewiesen werden, dass Krankheiten einfach nur Vergiftungen durch Umweltfaktoren sind und Symptome, wie Schmerzen, Entzündungen, Steinbildungen oder Lähmungen, ein Hilfeschrei des Körpers, endlich mit ausscheidenden Maßnahmen zu beginnen. Noch immer nicht motiviert genug, zu entgiften? Lesen Sie den Aufruf am Ende des Kapitels, vervielfältigen Sie ihn oder schicken Sie ihn Ihren Freunden per E-mail. Ich erlaube es Ihnen gern.

Vor knapp zwei Jahren half ich meiner Mutter bei ihrem Handarbeitskurs in der Stadtschule in Michelstadt. Dort befestigte ich eine Kopie des vor dem Rauchen warnenden Plakats. Es hängt noch immer dort. In dem Raum halten sich öfters sieben- bis neunjährige Schüler auf. In dieser Altersgruppe sind Kinder gegenüber vernünftigen Argumenten zugänglich und noch nicht durch die später übliche Abwehr gegen alle *Besserwisser über 30* blockiert.

Bitte kopieren Sie das Anti-Raucher-Plakat am Ende des Kapitels und machen Sie es vielen Kindern zugänglich!

Bringen Sie die Kopien in Schulen, Kindertagesstätten und bei Kinderärzten an. Bedenken Sie nur, was Sie durch diese einfache und preiswerte Aktion zu leisten vermögen! Stellen Sie sich vor, jeder Leser dieses Buches würde nur ein einziges Plakat aufhängen. Sie können damit künftige Leiden vermeiden helfen, und die Krankenkassenkosten ließen sich erheblich verringern.

Wir lassen uns oft hinreißen und sagen, was können w i r schon bewirken? Eine ganze Menge würde ich meinen, vor allem, wenn sich jeder einzelne angesprochen fühlt. Selbst wenn nur eine Handvoll Schüler später als Erwachsene nicht an Lungenkrebs sterben müssen, können Sie mit sich zufrieden sein!

Engagieren Sie sich in den Agenda-21-Projekten Ihrer Gemeinden! Unsere Gruppe bemüht sich um ein stärkeres Für- und Miteinander in unserer Stadt. Denn wir brauchen wieder mehr gemeinsame Aufgaben. Denken Sie an J. F. Kennedys Aufruf zu mehr Dienst an der Allgemeinheit. In USA lebend stellte ich fest, dass sich viele Amerikaner von ihrem jungen Präsidenten haben inspirieren lassen. Auch Hillary Rodham Clinton, die ehemalige First Lady, die ich liebend gern demnächst als erste weibliche Präsidentin der USA sehen würde, bringt in ihrem Buch *Eine Welt für Kinder* zum Ausdruck, dass wir unsere Kinder dazu erziehen sollten, sich auf eine Hauptrolle im Leben vorzubereiten, anstatt sich mit einer kleinen Rolle zu begnügen, wo sie nur darauf reagieren, was andere denken oder sagen.

Die Bereitschaft zur Gemeinschaftsaufgabe, gelebte Solidarität und praktizierte Solidargemeinschaft, muss künftig im Vordergrund stehen!

Das oben erwähnte, auf der UN-Konferenz in Rio de Janeiro 1992 diskutierte und angenommene weltweite Aktionsprogramm zu Umwelt- und Entwicklungsvorhaben, befasst sich u. a. mit Energiespar-, Arbeitsbeschaffungs- und Recyclingprojekten. Kürzlich wurde ich von einer Leserin gefragt, ob es eine Agenda-21-Gruppe *Spirulina* gebe. Bisher habe ich noch keine Mitstreiter gewinnen können, obgleich der in Kapitel *Ökologische Landwirtschaft zum Schutz des Grundwassers* erwähnte holländische Bauer aus Barchen beweist, dass man auch in unseren Breiten einen Algenteich z. B. als Muster für die in der Umgebung lebenden Landwirte und für Nachbargemeinden anlegen kann. Verbunden mit einer Arbeitsgemeinschaft *Krankheitsvorbeugung* wäre das eine gesunde Sache. Spirulina und Wasser in Theorie und Praxis. Nicht allzu ferne Zukunftsträume.

In unserer hiesigen Agenda-21-Gruppe *Soziales* geht es vor allem darum, die Zusammenarbeit von *Jung und Alt* zu fördern, um z. B. die Gewalt auf der Straße, in der Schule und in der Familie schon im Vorfeld verhüten zu können. Den mit der Vergreisung unserer Gesellschaft verbundenen Spannungen zwischen den Generationen gilt es vorzubeugen. Wichtig ist, Toleranz zu fördern und verantwortungsbewusst dort aktiv zu werden, wo es erforderlich ist.

Eltern und Lehrer sind heute besonders gefordert, sofort zu intervenieren, wenn es brenzlig wird und nicht wegzuschauen und die Kinder einfach machen zu lassen

Dies führt nur zu Verwirrung, Orientierungslosigkeit und Depression. Junge Menschen brauchen klare Regeln und Erwachsene, die eine unnachgiebige Haltung beim Wort *NEIN* einnehmen. *Ob Kinder vom Sog der Verwirrung mitgerissen werden oder sicher zur Reife gelangen, hängt davon ab, wie stark und kreativ wir unser Zutrauen in ihre Aussichten bekräftigen (ebd. S. 166).* Wir können nicht so weiter machen wie bisher! Es ist an der Zeit, dass Frauen wieder das Ruder übernehmen! Denn wer sein Kind unter dem Herzen trägt, wird sich um nachhaltiges Handeln bemühen, ihm keine gefährlichen Abfälle hinterlassen, die mehrere Tausend Jahre vor Terroristen und anderen Irregeleiteten bewacht werden müssen. Nehmen wir das Zepter in die Hand und demonstrieren unsere Macht als Konsumenten und als Erzieher unserer Kinder. Allein mit dem Erwerb von Alternativstrom und natürlich erzeugten Nahrungsmitteln können wir die Umweltpolitik erheblich verändern und neue Arbeitsplätze schaffen. Und zwar wesentlich angenehmere als die unter Tage. Bei der gesundheitsschädlichen Bergwerksarbeit handelt es sich ohnehin um ein Unsummen verschlingendes staatliches Arbeitsbeschaffungsprogramm, das obendrein Kranke erzeugt.

Abgesehen vom ungesunden Verbrennen der Kohle und anderer fossiler Brennstoffe dürften sie dem Boden gar nicht entnommen werden, weil sie vom Wasser, dem *Blut der Erde,* wie Schauberger es nannte, benötigt werden

Letzterer richtete sich mit seiner Idee, künftig Wasser und Luft als Kraftstoff für Maschinen zu nutzen, wie Tesla zuvor mit seinem *Energieaufnehmer*, gegen kapitalistische Machtstrukturen. Umweltfreundliche Technik ist erst jetzt gefragt, wo der Karren im Dreck steckt, wo Überschwemmungen verheerende Schäden anrichten und das Ende der Rohstoffressourcen schon abzusehen ist.

Warten Sie nicht zu lange, kreieren Sie selbst dem Umwelt- und Klimaschutz sowie der Gesundheit dienende Plakate oder vervielfältigen Sie das folgende:

Mehr als 3000 chemische Substanzen in Zigaretten

Der Tabak in Zigaretten vergiftet unseren Körper und führt zu Lungenkrebs und anderen schrecklichen Krankheiten. Folgend sind nur einige wenige der 3000 Chemikalien in Zigaretten aufgeführt, von denen jede einzelne ungeahnte Gefahren in sich birgt.

Verzichtet lieber künftig auf
Ameisensäure, Ammoniak, Arsen,
Blausäure, Formaldehyd, Kohlenmonoxid,
Methanol (Methylalkohol), Nikotin, Phenol (Karbol),
Stickstoffoxide, Teer und mehr!

Denn das Gas der Blausäure wird auch zur Vollstreckung der Todesstrafe verwendet, und das Methanol führt zu Sehstörungen bis zur Erblindung. Auch sammeln sich im Laufe der Jahre all diese Chemikalien im Körper an. Und irgendwann ist der Organismus so vergiftet, dass er aufgeben muss.

Dr. Paul Ehrlich vom Biologischen Institut der Stanford Universität in Kalifornien weist darauf hin, dass man nahezu eine halbe Million Tests durchführen müsste, um die negativen Wechselwirkungen der Tabakchemikalien mit jedem anderen im Körper befindlichen Stoff bestimmen zu können.

Keine Angst vor Lungenkrebs?

Junge Mädchen und Frauen denkt daran, dass Ihr besonders gefährdet seid, einen Schlaganfall zu erleiden, solltet Ihr die Antibabypille nehmen und gleichzeitig rauchen. Wer will schon mit hängendem Kiefer, gelähmtem Arm und sabbernd im Rollstuhl sitzen?

JUST DON'T SMOKE !!!

Auf Eurem Weg zu immer strahlenderer
Gesundheit wünsche ich Euch alles Gute!

- Umweltfreundliche Energie wird uns aufgrund von Profitgier vorenthalten

- Hören Sie auf mit der albernen Angewohnheit, Giftwolken in die Luft zu blasen, und rauchen Sie jede Woche einen Glimmstengel weniger, damit Sie Ihren Körper ganz langsam von den Suchtstoffen entwöhnen

- Erziehen wir unsere Kinder konsequent durch konsequentes Handeln

- Laut Umfrage sind für 80 % der Deutschen Massenarbeitslosigkeit und ökologische Krise die bedeutendsten Probleme; daher müssen Aktionen folgen!

Unser Trinkwasser ist zu sauer

Aufgrund der Umweltverschmutzung und der damit verbundenen mangelnden Reinigung des Wassers durch den natürlichen Kreislauf fällt vor allem auf die dicht besiedelten Gebiete saurer Regen. Das ins Erdreich eindringende Wasser wird nicht mehr genügend gefiltert, zumal der Boden selber schon mit Chemikalien verseucht ist. Ebenso wie Bäume durch sauren Regen ihr Laub verlieren, so fördert saures Wasser bzw. eine säurebildende Ernährung und Lebensweise Haarausfall und lebensbedrohende Krankheiten. Wir ernähren uns heute vorwiegend von säureüberschüssigem Getreide in Form von Brot, Pizza, Nudeln und Gebäck. Ebenso von tierischen Fetten und sauren Getränken, wie Kaffee, Tee, Cola- und Limonadengetränke. Basische Grünkost ist heute ein Stiefkind der Ernährung. Aber:

Denken Sie an den Chemieunterricht! Neutralisieren Sie die Säuren mit Basen! Sonst müssen Sie sich nicht wundern, wenn immer jüngere Menschen keinen Kamm mehr brauchen

Mit der Übersäuerung unseres Organismus haben sich unter anderem Renate Collier und Halima Neumann befasst. Besonders geeignet zum Abpuffern der Säuren sind Spirulina-, Gerstengras- und andere Grünsäfte. Auch grünblättrige Salate und die meisten Gemüsesorten begünstigen ein neutrales Milieu. Daneben sorgen spezielle Übungen zur Lymphreinigung (siehe Kapitel *Lymphreinigung durch Vollbäder in Mineralwasser*) für die Ausscheidung der Säuren aus dem Körper und verhelfen dem Körperwasser zu einer harmonischen Dynamik.

Auch mein *down under* lebender Kollege Harald Tietze weist auf das weltweite Problem der sauren Gewässer hin. In seinem Buch *Youthing* macht er darauf aufmerksam, dass von den vielen handelsüblichen Mineralwässern nur zwei im neutralen oder alkalischen Bereich (7 und höher) liegen. Daher hat der durch viele Publikationen bekannte Autor und Forscher ein einfaches Gerät entwickelt (tietze@ozemail.com.au), das jedes Wasser rasch pH-neutral werden lässt. In Portugal sind alle Flaschen, die Mineralwasser enthalten, mit dem pH-Wert gekennzeichnet. Es wäre überaus wünschenswert, wenn sich auch in anderen Ländern der Konsument sofort über den Säuregrad bzw. die Basizität des Wassers informieren könnte. Fast alle Mineralwassersorten sind in stark saurem Bereich. Allerdings fanden wir ein Wasser, das aus vielen Quellen der Bergregion der Algarve in und um Monchique sprudelt. Es ist mit einem pH-Wert von 9,5 deutlich alkalisch, wird in verschieden großen Plastikflaschen verkauft und gilt als das beste Nass der Region. In scheinbarem Widerspruch zu meiner Annahme, je basischer das Wasser, desto besser neutralisiere es Säuren, ist Prof. Louis C. Vincents Erkenntnis, nach der gesundes H_2O mineralarm und *leicht sauer* sein sollte. Offenbar war die allgemeine Übersäuerung damals noch kein Thema. Hier wird wieder jeder selbst experimentieren müssen. Mir ging es beim monatelangen Genuss des stark basischen Monchique-Wassers sehr gut.

- Fordern Sie vom Gesetzgeber die Angabe des pH-Wertes auf Wasserflaschen

- Achten Sie darauf, dass Ihr Trinkwasser mineralarm und nicht zu sauer ist

An dieser Quelle mussten wir 10 Minuten warten, bis wir den Wassertank unseres Reisemobils auffüllen konnten. Portugiesen, Deutsche und Engländer bevölkern mit ihren 5- Liter- Kanistern die Quelle und fahren mit einer mehrwöchigen Ration im Kofferraum wieder ab. Foto re. unten: Quelle in den Bergen bei Malaga.

Atomare Verseuchung des Wassers

Die Atomära, so wurde uns weisgemacht, würde eine für alle Menschen ideale Welt erstehen lassen, in der Wohlstand und Zufriedenheit selbstverständlich sei. Verschwiegen wurde uns das immense Vernichtungspotenzial der unglaublichen plutonischen Kräfte, das mittlerweile wohl jedem, der nicht in der atomaren Industrie sein Geld verdient, klar geworden ist. Weniger bekannt ist, dass Kernkraftwerke durch das Abwasser auch unser Trinkwasser verseuchen. Wie Sie in Kapitel *Das Vermessen des Wassers* lesen können, weist das unterhalb eines Atommeilers entnommene Flusswasser eine *Verstrahlung* auf. Durch die erhöhte physikalische Spannung ist das Wasser nicht mehr in der Lage, alle Stoffe zu lösen, zu binden und abzusetzen. Es ist dabei gleich, ob es unmittelbar hinter dem Kernkraftwerk oder viele Kilometer entfernt entnommen wird. Da sich ein solches radioaktiv aufgeladenes Wasser nicht mehr selbsttätig normalisieren kann, wird die Verschmutzung der Flüsse immer größer.

Meine Großmutter nahm vor fast einem halben Jahrhundert an Sternmärschen der Atomkraftgegner teil, und ich schreibe dieses Kapitel, weil es selbst nach dem Terroranschlag des 11. Septembers noch Leute gibt, die glauben, man könne auf Atomenergie trotz aller Gefahren nicht verzichten. Vielen ist offenbar nicht bewusst, dass nur rund 30 % des Energieverbrauchs durch Kernenergie erfolgt. Solarthermische Anlagen, Blockheizkraftwerke, Wasserkraftwerke, Windkraft- und Biogasanlagen haben ihren festen Platz in der Energieerzeugung, und ihre Ausweitung wird künftig für Arbeitsplätze und Sicherheit sorgen.

Hätten wir besser statt auf Politiker, Lobbyisten und Klugschwätzer auf Fachleute gehört, die sich bemühten, uns allen die Augen zu öffnen, in der Hoffnung, die irregeleiteten Wissenschaftler könnten aufgehalten und Politiker zur Umkehr bewegt werden! Prof. Dr. E. Huster, seinerzeit Direktor des Instituts für Kernphysik der Universität Münster richtete am 28.2.77 einen offenen Brief an den damaligen Bundespräsidenten Walter Scheel, nachdem dieser in einer Rede eindeutig für die Kernenergie eintrat und die um sich greifende Staatsverdrossenheit bedauerte. Zwei Dutzend fachkompetente Wissenschaftler aus dem gesamten Bundesgebiet schlossen sich dem Briefinhalt an. Folgend zwei Passagen:

Fast alles, was dem Volke über die Kernenergie offiziell mitgeteilt wurde und wird, ist einfach nicht wahr.

Es stimmt nicht, dass an dieser Energie „kein Weg vorbei führt". Es stimmt nicht, dass sie billig, sauber, umweltfreundlich und praktisch gefahrlos ist. (Realistisch versichert läge die kWh laut Fraunhofer Studie bei mehr als € 1,80 wobei Folgekosten noch nicht berechnet sind. Vom Restrisiko, das uns den Rest geben könnte, ganz zu schweigen, Anm. d. Autors). Weiter schreibt Prof. Huster:

Schon im Normalbetrieb geben die Leichtwasser-Reaktoren in Abluft und Abwasser soviel radioaktive Stoffe ab, dass Ihre verehrte Gattin ihr Krebswerk getrost einstellen kann. Die Zahl der Krebsfälle nämlich, die einige Stoffe nach Anreicherung über die Nahrungskette und Einlagerung in bestimmten Organen (Knochen, Schilddrüse, Gonaden etc.) notwendig erzeugen müssen, kann durch keine noch so umfassende Hilfe ausgeglichen werden. (Veröffentlicht mit allen Namen der Professoren und Doktoren, die den Brief unterzeichneten, in: Forschungskreis e. V. für Geo-Hydro-Biologie, Vereinsmitteilungen, Heft 14)

- Viele Professoren der Kernphysik warnen vor dem irrigen Glauben, Atomenergie sei billig, sauber, umweltfreundlich und gefahrlos

- Radioaktive Stoffe verseuchen unser Trink- und Körperwasser und führen zu Krebs

Saures Wasser löst Schwermetalle und Asbest aus den Rohren

Der sinkende pH-Wert des Wassers durch den sauren Regen bereitet den Wasserwerken die größten Probleme. Denn das saure Wasser greift in erhöhtem Maße unsere Rohrleitungen an. Dadurch können sich schädliche Schwermetalle, wie Blei und Kupfer aus ihnen lösen. Auch die in Ackerböden enthaltenen Schadstoffe werden durch den sauren Regen vermehrt gelöst und gelangen ins Grund- und Oberflächenwasser. Dr. med. Arndt Dohmen stellt in *Wasser in Gefahr* (Herausgeber: Stiftung Ökologie und Landbau) fest: *Die Bilanz ist klar. In den letzten Jahrzehnten hat die Qualität unseres Trinkwassers rapide abgenommen.* Somit reichern sich alle möglichen Schadstoffe im Körper an. Neben Blei und Kupfer aus Rohrleitungen der Hausinstallation auch Asbestfasern aus den Hauptleitungen ab Wasserwerk, Pestizide und Nitrate aus der Landwirtschaft sowie Medikamentenrückstände. Nach Ansicht von Umweltmedizinern sind die Richtwerte zu hoch angesetzt. Sie werden auf 70 Kilogramm Gewicht berechnet und berücksichtigen folgendes nicht:

Bei Föten, Säuglingen und Kindern
ist die Blut-Hirn-Schranke noch nicht ausgebildet

Daher resorbieren sie Umweltgifte, die direkt ins Hirn gelangen können, fünf Mal stärker als Erwachsene. Zudem ist das Nervensystem von Säuglingen und Kleinkindern noch nicht entwickelt, und geringste Mengen können zu Konzentrationsstörungen führen und die Intelligenz mindern (vgl. *Stiftung Warentest 9/1996, Blei Alarm*). Eine Bleibelastung im Mutterleib wirkt sich auf die Entwicklung der kognitiven Fähigkeiten allerdings noch stärker aus.

Dem Deutschen Bundestag ist bekannt, dass *Blei ... ein allgemeiner Giftstoff* ist, *der im Knochengerüst akkumuliert. Am anfälligsten für seine nachteiligen gesundheitlichen Wirkungen sind Säuglinge, Kleinkinder bis zu 6 Jahren sowie Schwangere.* Drucksache 13/3953: *Beschlussempfehlung und Bericht des Ausschusses für Umwelt, Naturschutz und Reaktorsicherheit* vom 5.3.1996).

Blei ist Gift für die Nerven

Es führt, so die Umweltmedizinerin Dr. Eleonore Procházka, schon in geringer Konzentration zu Hyperaktivität (1995). Ebenfalls zu Apathie und anderen Verhaltens- und Lernstörungen. Auch das *Bundesministerium für Gesundheit, Trinkwasser, Hausinstallationen und pH-Wert* schließt akute Bleivergiftungen bei sauren Wässern nicht aus, insbesondere, wenn das Wasser eine gewisse Zeit in Bleirohren steht. Denn: *In Bleileitungen überschreitet die Bleikonzentration den Grenzwert der Trinkwasserverordnung, und zwar bei den meisten Wässern schon nach sehr kurzer Verweilzeit (Stagnation) von weniger als einer Stunde* (1993). In der Bundeshauptstadt Berlin werden bei jeder fünften Haar-

Mineralstoffanalyse hohe Bleiwerte festgestellt. Auch in Nürnberg, Bamberg, Aachen und anderen Regionen sind die Werte viel zu hoch (vgl. das Internet-Angebot der *Arbeitsgemeinschaft Aktiver Umweltapotheker*, Willi-Grasser-Str. 5+7, 91056 Erlangen-Frauenaurach, Tel.: 09131-992041.

http//:www.umwelt-apotheker.de; E-mail: aau@odn.de Im gesamten Bundesgebiet gibt es noch etwa 4 Millionen Haushalte mit Bleileitungen. Kein Wunder, dass dieses Thema gern *unter den Tisch gekehrt* wird. Wollte man alle Bleileitungen ersetzen, würde dies ein Investitionsvolumen von mehreren Milliarden bedeuten. Ein Großteil der betroffenen Wohnungen befindet sich im Besitz der Öffentlichen Hand.

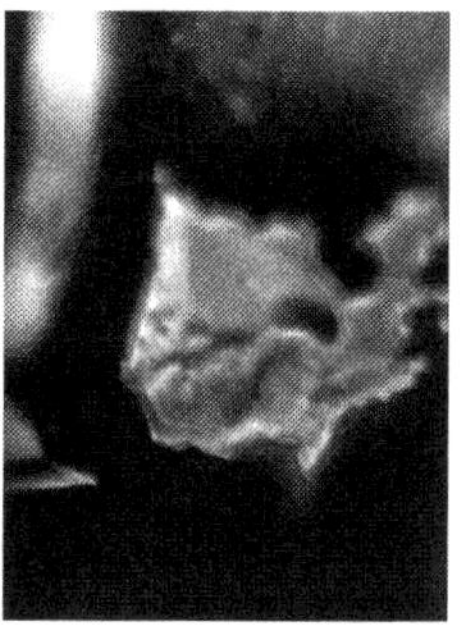

Dieses Emoto - Foto vom Berliner Wasser veranschaulicht dessen ekligen Geschmack

Eine Senkung des Bleigrenzwertes auf 0,01 mg pro Liter wird von Umweltmedizinern als notwendig erachtet

(Needleman und Landrigan 1996). Die deutsche Trinkwasserverordnung toleriert 40 µ (Mikro = Millionstel) pro Liter. Der neue EU-Grenzwert liegt bei 10 µ pro Liter! Umweltmediziner betrachten auch diesen Wert noch als um das Zehnfache zu hoch. Sie plädieren für einen Grenzwert von 1 µ. Deutschland hat eine Übergangsfrist von 15 Jahren für das Erreichen der EU-Grenzwerte erstritten. Hier liegen im Schnitt 5 Prozent der Wasserproben über dem Grenzwert von 40 µ pro Liter, in einigen Regionen sogar um 35 % (*Stern TV,* Sendung vom 19.7.1996). Die rund 150 speziell für Umweltanalytik (Wohngiftuntersuchungen, Wasser-/Bodentests, Haarmineralanalyse, Amalgamtests u. a.) ausgebildeten *Umweltapotheker* in Deutschland und Österreich bestätigen einen Bericht des ARD-Magazins Panorama, wonach Kupfer und Blei im Trinkwasser vermehrt zu Erkrankungen und sogar schon zu Todesfällen bei Kindern geführt haben.

Meine Freundin und Kollegin Barbara Simonsohn, die mir liebenswürdigerweise das überwiegende Material in puncto Trinkwasserverschmutzung zukommen ließ, hatte schon 1972 in ihrer Abiturarbeit in Biologie über die Gefahren der Bleibelastung für Kinder berichtet. Schon damals war bekannt:

Bleibelastung kann zu verminderter Intelligenz, Aufmerksamkeitsstörungen, Hyperaktivität und Kopfschmerzen führen

Ebenso zu Blutbildungsstörungen, Bauchkrämpfen, Bluthochdruck, einem geschwächten Immunsystem sowie Leber- und Nierenschäden. Was ist seither passiert? Mit dem in der Politik gern praktizierten Aussitzen von Problemen werden wir hier nicht weiter kommen. Daher rate ich Ihnen, sofern Sie nicht die Senkung der dringend benötigten Schadstoffgrenzwerte für Trinkwasser abwarten möchten, sich in Teil IV darüber zu informieren, wie Sie Ihr normales Trinkwasser in ein heilendes Nass verwandeln können.

Kupferrohre stellen keine Alternative dar

Kupfer ist ein Element, das in Spuren in organischer Form, d. h. via Photosynthese durch Pflanzen verstoffwechselt, vom Körper gebraucht wird (2 mg täglich). In anorganischer Form ist es jedoch ein Gift und kann vom Körper nicht verarbeitet werden.[1] Angesichts der Problematik von Bleirohren ist Kupfer inzwischen das Rohrmaterial der Wahl. Denn es ist preiswert und leicht zu verlegen. Doch die Verbraucher kommen mit Kupferleitungen *vom Regen in die Traufe,* da besonders bei saurem Wasser Kupferionen ans Trinkwasser abgegeben werden und die Kupferkonzentration extrem hoch ist (vgl. Umweltbundesamt, Jahresbericht 1994). *Wird mit einem derart belasteten Wasser Säuglingsnahrung zubereitet, überschreitet das die Ausscheidungskapazität des Säuglings um ein Vielfaches* (Otto, 1993). Längere Zeit diesem Wasser ausgesetzt, kann er an Leberzirrhose sterben. Im *Wasserbuch* des *Katalyse e.V. Instituts* für angewandte Umweltforschung und im Video *Lebenselixier Trinkwasser* der Firma *Sanacell* wird dokumentiert, dass bis 1991 22 Fälle von Leberzirrhose durch Kupfervergiftung bei Säuglingen bekannt wurden; bei 13 von ihnen trat der Tod ein. Die vielen Fälle von plötzlichem Kindstod lassen vermuten, dass die Dunkelziffer erheblich höher ist. Kupfer ist ein Gift, das zu Krämpfen führen kann, außerdem zu chronischer Migräne, Epilepsie, chronischen Durchfällen, Reizbarkeit, Verhaltensstörungen, Bauchkrämpfen und Schmerzen.

Das Gefährliche bei einer Vergiftung mit Kupfer ist, dass die Laborwerte lange Zeit normal bleiben, bis es zu spät ist

Die *AG Aktiver Umweltapotheker* hat festgestellt, dass bei 20 % der Haarmineralstoffanalysen Kupfervergiftungen festgestellt wurden. Sie fordert daher *vernünftige Richtwerte*. Die Weltgesundheitsorganisation gibt einen Richtwert von 1,0 mg Kupfer pro Liter Trinkwasser an. Dieser für Säuglinge viel zu hohe Richtwert ist zudem unverbindlich und gilt nur zur Orientierung. Andererseits wird jedoch die Einnahme von mehr als 0,1 mg als ein *deutlich überhöhter Wert* dargestellt. Professor Rudolf Eife vom Haunerschen Kinderhospital München

---

[1] Wie auch bei anderen anorganischen Salzen muss der Körper erst organische Transporthelfer bilden. Ist er damit überfordert, lagern sich die Fremdstoffe vor allem im Filter des Bindegewebes ab und führen mit der Zeit zu Problemen. Dies gilt auch für künstliche Multivitaminpräparate, chemische Arzneien, Lebensmittelzusätze und Konservierungsstoffe. Wenn wir diese Zusammenhänge erkennen, wird uns auch klar, wie und wodurch nahezu alle Krankheiten entstehen: Nämlich durch die Vergiftung des Körpers.

warnt, dass der Richtwert von 3 mg pro Liter für einen Säugling *durchaus eine letale (tödliche) Dosis sein kann.* (Artikel *Tödliche Kupferzirrhose aus der Leitung. Trinkwasser vergiftete schon 17 Babys,* aus *Apotheken-Praxis.*)

Schleichendes Gift aus Asbestzementrohren der Wasserwerke

Früher wurden die Gefahren von Asbestfasern unterschätzt. Jährlich sterben etwa 10.000 Menschen in Deutschland an den Spätfolgen der Arbeit mit Asbest. Um 2010 wird sich diese Zahl verdoppelt haben. Den wenigsten ist bekannt, dass Asbestfasern aus Asbestzementrohren der Wasserwerke ins Trinkwasser gelangen! 1992 gab es bundesweit noch 31.126 Kilometer Rohrleitungen aus Asbestzement; das entspricht 23,5 Prozent des Gesamtnetzes (Dohmen). In einem Liter Trinkwasser, das durch Asbestzementrohre geflossen ist, können mehrere Millionen Asbestfasern enthalten sein.

Es wurde nachgewiesen, dass Wasser aus Asbestzementrohren zu einer erhöhten Krebshäufigkeit führt

und dass bereits eine einzige Asbestfaser Krebs auslösen kann (Bernhard Diener, Wolfgang Wagner, *Die unterschätzte Gefahr.* Dokumentation zum Thema: Asbestbelastung des Trinkwassers). Doch dauert es durchschnittlich 37 Jahre, bis die Krebserkrankung auftritt. Besonders gefährlich wird asbestbelastetes Wasser, wenn es in Luftbefeuchtern und Klimaanlagen verwendet wird, da die Asbestfasern in die Raumluft gelangen. Wäsche, die mit asbestbelastetem Wasser gewaschen wurde, gibt die Fasern nach dem Trocknen ab, und sie kommen mit der Haut in Berührung. Haushalte, die mit Wasser aus Asbestzementrohren versorgt werden, haben eine dreihundertmal höhere Belastung der Raumluft mit Asbestfasern gegenüber Haushalten mit anderen Rohrmaterialien (Blasig, a.a.O., S.2). Mit der Zeit steigt die Konzentration von Asbestfasern in der Raumluft an und führt zu einem immer höheren Gesundheitsrisiko.

- In Berlin, Nürnberg, Bamberg, Aachen und anderen Gebieten sind die Bleiwerte im Leitungswasser viel zu hoch

- Blei und Kupfer im Trinkwasser sind Ursache für Krankheiten und sogar für Todesfälle bei Kindern

- Kupferbelastetes Wasser führt zu Leberzirrhose bei Säuglingen und zum Tod

- Kupfervergiftungen können ohne vorausgehende schlechte Laborwerte entstehen

- Etwa ¼ des Gesamtnetzes an Rohrleitungen bestehen aus Asbestzement

- In einem Liter Trinkwasser können Millionen Asbestfasern enthalten sein, und eine einzige kann Krebs auslösen

- Nach dem Wäschewaschen kommen die Asbestfasern mit der Haut in Berührung; auch die Belastung der Raumluft nimmt immer mehr zu

Weitere gesundheitsgefährdende Stoffe im Trinkwasser

Wenn wir künftig wieder einmal über unser ach so gutes Trinkwasser prahlen, sollten wir uns auch über die Probleme bei der Wasserprüfung im klaren sein. Denn

**bei Schadstoffanalysen wird immer nur ein kleiner Teil
der tatsächlich enthaltenen Partikel erfasst;
außerdem werden grundsätzlich nur Stichproben durchgeführt**

Daher können eine Menge gesundheitsgefährdender Stoffe im Trinkwasser vorkommen, die durch die weiten Maschen solcher Tests schlüpfen. Zu diesen gehören Arsen, Nitrat, Pestizide, Hundekotbakterien und Legionella (Stäbchenbakterien).

Wohl dem der eine eigene Quelle besitzt, da Städte des Bürgers rares Nass bereits an Energiekonzerne verkaufen.

Gefahr durch Überchlorung

Chlor ist ein giftiges Gas, das auch als chemische Waffe eingesetzt wurde. Dem Wasser wird es zugesetzt, um Keime abzutöten. Allerdings rottet es alle Bakterienarten ohne Unterschied aus, die schädlichen wie die nützlichen. Aus dem Wasserhahn fließt eine zu Tode sterilisierte Wasserleiche. Besonders beunruhigend ist, dass gechlortes Trinkwasser auch unser Blut mit seinem Wasseranteil von 90 % desinfiziert. Dadurch werden viele immunstärkende Mikroorganismen abgetötet oder ernstlich geschwächt.

**Das Immunsystem kann Bakterien, Viren und Krebszellen nicht
mehr abwehren, und die Basis für eine Krankheit ist bereitet**

Hohe Krebsraten, das Auftauchen von AIDS und immer mehr neue tödliche Heimsuchungen sind somit nicht verwunderlich. Denn mit totem oder verseuchtem Wasser kann die Lebenskraft, die für ein gesundes Leben unabdingbar ist, nicht strotzen. Schauberger hat diese durch gedankenlose Aktivität der Menschheit hervorgerufene Entwicklung *als gesetzmäßige und unvermeidliche Konsequenzen der Fehlbehandlung und künstlichen Vergiftung des Wassers mit chemischen Zusätzen* schon 1933 vorausgesehen (Coats 1999, S. 287).

Viele Menschen reagieren empfindlich auf Chlor und sind *mitunter außer sich,* wenn sie Leitungswasser trinken oder in öffentlichen Schwimmbädern baden. Aber auch weniger empfindliche Zeitgenossen können bei einer Überchlorung erkranken. Diese kommt häufiger vor, als man uns glauben machen will. Denn Fehlfunktionen von Einspeisungs- und Messgeräten werden nur durch ordentliche und regelmäßige Überwachung und Wartung erkannt. 1995 erkrankten Tausende Einwohner von Cornwall im Südwesten Englands, da aufgrund einer Dürreperiode die Wassermenge in den Versorgungsleitungen nicht ausreichte, um das Chlor ausreichend zu verdünnen. Eine zusätzliche Gefahr für die Gesundheit ist, dass Chlor sich im Wasser mit organischen Substanzen zu krebserregenden Trikalomethanen verbindet und daher ein gehäuftes Blasen- und Darmkrebsrisiko birgt (Deutsches Ärzteblatt 1/97).

Gefährliche Lösungsmittel aus der Leitung

Oft ist das Trinkwasser durch Lösungsmittel wie Benzol, Trichlorethylen oder Tetrachlorkohlenstoff belastet. Diese wirken neurotoxisch, sind also Gift für das zentrale Nervensystem. In höheren Konzentrationen können sie zu Benommenheit, Übelkeit und Halluzinationen führen. Ist das Gehirn über längere Zeit Lösungsmitteln ausgesetzt, kann dies zu Konzentrations- und Gedächtnisstörungen sowie zu einer Schrumpfung der grauen Zellen und zu nicht wieder gut zu machenden Schädigungen des Gehirns führen (a.a.O., S.177). Bei Kindern fällt oft eine zusätzliche Reizbarkeit und aggressives Verhalten auf.

Verbotene Pestizide im Trinkwasser

Für chemische Schädlingsbekämpfungsmittel gilt seit 1989 in ganz Europa ein Grenzwert von 0,1 µg (0,1 Millionstel Gramm) pro Liter. *Dennoch findet man Pestizide im Trinkwasser, auch solche, die schon seit Jahren verboten sind, wie zum Beispiel Atrazin, und zum Teil in Mengen, die deutlich über dem Grenzwert liegen* (Needleman und Landrigan 1996, S. 95). Dieses Pestizid wird vor allem im Maisanbau verwendet und ist schwer abbaubar.

Atrazin ist zwar seit 1991 verboten, es findet sich aber aufgrund seiner besonderen Mobilität fast überall im Grundwasser

Erkundigen Sie sich bei Ihren Wasserversorgern oder bei Ihrer Umweltbehörde nach den Konzentrationen von Schädlings- und Unkrautvernichtungsmitteln in Ihrem Trinkwasser. Und besorgen Sie sich selbst bei einem verschwindend geringen Wert ein Wasserbelebungsgerät. Denn ein durch diese Technik strukturiertes Wasser kann Gifte für den Organismus völlig unschädlich machen.

Kochen zerstört Chemikalien nur teilweise. Daher ist ein mit Pestiziden und Herbiziden belastetes Trinkwasser für die Zubereitung von Babynahrung oder zum Verdünnen von Fruchtsäften u. a. Getränken für Kinder ungeeignet.

- Chlor zerstört die nützlichen Bakterien der Darmflora

- Chlor birgt ein erhöhtes Risiko, an Blasen- und Darmkrebs zu erkranken

- Fehlfunktionen beim Einspeisen und Messen können zu Überchlorung von Leitungswasser und öffentlichen Schwimmbädern führen

- Lösungsmittel verursachen Gedächtnisstörungen und Reizbarkeit, in höheren Konzentrationen sogar Halluzinationen

- Bei Kindern führen Lösungsmittel zu aggressivem Verhalten

- Abgekochtes, mit Pestiziden belastetes Wasser ist nicht unbedenklich genießbar und für Babynahrung bzw. als Getränk für Kinder ungeeignet

Welche Lösungen bieten sich an?

Mineralwasser ist keine gute Lösung, da es nicht der Trinkwasserverordnung, sondern der Mineralwasserverordnung unterliegt. Letztere gebietet die Kontrolle von erheblich weniger Werten, z. B. sind Untersuchungen auf Pestizide und Nitrat nicht vorgeschrieben. Außerdem sind zum Teil weit höhere Grenzwerte als bei Trinkwasser erlaubt. Letzteres darf höchstens 10 μ krebserzeugendes Arsen pro Liter enthalten, während Mineralwasser bis zu 50 μ Arsen enthalten darf. Der Hauptnachteil von Mineralwasser liegt jedoch in der Tatsache, dass die darin enthaltenen Mineralien viel zu grobstofflich sind, als dass sie vom Körper aufgenommen werden können. Nur durch Photosynthese pflanzlich verstoffwechselte, also organische Salze oder Mineralien in fein zerteilter (kolloidaler) Form sind unserem Organismus zuträglich. Alles andere wirkt wie störender Sand im Getriebe, der sich im Filtersystem des Bindegewebes sowie in den Gelenken und Gefäßen ablagert und zu Entzündungen, Steinbildungen und Verkalkungen führt. Ich wiederhole dies so oft, weil uns durch die Werbung der Mineralwasserhändler immer wieder suggeriert wird, wir müssten unsere Mineralien aus dem Wasser beziehen. Doch:

Es ist Quatsch zu denken, Wasser enthalte wertvolle Mineralien!

Je mehr die Wassermoleküle mit Mineralien besetzt sind, desto weniger Reinigungskraft hat das Wasser und desto weniger Gifte können gelöst und ausgeschieden werden. Professor F. Daschner vom Institut für Umweltmedizin und

Krankenhaushygiene in Freiburg stellte bei einer Untersuchung im Auftrag von RTL-Extra bei mehr als 30 % der getesteten stillen Wässer pathogene Keime fest, die zum Teil Gehirnhautentzündungen auslösen können.

In USA wird schon seit langem, mittlerweile auch bei uns, Flaschenwasser zum Durstlöschen benutzt. Doch dabei wird übersehen, dass das belastete Leitungswasser noch zum Zubereiten von Speisen benutzt wird und beispielsweise in Bleiwasser gekochte Spaghetti ziemlich schwer im Magen liegen können.

Kohlegranulatfilter oder Ionenaustauscher als Tisch-Wasserfilter sind bedenklich, da das Granulat ein idealer Nährboden für Keime und Pilze darstellt. Vor einiger Zeit gerieten daher die Britta-Filter in die öffentliche Kritik. In der Zeitschrift *Öko-Test* heißt es: *Die meisten Tisch-Wasserfilter sind dazu gedacht, den Geschmack z.B. von Gemüse zu verbessern. Nur dafür sollten sie, wenn überhaupt, auch benutzt werden.*

Die Autoren von *Fit fürs Leben*, Marilyn und Harvey Diamond, sowie die Braggs (siehe Literaturverzeichnis) empfehlen die Dampfdestillation. Bei dieser radikalen Lösung wird das Wasser gekocht und der entstehende Dampf dann wieder abgekühlt bzw. kondensiert. Die Kühlspirale besteht aus Quarzglas, und man bekommt ein weitgehend unbelastetes und entmineralisiertes H_2O. Anorganische Mineralien und Schwermetalle sind im destillierten Wasser nicht mehr vorhanden. Dr. rer. nat. Dieter Knapp untersuchte die über die Wasserqualität Aufschluss gebenden Eigenresonanzspektren, wobei die Spurenelemente elektrisch angeregt werden. Da im destillierten Wasser nichts mehr schwinge, wird es als tot betrachtet. Allerdings sprechen die Wasserkristallfotos von destilliertem Wasser dagegen. Das rückstandsfreie Nass ist sogar besonders aufnahmefähig und wirkt absolut nicht tot. Meditiert ein Yogi tagelang, mag er auch tot wirken, und dabei ist sein mental geläutertes Körperwasser besonders lebendig. Knapp fügte dem destillierten Wasser dann einen Tropfen Blut zu, und es verwandelte sich in ein gutes Trinkwasser. Wäre es so abwegig zu denken, dass das neutrale Wasser in Verbindung mit den Körpersäften auch energetisiert wird? Vielleicht sollte bei einem weiteren Test zwischen der Wirkung von Blut eines gesunden und dem Blut eines kranken Organismus auf das rückstandsfreie Wasser unterschieden werden.

In Kalifornien haben viele meiner Freunde destilliertes Wasser verwendet, das in preiswerten 5-Liter-Kanistern angeboten und zur Zubereitung von Babynahrung empfohlen wird. Ich habe mit dem Dampfdestilliergerät gute Erfahrungen gemacht. In unserem Land dagegen rät das Gesundheitsministerium aufgrund der Gefahr der Verkeimung davon ab. Jedoch könnte man eine Vorrichtung anbringen, um das Wasser direkt in ein bauchiges Glas oder Terracottagefäß zu leiten und es sofort nach dem ca. sechsstündigen Vorgang kühl zu lagern. In Deutschland ist man sich uneinig über dieses pure Nass, mal wird es als tot, mal als aggressiv bezeichnet. Ich persönlich kann nur zwei Nachteile bei der Destillation feststellen: Zum einen den hohen Stromverbrauch von ca. 1 kWh pro Liter, zum andern schmeckt mir dieses Nass nicht.

Ähnlich fade wie das destillierte, ist das osmosierte Wasser

Bei beiden Verfahren werden zwar ausgezeichnete Ergebnisse beim Entfernen von materiellen Schadstoffen erzielt, aber die Millionen Frequenzen, also die Wirkungen im homöopathischen Sinn, die im sogenannten Gedächtnis des Wassers gespeichert sind, trinken wir dennoch mit. Außerdem sind die Schadstoffe, die wir mit dem Wasser zu uns nehmen, auch in Form von Suppen und wasserhaltigen Getränken, verglichen mit dem, was wir an Schadstoffen aus der Nahrung aufnehmen, verschwindend gering. Denken Sie nur an die durch übertriebene Düngung extrem erhöhten Nitrate, die im menschlichen Organismus durch Bakterien in Nitrite umgewandelt werden. Diese können wir nicht herausfiltern. Bei dem derzeit hohen Tiereiweißkonsum bilden sich aus den Nitriten massenweise krebserregende Nitrosamine. Zusammen mit in tierischen Produkten enthaltene Giftstoffe, vor allem die dem schnellen Wachstum dienenden oft täglich verabreichten Antibiotika und Hormone, ist das der Grund, weshalb Vegetarier weit weniger an Krebs erkranken als Fleischesser.

- Im Mineralwasser sind höhere Grenzwerte erlaubt als im Trinkwasser

- In mehr als 30 % der stillen Wässer befinden sich Krankheitskeime

- Dampfdestillieren entfernt Schwermetalle und anorganische Mineralien

- In Verbindung mit Eiweiß verwandeln sich Nitrate beziehungsweise Nitrite im Körper in krebserregende Nitrosamine

Ökologische Landwirtschaft zum Schutz des Grundwassers

Die industrialisierte Landwirtschaft ist maßgeblich an der Vergiftung unseres Trinkwassers, der Nahrung und der Luft beteiligt. Durch die zur Unkrautbekämpfung eingesetzten Herbizide entsteht nackte Erde zwischen den Pflanzen und folglich Bodenerosion. Dadurch kann der Ackerboden das Regenwasser nicht mehr halten, und es kommt zu Überschwemmungen und Verwüstungen. Der Grundwasserspiegel sinkt. Und der Steuerzahler finanziert fröhlich seine eigene Vergiftung! Denn 50 % des gesamten EU-Haushalts sind Subventionen für die Landwirtschaft. Der Wahnwitz ist, dass die Allgemeinheit erst für die subventionierte Überschussproduktion zahlt und dann für deren Vernichtung. Wozu wird der Boden durch künstliche Dünger ausgelaugt und ausgebeutet, wenn der Mehrertrag wieder vernichtet wird? Und wozu wird der völlig unnötige Ferntransport mit Milliarden subventioniert? Wie lange wollen wir uns diese Misswirtschaft noch gefallen lassen? Wehren wir uns mit unserer Kaufkraft gegen die Geldgier weniger, die hinter der Produktion giftiger Agrarprodukte steckt und stoppen wir die Selbstzerstörungstendenz verblendeter Menschen!

Das, was bei uns wächst und gedeiht, sollten wir nicht über lange Transportwege aus anderen Ländern einführen, weil es dadurch an Qualität einbüßt.

Würden wir unsere Agrarprodukte hauptsächlich aus der Region konsumieren, würden 80 % weniger Lkws unsere Straßen kaputt machen, unsere Luft verpesten und unser Wasser verseuchen

Das würde auch 80 % weniger durch übermüdete Fernfahrer verursachte Unfälle bedeuten, von unserer Angst beim Überholen der Brummis ganz zu schweigen. Doch der Steuerzahler finanziert auch noch den Stress und andere Gesundheitsprobleme, den die irrsinnige Globalisierung der Landwirtschaft verursacht. Natürlich wollen wir auf Ananas und Bananen nicht verzichten. Aber wozu soll es gut sein, jährlich 40.000 t Schweinefleisch nach Großbritannien zu exportieren und 35.000 t von der Insel wieder zu importieren? Und warum werden lebende polnische Schweine zum Schlachten und eisgekühlte Nordseekrabben zum Pulen nach Marokko gefahren? Und das bei 4 Millionen Arbeitslosen! Unterbinden wir diese Verschwendung von Ressourcen und pulen wir besser selber! Das garantiert uns wirklich frische Ware. Und wir müssen auch nicht belgische Hähnchen oder argentinisches Rindfleisch essen und Tierfutter für unsere Schweine aus der hungernden Dritten Welt beziehen. Abgesehen von der Perversität einer solchen Wirtschaft führt sie dazu, dass immer mehr Landwirte aufgeben. Dem Stress, immer preiswerter produzieren zu müssen, ist nicht jeder gewachsen. Noch weniger geht es spurlos an Bauern vorüber, wenn ihre von BSE und anderen Seuchen bedrohten Tiere getötet, wenn sie beschimpft und gar für die Agrarkrise verantwortlich gemacht werden. Wir alle haben diesen *Supergau der Landwirtschaftspolitik* (Franz Alt) mitzuverantworten.

Wenn wir alle Folgekosten der Massentierhaltung mitrechnen, sind ökologisch erzeugte Produkte preiswerter als konventionelle. Spätschädenkosten üblichen Ackerbaus und gängiger Viehzucht werden bei Ertragsvergleichen gern unter den Teppich gekehrt!

Zählen wir alle diese verkannten Aufwendungen hinzu, sind biologische Lebensmittel wesentlich preiswerter als konventionell erzeugte. Genauso wie atomare Energie zigmal teurer ist als erneuerbare[1]. Wir sollten uns über unsere Volksvertreter dafür einsetzen, dass auf Ferntransporte, ob auf der Straße,

---

[1] Wenn AKWs realistisch versichert wären, würde die Kilowattstunde mehr als € 1,80 kosten. Dies ergab eine im Auftrag des früheren Bundeswirtschaftsministers Jürgen Möllemann durchgeführte Studie des Fraunhofer Instituts. Genauso müssen die Folgen der menschlichen Sucht nach Fleisch in die Berechnungen mit einbezogen werden. Z. B. wird beim Erzeugen von 1 kg Rindfleisch 9 kg Getreide benötigt und beim Anbau desselben 200.000 Liter Wasser verbraucht! Durch die umweltschädigende Haltung von etwa 20 Milliarden Nutztiere auf der Erde, welche Treibhausgase erzeugt und wertvolle Ressourcen verbraucht, müssen täglich Zigtausende von Menschen in der hungernden Dritten Welt sterben.

zu Wasser oder per Luft eine entsprechende Ökosteuer erhoben wird. Von dieser Steuer könnten Chemiefacharbeiter umgeschult und Agrarchemiebetriebe in Produktionsanlagen für natürliche Düngemittel umgewandelt werden. Es ist doch wohl klar, dass uns dieser Industriezweig in die Agrarkrise geführt hat. Auch die Ackerböden großer Teile der Dritten Welt wurden durch die Folgen von Kunstdüngereinsatz verwüstet, die jetzt z. T. im Rahmen teurer Entwicklungshilfeprojekte durch moderne Wasserbewirtschaftungsmethoden wieder begrünt werden. Auch diese Folgekosten zeugen davon, wie günstig ökologischer Landbau in Wahrheit ist. Biobetriebe in Indien, Lateinamerika, USA, Tansania und Senegal beweisen dies, indem sie bereits höhere Ernteerträge erzielen als vergleichbare konventionelle Betriebe. Natürlich wird die notwendige Regeneration der Böden mit Kosten verbunden sein. Eingriffe in die Natur zahlen sich am Ende nie aus! Denken Sie nur an den unsinnigen Wasserbau. Die Flussbegradigungen haben Unsummen verschlungen. Da nun inzwischen erkannt wurde, dass sie Fischsterben, Überschwemmungen und erhebliche Schäden verursachen, verschlingen nun die Gegenmaßnahmen auch wieder horrende Summen. Hören wir auf, gegen die Natur zu arbeiten und verwandeln wir unsere schöne Erde nicht in eine öde Wüstenei. Um dies zu verhindern ist es notwendig, die Agrarreform rasch und konsequent durchzuführen.

Biokosterzeugung würde sich noch mehr rechnen, wenn die Bauern ihr Tierfutter und ihre Energie selber erzeugten!

So wie der Bauer Gerrit Boeijink aus dem niederländischen Barchen, der eine wassersparende Art der Nahrungsmittelproduktion betreibt. Er leitet an einem Ende seines 6000 m² großen Algenbeckens Schweinegülle ein und kann am anderen Ende fast reine Algenbiomasse entnehmen. Die wundersame Verwandlung von jährlich 3000 m³ Fäkalien geschieht durch Bakterien. Sie zerlegen die Gülle zunächst in ihre chemischen Einzelteile. Mit dem frei werdenden CO_2 und den Mineralien aus Schweinemist vermehren sich die Algen enorm. Die blaugrünen Winzlinge aus der Anlage liefern ca. 30 % des Schweinefutters (DER SPIEGEL 34/2000). Auch in allen Dörfern der Drittweltländer könnten Spirulinateiche umweltfreund-lich für Nahrung sorgen und den Hygienestatus hoch halten, da diese elegante Lösung auch das Abwasserproblem beseitigt.

Am 26.10.01 nahm ich am Seminar *Wege aus der Landwirtschaftskrise* der Odenwald-Akademie teil. Der Vortrag von Professor Stefan Scheu von der TU Darmstadt, Fachbereich Biologie, machte mich auf die Gefahr für unser Grundwasser und die dringende Notwendigkeit einer sofortigen Agrarwende aufmerksam. Denn pestizidverseuchte Böden enthalten kaum noch Wühler, die den Boden auflockern. Prof. Scheu hob hervor, dass in *ausgeräumtem Agrarland* (ausgelaugten Böden) *die Vielfalt an Gegenspielern von Pflanzenschädlingen, vor allem sog. Parasitoiden* (Vögel, Waldameisen, Fledermäuse), *stark reduziert* ist und auch der Samen- und Fruchtansatz abnimmt. Jedoch:

Rückzugslebensräume in Agrarlandschaften (3 – 10 Jahre alte Brachflächen, arten- und blütenreiche Wiesen und Weiden) sorgen für eine hohe Artenvielfalt an natürlichen Schädlingsbekämpfern und Bestäubern (Bienen u. a. Insekten)

Wichtig sei eine 2 cm dicke Streuschicht aus organischen Mulch- bzw. Streumaterialien (Reste aus Blättern und Wurzeln), in der sich Bodenpilze entwickeln, die ihre Nahrung von Wurmexkrementen beziehen. Diese Pilze liefern Nährstoffe für Pflanzen. Hier leben auch Tiere, die tiefer in den Boden dringen können. In der Streuschicht und dem 4 cm dicken, durch die Wühler geschaffenen *Porenraum* leben 90% der Organismen. Da alles in der Natur so wunderbar ineinandergreift, ist es unsere Pflicht, Leben zu erhalten und nicht zu vernichten. Manfred Wenz sprach schon vor mehr als 20 Jahren vom *Verbrechen am Humus* [1]. Er warnte vor Kunstdünger, Chemie und Pflanzenschutz als den Vernichtern von Humus, weil sie den Boden stark verdichten. Dadurch sind die Abschwemmungen so groß, dass kaum noch Wachstum möglich ist. Auch wird der Boden fast nur noch mit Kali, Phosphor und Stickstoff gedüngt, obwohl am Wachstum rund 100 Elemente beteiligt sind. Diese werden mehrfach von Würmern ausgeschieden. Siehe Fußnote!

Landwirte könnten natürliche Düngemittel selbst herstellen

Am besten im o. g. Algenteich. Die blaugrüne Alge Spirulina enthält etwa hundert hochkonzentrierte Nährstoffe, besonders die selten gewordenen Spurenelemente Selen, Zink, Lithium, Mangan, Germanium und Molybdän. Darüber hinaus bekämpft die Alge Schädlinge auf natürliche Weise. Der Vortrag von Dr. Hans-Peter Harrer, TUD, FB Material- und Geowissenschaften, bei dem es um den Vergleich konventioneller und alternativer Anbaumethoden ging, machte ebenfalls deutlich, dass ökologischer Landbau *Umweltprobleme verringert und das Grund- und Trinkwasser sowie die Nahrungsqualitäten der angebauten Pflanzen günstig beeinflusst.*

Der Boden im biologisch-dynamischen Landbau hat ein höheres Wasserhaltevermögen

und aufgrund der besseren Porenverhältnisse wird bei einem Wasserüberstau mehr Wasser schneller in den Untergrund abgeführt als beim konventionellen

---

[1] Humus ist nach Darwin *die durch den Verdauungskanal der Würmer hindurchgegangene und umgewandelte Erde.* Wenn sich genügend Regenwürmer im Boden befinden, bedarf es keiner zusätzlichen Düngung, da der Regenwurm wesentlich mehr Stickstoff, Phosphat, Kalium und andere Stoffe ausscheidet als er aufnimmt.

Landbau. Weitere Vorteile liegen in der *Verbesserung der Produktqualität durch Vermeidung von chemischen Pflanzenschutzmitteln.* Dabei wird auch die Gefahr, an Parkinson und anderen Leiden zu erkranken, verringert.

Wenn wir wollen, dass die jährlichen Ausgaben von 20 Milliarden Euro für die verfehlte Landwirtschaftspolitik künftig für Produktionsweisen bereit gestellt werden, die unserer Gesundheit, dem Grundwasserschutz, der Landschaftspflege sowie dem Umwelt- und Tierschutz dienen, dann müssen wir

unsere Macht als Verbraucher nutzen und Bioprodukte verlangen

Die Agrarwende könnte viel rascher vonstatten gehen, als von Renate Künast geplant. Statt 20 % bis zum Jahr 2010 könnten alle Höfe umgestellt werden. In Österreich war die Zahl der Biobauern in nur einem Jahr (1994/95) um 70 % gestiegen; das waren 15 % Biobauern gegenüber 2,5 % in Deutschland. Hätte sich die Agrarwissenschaft im selben Maße neu orientiert und Lehrstühle für eine nachhaltige Agrarökonomie geschaffen, könnten die Österreicher noch viel weiter sein. Eine wissenschaftliche Neustrukturierung ist wichtig für alle Länder, die vorhaben, die Landwirtschaft komplett auf ökologischen Landbau umzustellen. Auch sollten die wenigen verbliebenen Erfahrungen der Bauern nicht in Vergessenheit geraten. Anregungen zum natürlichen Landbau finden Sie in Barbara Simonsohns Buch: *Warum Bio? Gesunde Pflanze, gesunder Mensch* (2002) und in der Broschüre *Neue Chancen für die Landwirtschaft* der Bundesstiftung Umwelt, die es kostenlos bei der Bundesstiftung Umwelt gibt: An der Bornau 2, 49090 Osnabrück. Fax: 0541- 9633190; zentrale@dbu.de Aber vordringlich müsste die Subventionspolitik geändert werden.

Wäre es nicht sinnvoll und fair, statt Überproduktion zu vernichten, Biobauern steuerlich zu begünstigen?

Auch für Landschaftsschutzgebiete sowie Wald- und Naherholungsgebiete sollte ein fairer Ausgleich geschaffen werden. Denn sie sorgen für gute Luft und gesunden Freizeitaufenthalt. Das gilt ebenso für Länder, die kaum Umweltgifte produzieren. Im übernächsten Kapitel erfahren Sie, dass spezielle Algen nicht nur für immunstärkende Nahrungsmittel[1] mit niedrigem Wasserverbrauch sorgen, sondern auch unser Trinkwasser positiv beeinflussen.

---

[1] Von der nachweislich das Immunsystem stärkenden Alge Spirulina existieren weltweit unzählige Studien, die ihre unglaubliche Wirkungsvielfalt (Allergie, Arthritis, AIDS, Krebs...) bestätigen. Sie ist das am meisten untersuchte Nahrungsergänzungsmittel überhaupt. Entgegen aller oft beabsichtigter Fehlmeldungen in der Öffentlichkeit: Die Spirulinaalgen in Reinform - z. B. die Sorten von Marcus-Rohrer, Sanatur, Pure Planet oder Earthrise enthalten überhaupt kein Jod. Nur wenn bei der Tablettierung Spirulinapulver mit einem Meeralgenpulver gemischt wird, ist Jod darin zu finden. Falls Sie zu den Ungläubigen gehören, wie bis vor kurzem der Journalist Steffen Gerth, der seine Zweifel bei der Rezension meines Buches *Spirulina – Wundernahrung der Zukunft. Unglaubliche Heilerfolge mit der blaugrünen Alge* in der FAZ ausdrückte bzw. die Alge Spirulina

- Herbizidanwendungen führen zum Absinken des Grundwasserspiegels

- Der Steuerzahler finanziert seine eigene Vergiftung, den Wassermangel, die Überproduktion von Agrarprodukten und ihre Vernichtung

- Missachtung der Naturgesetze führt zu Flut- u. a. Umweltkatastrophen

- Reduzieren des Fleischkonsums ist gesund und schützt Tiere und Umwelt

- Weltweit beweisen Biobauern, dass sie höhere Erträge erzielen als konventionell erzeugende Landwirte

- Chemische Pflanzenschutzmittel führen zu Parkinson u. a. Krankheiten

- Eine Agrarwende erfordert die Neuorientierung der Agrarwissenschaft

- Das Wissen und die Erfahrung uralter Bauern muss erhalten bleiben

- Naturschutz- und Waldgebiete, die saubere Luft und reines Wasser bieten, sollten von industrialisierten Regionen einen finanziellen Ausgleich erhalten

Tierschutz ist Umwelt-, Wasser- und Menschenschutz

Die Größe und den moralischen Fortschritt einer Nation kann man daran messen, wie sie Tiere behandelt.

Mahatma Gandhi

Waren es unsere Proteste gegen das Schächten, dem rituellen Schlachten, bei dem die Tiere ohne Betäubung ausbluten, die dazu geführt haben, dass Deutschland den Tierschutz als Staatsziel ins Grundgesetz (Artikel 20 a) aufgenommen hat und künftig die natürlichen Lebensgrundlagen *und die Tiere* schützen will? Wichtiger als Gesetze zu ändern ist, dass sich die Menschen ändern. Vor kurzem schrieb ich an Det Kongelige Hoff Kronprinsessen Mette-Marits Kontor in 0010 Oslo Norwegen und bat die Kronprinzessin, sich für das internationale Walfangverbot einzusetzen, denn Norweger und Japaner halten sich nicht daran und rotten

---

platensis mit der Afa-Alge (Aphanizomenon flosaque) gleich setzte, informieren Sie sich doch einfach selbst über Spirulina bei: http://meta.rrzn.Uni-hannover.de. Heute ist das so einfach möglich, und es wird künftig schwierig sein, die Menschheit, wie in der Vergangenheit, auf dem Gebiet der Medizin weiterhin so brutal zu belügen. Am besten wird es sein, wenn Sie die Algen selber testen. Die Taschenpackung Spirulina (60 300mg-Tbl. für € 4,95) bzw. 180 Tbl. im Violettglas für € 15,30 (540 für 36,50) oder die Afa-Alge (120 250 mg-Tbl. für € 27,92) können Sie bei *Wellness Express* (03675-421991) beziehen. Oder 130 500 mg-Tbl. für € 51,05 bzw. 580 500 mg-Tbl. für € 184,40 bei Sanacell (030-398067-0).

weiterhin diese vom Aussterben bedrohten intelligenten Säugetiere aus. Vielleicht hilft es, wenn die sympathische Prinzessin ganz viele solcher Zuschriften erhält!

Je mehr wir uns für Tiere einsetzen, und je mehr vegetarische Produkte verlangt werden, desto weniger müssen unsere irdischen Mitbewohner, die wie wir fühlen und Schmerzen haben, leiden!

Am Beispiel der Hühner können wir uns bewusst machen, dass jedem einzelnen die Verantwortung zum Schutz der Tiere obliegt. Wer kennt nicht die Berichte von gestressten Hennen in ihren Hühnerknästen? Bei Umfragen sind 80 Prozent der Deutschen gegen die Batteriehaltung von Hühnern, aber nur 10 % kaufen Eier von frei laufenden Hennen. Das bedeutet, etwa 40 Millionen Hühner vegetieren in engen Käfigen vor sich hin, während rund 4 Millionen die Boden- oder Freilandhaltung genießen. Dabei dürften sich alle Bürger die in Billiglebensmittelketten angebotenen Freilandeier zum Preis von etwa 12 cts. leisten können; zumal diese ihrer Gesundheit zuträglich sind. Nur Hühner, die draußen Sonne tanken dürfen und dadurch Vitamin D und Glückshormone produzieren, enthalten, wie auch ihre Eier, kein Cholesterin, wie US-Studien beweisen! Tierschutz ist also auch Menschenschutz![1] In USA gibt es einen Spruch, der gut zu den oben genannten Widersprüchen passt: *Walk your talk! Was bedeutet:* Handle entsprechend deiner Worte. Irmgard Weth, die Autorin der Neunkirchener Kinderbibel, die ich kürzlich anlässlich des traditionellen Frühstückstreffens für Frauen in Michelstadt kennenlernte, sprach zum Thema *Hoffnung in einer bedrohten Welt* über die widersprüchlichen Botschaften, die unsere Kinder verunsichern. Natürlich spüren sie als *sensible Geigerzähler unserer Gesellschaft* die Verlogenheit auf. Aber sie spüren auch den Verlust der Hoffnung in unserer Risikogesellschaft. Wir brauchen aber Mut zum Hoffen und Handeln. Und Mut zum Widerstand. Wer sagt, dass wir mit der Mehrheit schreien müssen? Über das, was wir unseren Nachkommen vermitteln, über unsere Macht als Konsumenten und mit unserem Mut zu verantwortungsvollem Handeln können wir die Situation auf unserem Planeten nach unserem freien Willen verbessern.

Durch die Kraft unserer Gedanken können wir die Welt verändern!

Es ist nicht wahr, wenn Sie sagen: *Wir können gar nichts tun, wir kleinen Leute sind machtlos, die da oben machen ja doch, was sie wollen.* Denn alles was auf

---

[1] Tiere, die, und sei es nur für ein paar Minuten täglich, im Freien weilen dürfen, liefern uns cholesterinfreie Produkte, voller Energie und Biophotonen (Sonnenlichtteilchen). Wie soll in Erzeugnisse von Batteriehühnern und eingepferchten Milch- oder Schlachttieren Sonnenenergie hineinkommen? Glückliche Tiere und ihre Produkte sind natürlich für den Körper weniger belastend. Sollten Sie Zweifel an den artgerechten Bedingungen der Tiere haben, deren Produkte Sie kaufen, können Sie sich beim Verein für kontrollierte alternative Tierhaltungsform e.V. erkundigen: Tel.: 0228-9596-0 oder unter: www.kat-cert.de; Überall wo Sie das rote KAT-Zeichen (z. B. auf der Innenseite eines Eierkartons) sehen, wird auch kontrolliert.

der Erde entsteht, muss zuerst gedacht werden. Krieg und Frieden, Aufstieg und Fall, Gesundheit und Krankheit sind Ergebnisse menschlichen Denkens. Wenn zwei Menschen denselben Gedanken zur gleichen Zeit aussenden, vervielfacht er seine Wirkung. Schaffen wir also gemeinsam die Basis für eine bessere Welt! Vereinigen wir uns nicht im negativen Denken, indem wir uns Krimis und Kriege anschauen und uns über erfolglose Abrüstungsverhandlungen ärgern. Sondern erkennen wir die Macht und die Bedeutung der täglichen Gedanken für den Frieden. Nur darin liegt der Schlüssel zum Weltfrieden. Und

wenn wir unsere Verantwortung erkennen, können wir nicht mehr umhin, alles Leben zu schützen und zu achten

Dazu gehört auch, Bedingungen für Nutztiere zu schaffen, für die wir nicht ständig den Abwehrmechanismus der Verdrängung bemühen müssen, um nicht vor lauter Scham- und Schuldgefühle zugrunde zu gehen[1]. Dies kann von von heute auf morgen geschehen, indem Sie Biofleisch und Bioprodukte von artgerecht gehaltenen, nicht eingepferchten Tieren verlangen oder auf tierisches Eiweiß verzichten. Mit dem deutlichen Reduzieren unseres Fleischkonsums würde uns der Grundwasserspiegel keine Sorgen mehr bereiten. Denn:

Um ein einziges Kilogramm Rindfleisch zu produzieren, werden 200.000 Liter Wasser gebraucht

Kürzlich wurde im Fernsehen ein extrem übergewichtiger junger Mann gezeigt, der es gewohnt war, drei mal täglich eine Pfanne voll mit Fleisch zu essen.

---

[1] Hören wir auf, unser aufrichtiges Mitgefühl zu verdrängen und handeln wir künftig aufrichtig. Vielleicht hilft es uns und unseren animalischen Zeitgenossen, wenn wir **folgende Berichte täglich lesen**: Jedes 10. Huhn stirbt an Stress! Männlichen Schweinen wird bei vollem Bewusstsein der Hodensack aufgeschnitten, damit dem Fleischesser der penetrante Ebergeruch erspart bleibt. Wenige Tage alte Kälber werden von ihren Müttern getrennt und in hunderte von Kilometern entfernte Schlachthäuser transportiert. Viele sterben auf der Fahrt und die überlebenden werden mit Eisenketten halb tot geschlagen (Alt 2001, S. 149). Können Sie noch etwas mehr ertragen?

Hier das Interview eines Reporters der New York Times mit einem Viehzüchter, der über die Aufzucht von Kälbern spricht: Sehen Sie, man könnte fast sentimental werden wegen der kleinen Kerlchen. Wissen Sie, dass die Mutterkühe ihr eigenes Kalb aus einer Herde von mehr als tausend Tieren heraus kennen? Und haben Sie gewusst, dass, wenn wir die Kälber in die Transportpferche treiben, die Mütter draußen an den Zäunen stehen und in schrillen, bellenden Tönen schreien, Tönen, die eine Kuh sonst nie im Leben macht? Als wüssten sie, was da los ist. Manchmal stehen sie einfach da, eine Woche lang oder noch länger, wenn die Kälber weg sind, und fressen nichts. Manche kriegen eine ganz wunde Kehle vom vielen Bellen und können nicht mehr schlucken. Und dann muss man diese Mutterkühe irgendwann von dort wegtreiben, oder sie hungern sich zu Tode." (Goodman 1988, S. 104) Weinen Sie auch? Mir rinnen jedesmal von neuem Tränen über die Wangen, wenn ich das Interview durchlese. Und genauso wie die Kühe um ihren Nachwuchs trauern, trauern die Schafe um ihre Lämmer und die Schweine um ihre Ferkel. Natürlich haben Tiere Gefühle! Der Münchner Großmetzger Magnus Bauch sagt: Wenn ich heute eine ganz normale Hausfrau in den Schlachthof an die Tötungsrampe führe und sage, jetzt schauen Sie da mal 15 Minuten zu, die isst garantiert im nächsten halben Jahr kein einziges Stück Fleisch mehr." (Alt, 2001, S. 157). Die Schwingungen der tierischen Angst und des Schreckens nehmen wir natürlich beim Verzehr des Fleisches auch mit auf.

Das entspricht einem täglichen Wasserverbrauch von rund einer halben Million Liter (!), den dieser eine Mann verursachte. Zum Glück hat er nun die Ernährung umgestellt, schon viele Kilogramm an Gewicht verloren und fühlt sich bedeutend wohler. Hippokrates sagte vor fast zweieinhalb tausend Jahren:

Die Menschen bekommen von der schweren tierischen Kost viele ernste Beschwerden

Doch die Werbung der Fleisch- und Milchindustrie suggeriert uns, wir müssten tierisches Eiweiß essen, um Spitzenleistungen zu erbringen. Auch die klassische Ernährungslehre ist an der Verbreitung dieses Mythos beteiligt. Dabei werden aufgrund der Eiweißspaltung während der Verdauung im Magen-Darm-Trakt alle Aminosäuren gemischt freigesetzt. Der Organismus vermag überhaupt nicht zu unterscheiden, aus welchem Nahrungsprotein die zur Synthese von Körperprotein notwendigen Aminosäuren kommen (Ärztliche Praxis Nr. 20/8.3.1994). Erhitztes Fleisch führt zu Blähungen und stinkendem Stuhl. Dass solch eine Kost nicht vitalisiert, ist klar. Viele Untersuchungen bestätigen ja auch:

Vegetarier sind physisch und intellektuell leistungsfähiger und verfügen über mehr Ausdauer als Normalköstler

Carl Lewis, der erfolgreichste Leichtathlet der Olympischen Spiele, ist Vegetarier, ebenso der vierfache Mister Universum Bill Pearl und Paul McCartney. Auch Albert Einstein, Albert Schweitzer, Leonardo da Vinci, Thomas A. Edison, George Bernhard Shaw und Mahatma Gandhi ernährten sich vegetarisch. Wenn wir nicht umdenken, wird der Mythos von der Notwendigkeit, tierisches Eiweiß zu verzehren, in nicht allzu ferner Zukunft dazu führen, dass wir kein Wasser mehr haben.

Sollte nach der schockierenden Lektüre der Fußnote Ihr Mitgefühl für unsere animalischen Mitlebewesen in der Weise zu keimen beginnen, dass sie auf den Verzehr von Fleisch verzichten möchten, gebe ich Ihnen folgenden Rat als Ernährungswissenschaftlerin: Wenn Sie traumatisiertes Fleisch aller Art essen, ist die Gefahr groß, Ihrem Körper Schaden zuzufügen. Da es auch problematisch sein kann, übergangslos Vegetarier zu werden, ist es angebracht, sich ganz allmählich zu entwöhnen. Ich spreche aus Erfahrung; 1987 nach plötzlichem Fleischstopp litt ich unter Depressionen. Wer weiß schon, was passiert, wenn nach täglicher Zwangsmedikation (Antibiotika, Hormone ... werden oft prophylaktisch dem Tierfutter zugesetzt) plötzlich der Entzug folgt? Wäre es nicht ein Segen für die ganze Schöpfung, unserem Fleischwahn ein Ende zu bereiten? Von wegen Rinderwahn! Wir sind die Wahnsinnigen!

Ist es kein Wahnsinn, Milliarden verschlingende Massentötungen vorzunehmen, weil einige schwarze Schafe von Züchtern ihren Tieren Cocktails aus verendeten Tieren, Klärschlamm, Frittieröl, Altöl, Dioxin, Antibiotika, Hormone und Schwermetalle vorsetzen?

Rudolf Steiner machte schon vor fast hundert Jahren in seinem *Landwirtschaftlichen Kurs* darauf aufmerksam, dass Kühe verrückt werden wenn man ihnen Fleisch zu fressen gibt. Doch die Entwürdigung der Tiere durch artfremde Fütterung war nicht genug. Die gequälten Tiere, die mit der nachweislich entgiftenden und abwehrstärkenden Alge Spirulina hätten gesund gepflegt werden können, wurden getötet! Und mit ihnen Tausende gesunde.

Jede Krankheit hat mit der Vergiftung des Organismus oder des Geistes zu tun, und alles was benötigt wird, sind ausscheidende Maßnahmen und ein natürliches Leben. Hätten Rinder die Möglichkeit, auf einer Wiese Gras und Wildkräuter zu fressen, würden sie sich selber heilen können. Dass noch kein *Bio*rind irre geworden ist, können Sie als Beweis werten. Wie lange würden w i r in einem trostlosen dunklen 3 m² Stellplatz gesund bleiben? Artgerechte Tierhaltung erhält die Gesundheit der Tiere und erhöht Milchleistung und Fleischqualität. Wir brauchen doch auch Beschäftigung und Auslauf.

Wie würde es Ihnen gefallen, wenn Sie den ganzen Tag in ohnmächtigem Nichtstun erstarrt auf der Stelle treten müssten?

Was du nicht willst, das man dir tu, das füg auch keinem andern zu. Sofern Sie ohne Kuhmilch nicht leben möchten, können Sie nach Milch von *glücklichen Kühen* verlangen. Und wenn es Ihnen schwerfällt, auf Fleisch und Wurst zu verzichten, können Sie Produkte von artgerecht gehaltenen Tieren kaufen. Da solche Entscheidungen meist über den Geldbeutel getroffen werden, weise ich noch einmal auf den Naturkostvertrieb *Wellness Express hin* (Tel.: 03675 - 421 991; Fax 999). Denn Sie erhalten beim Kauf erstklassiger Bio- und Demeter-Produkte nicht nur gestaffelte Rabatte bis zu 20 %, sondern auch Empfehlungsbonusse für einen neu geworbenen Kunden. Wenn dieser z. B. jeden Monat für ca. € 75,- hochwertige Naturkost bestellt, erhalten Sie monatlich Ihren Empfehlungsbonus von € 12,50. Werben Sie mehrere solcher Kunden, haben Sie Ihre Gesundkost ganz umsonst und können sich auf ethische Weise auch noch ein Taschengeld verdienen. Da Fleischessen die Hauptursache von Umweltkatastrophen, wie Brandrodung der Regenwälder, Dürre, Überflutungen, Treibhauseffekt und Gülle ist, führt es zum Welthunger. Bei vegetarischer Lebensweise könnten zehnmal so viele Menschen ernährt werden. Widerspricht es nicht sogar gänzlich unserer Ethik, Fleisch zu essen? Sind wir nicht moralisch überzeugt, dass es falsch ist, Schwäche und Wehrlosigkeit anderer auszunutzen? Wer Haustiere sein Eigen nennt weiß, dass unsere animalischen Freunde wie wir glück- und leidfähige Wesen sind, deren Wohlbefinden davon abhängt, wie wir mit ihnen umgehen. Wir sollten eingefleischte Fleischesser statt mit einem Schinken, lieber mit dem Buch von Helmut F. Kaplan *Leichenschmaus – Ethische Gründe für eine vegetarische Ernährung* überraschen. Hätte ich es meinem Vater vor Jahren geschenkt, würde er möglicherweise noch leben.

**Würden uns die grauenerregenden Fakten in Verbindung
mit der Fleischproduktion öfters drastisch vor Augen
geführt, wären die meisten von uns bald Vegetarier**

Bestellen wir Biokost, müssen Landwirte, ob es den Bauernverbänden passt
oder nicht, die Agrarwende endlich ernst nehmen. Wir können damit weit mehr
als die von Frau Künast geforderten 20 % Naturkost über unsere Kaufkraft
erzwingen. Gutes tun lohnt sich, und die Genesung der Erde und der Schutz
unseres Grundwassers sollte vor allem anderen stehen. Unterstützen wir also
die Ministerin, die sonst in Brüssel bald einen Korbhandel aufmachen kann.

**Es bringt nichts, wenn wir uns immer nur auf Politiker verlassen.
Selbst ist die Frau und entscheidet, was in den Korb kommt!**

Wir Konsumenten können die vom Bundeskanzler geforderte *Abkehr von den
Agrarfabriken* erzwingen. Auch wenn unser Herz links schlägt, so ist die Hoffnung doch grün, und ich wäre froh, die Grünen würden mehr Sitze im Bundestag bekommen, damit es nicht mehr passieren kann, dass die Verankerung
des Tierschutzes im Grundgesetz von der CDU/CSU-Mehrheit verhindert wird.
Ebenso das Verbraucherinformationsgesetz - trotz Nitrofen-Skandal (!) - wie
auch unsere Mitbestimmung über Volksentscheide! Ich wundere mich sowieso, dass die Grünen nicht viel mehr Stimmen bekommen. Denn kürzlich wurde
im TV von einer Umfrage berichtet. Danach könnten alle Minister der Grünen
im Bundestag bleiben, wenn der Wähler die Regierungsmitglieder aus allen
Parteien zusammenstellen dürfte. Dies zeigt doch deutlich, dass die Bevölkerung mit der Arbeit der grünen Politiker zufrieden ist. Hier wird wieder dieselbe
Inkonsequenz der Bürger offenbar, die sie auch in Bezug auf die Eier an den
Tag legen.

- 80 % der Deutschen sind gegen Hühnerknast, aber nur 10 % kaufen Eier aus
  Freiland- oder Bodenhaltung; die meisten Bürger schätzen die Arbeit der Grü-
  nen-Minister, aber die wenigsten wählen Grün

- Wer weniger tierisches Eiweiß konsumiert, kann sich die Produkte von artgerecht gehaltenen Tieren leisten und braucht weniger Medizin

- Je mehr Fleisch wir essen, desto knapper werden unsere Wasserreserven

- Carl Lewis, der Olympionike mit den meisten Goldmedaillen, ist Vegetarier

- Reduzieren Sie den Fleischkonsum graduell. Denn wenn der Körper kein Antibiotika mehr erhält, könnte er mit Entzugserscheinungen reagieren

Bestimmte Algen reinigen unser Wasser

Die blaugrüne Alge Spirulina platensis bildet mit allen sauerstoffabhängigen Lebewesen eine Art Recycling-system. Denn sie braucht Kohlendioxid und setzt Sau-erstoff frei, während wir Sauerstoff brauchen und Kohlendioxid ausatmen. Da die schraubenförmigen Winzlinge auch auf Schwermetalle und Giftgase ganz scharf sind, eignen sie sich besonders zum entgiften. Überall wo sich verunreinigtes Wasser befindet, können sie eingesetzt werden. Vor kurzem kommunizierte ich mit dem Schweizer Forscher Jakob Wirz über dieses Thema, explizit über mit Fluor-salzen verseuchte Seen, die das Grundwasser gefährden. Wäre es nicht möglich, Aluminium produzierende Firmen und andere Umweltverschmutzer per Gesetz zu zwingen, ihre Schäden durch die Züchtung von Spirulinaalgen wieder zu bereini-gen, statt Flu(o)rschäden z. B. im schönen Wallis zu hinterlassen, um dann die Küste von Equador mit Giftabfällen *zur Strecke* zu *bringen?*

Die *Wunderalgen* mit ihrem *Powerhouse* an Antioxidantien machen Sauerstoffradikale den Garaus und verschlingen Schwermetalle und radioaktive Partikel!

Sogar die Qualität unseres Trinkwassers können sie erheblich verbessern. Denn sie wirken gegen Allergie, AIDS, Arthritis, Depression, Krebs und gegen eine Reihe anderer Gesundheitsprobleme. Ein Freund z. B. nahm gegen seine starken Rückenschmerzen dreimal täglich die stärkste Form des Schmerzmittels *Tramal* sowie *Valoron- und Novalgin*-Tropfen. Bei einem täglichen Spirulinakonsum von 3 x 2 Tbl. braucht er keinerlei Schmerzmittel mehr! *Das bedeutet:* Würden alle Leidende die harmonisierende und ausgleichende Alge verwenden, kämen er-heblich weniger Medikamente ins Trinkwasser. Letztere werden, wie Sie in Kapitel *Medikamente im Leitungswasser* lesen konnten, mit dem Urin ausgeschieden und können wegen fehlender Filter von den Kläranlagen nicht eliminiert werden.

Wie rein könnte unser Trinkwasser sein, nähmen wir alle Spirulina gegen Schmerzen und andere Symptome!

Warum wird dieses *Schweizer Armeemesser der Naturheilkunde* nicht in der Schulmedizin eingesetzt? Sie können es sich wohl denken: Die Tagesration von 3 x 2 Tbl. kostet ca. 40 cts. Eine indische Studie an Patienten mit einem Vorsta-dium von Zungenkrebs ergab sogar, dass nur 1 g Spirulina (ca. 15 cts.) ge-nügte, um bei 45 % der Teilnehmer innerhalb eines Jahres alle Krebszellen auszumerzen; in der Placebogruppe lag die Heilungsquote bei 7% (Meyer 2002).

Wie lange wollen wir noch zulassen, dass pharmazeutische und chemische Produkte unser Grundwasser, *das Blut der Erde*, verseuchen und unsere Lebensbasis bedrohen? Denken wir auch einmal an die vielen Patienten, die dem Cholesterinsenker und Herzinfarktvorbeuger der Firma Bayer zum Opfer fielen! Diese Menschen könnten heute noch leben. Denn Professor Becker aus Tübingen wies schon Mitte der Achtziger Jahre den cholesterinsenkenden Effekt der blaugrünen Mikroalge Spirulina nach. Und vergessen wir nicht *Contergan*, den damals *besten Tranquilizer für Schwangere*, auf dessen Bilanz 10.000 verstümmelte Kinder gehen. Wozu werden so viele chemische Medikamente gebraucht, außer dass sie die Taschen der Pharmazeuten füllen? Wenn Ärzte streiken und weniger Menschen sterben in dieser Zeit, bedeutet das etwa nicht, dass es zahlreiche durch den Arzt verursachte Leiden mit Todesfolge gibt? Meist infolge von Wechselwirkungen verschiedener Medikamente. Denn:

Mediziner sind mit dem Überprüfen der Nebenwirkungen von Arzneien gänzlich überfordert, weil es viel zu viele gibt!

Zu diesen iatrogenen, also durch den Arzt verursachten Krankheiten, zählen auch Candida-Hefepilzinfektionen nach Antibiotikagaben, wenn der Arzt es versäumt, die zerstörte Darmflora wieder aufzubauen.[1] Ebenso Impfkomplikationen nach Grippeimpfungen, vor allem aber nach Keuchhusten- und Dreifachimpfungen der Babys gegen Masern, Mumps und Röteln. Der berühmte amerikanische Kinderarzt Dr. Robert Mendelsohn nannte alle, die derartige *Heilmittel* anwenden, Quacksalber. Denn *es hat nie einen einzigen Impfstoff in diesem Land* (USA) *gegeben, der je einer kontrollierten wissenschaftlichen Studie unterzogen worden ist.* (Investigate April/Mai 2001). Würde eine solche Untersuchung das äußerst profitable, da regelmäßige Geschäft mit der Angst versauen? Satte Gewinne, die zur Verseuchung unseres Grundwassers beitragen und Menschen, Tiere und Pflanzen großen Schaden zufügen. Wir sollten keine Angst, sondern mehr Vertrauen haben! Vertrauen in uns selbst, in

---

[1] Wenn Sie lustlos, depressiv bzw. aggressiv sind, eine weiß belegte Zunge, chronischen Vaginalausfluss, vermehrten Harndrang, übelriechende *Winde* und Blähungen, Stuhlbeschwerden, Sucht nach Süßem, Gedächtnisschwäche, Verwirrtheit, Schlafstörunmgen und andere unspezifische, nicht einzuordnende Beschwerden haben, Ihr Arzt sie am liebsten zum Psychiater schicken würde, sie aber dann doch als Patient behält und Ihnen die Diagnose *vegetative Dystonie* verpasst, können Sie davon ausgehen, dass der invasive parasitische Candida-Hefepilz in Ihrem Körper herumwütet und Ihnen sämtliche Nährstoffe raubt. Vielleicht leiden Sie aber auch an einer Elektrosmog- oder Umweltgiftüberdosis und benötigen natürliche Entgifter, wie Clusterwasser, Wildkräuter oder Algen. Um sich vor Darmpilzen zu schützen, verwendet man statt starker Geschütze besser natürliche Antibiotika, z. B. Grapefruitkernextrakt, kolloidales Silber (keine Silbersalze!) oder 30%iges H_2O_2 plus Spirulina als Antioxidans. Und weil die Alge die Ansiedlung von Laktobazillen im Darm erhöht. Je mehr von diesen nützlichen Milchsäurebakterien sich in Ihrem Intestinaltrakt ansiedeln, desto weniger Platz bleibt für den Hefepilz.

die Natur. Wir brauchen keine Chemie; der Körper kann damit gar nichts anfangen und reagiert mit Krankheitszeichen, die der Ausscheidung dienen. Denn unser Schutzsystem ist dazu da, synthetische Stoffe aus dem Körper auszuscheiden. Wir brauchen keine chemischen Keulen, wir brauchen Wasser, reines, lebendiges Wasser!

- Algen reinigen Gewässer, indem sie Schwermetalle u. a. Gifte absorbieren

- Die Wundernahrung Spirulina heilt auf natürliche Weise, macht eine Menge chemischer Arzneien überflüssig und sorgt somit für besseres Trinkwasser

- Natürliche Antibiotika schonen die Darmflora und halten das Wasser rein

Wie effektiv sind Wasseraufbereitungsanlagen?

Wie in Kapitel *Medikamente im Leitungswasser* schon erläutert, sind Kläranlagen nicht in der Lage, bestimmte Antikrebsmittel, Antibiotika, Röntgenkontrastmittel und andere gefährliche Stoffe unschädlich zu machen. Auch die in der biologischen Abwasserreinigung eingesetzten Mikroorganismen stellen insofern ein Problem dar, als sie durch Antibiotika abgetötet werden können.

Die Schwäche chemischer Aufbereitungsprozesse zeigt sich vor allem an den Grenzwerten für Blei, Nitrat oder Cadmium, die für Säuglinge äußerst gesundheitsschädlich sein können!

Diese Schadstoffe können sich bei ungenügender Flüssigkeitszufuhr im Körper speichern. Hier wird offenbar, wie wichtig reines Wasser für den Organismus ist, um schädliche Substanzen auszuschwemmen. Das Problem ist aber, dass unser Trinkwasser selbst bei optimaler Wasserreinigung durch Kläranlagen und im Haushalt zusätzlich eingesetzter Filter für unsere Gesundheit nicht unbedenklich ist. Denn auch wenn das verseuchte Wasser durch Wiederaufbereitung chemisch gereinigt und von Bakterien befreit wird, weist es nach wie vor bestimmte elektromagnetische Frequenzen auf. Also *Schwingungen bestimmter Wellenlänge, die man exakt diesen Schadstoffen zuordnen kann, die je nach Wellenlänge abträglich oder schädlich für die Gesundheit sein können.* (Mensch&Sein 3/99, S. 26). Wie schon erwähnt, nimmt Dr. Ludwig an, dass Wasser die ihm einmal eingeprägten Informationen auf der Ebene bestimmter elektromagnetischer Schwingungen speichern und an andere Systeme, wie z. B. lebende Organismen, übertragen kann. Der Physiker stellte fest, dass das Wasser einer deutschen Großstadt, das vor der Ausmessung sogar zweimal destilliert worden war, eine sehr niedrige Frequenz von 1,8 Hz aufweist. Diese Schwingungszahl von mit Schwermetallen belastetem Wasser kann auch im

Krebsgewebe nachgewiesen werden. Es wäre interessant zu überprüfen, wie hoch in dieser Stadt die Krebserkrankungen im Vergleich zu anderen Städten ist.

Unser Trinkwasser ist also nicht so einwandfrei, wie uns oft eingeredet wird. Was Sie dennoch unternehmen können, um aus Ihrem gewöhnlichen Leitungswasser optimales Trinkwasser zu bekommen, erfahren Sie in Teil IV.

- Wasser enthält immer noch Informationen über Schadstoffe, mit denen es in Verbindung gekommen ist, auch wenn diese schädlichen Substanzen selbst chemisch und physikalisch herausgefiltert werden

- Die Frequenz von 1,8 Hz, die im 2 x destillierten Wasser einer deutschen Großstadt noch nachzuweisen war, ist auch im Krebsgewebe zu finden

- Wir sollten besser selber Maßnahmen ergreifen, um unser Wasser von Schadstofffrequenzen zu befreien

Reines Trinkwasser wird rar und teuer

Vor kurzem hatte ich einen eigenartigen Traum: Ich saß mit Prinz Charles an einem Caféhaustisch. Wir unterhielten uns über Metaphysik. Als die Bedienung kam, fragte er mich, was ich zu trinken haben möchte. Auf meine Antwort: *Stilles Wasser, Zimmertemperatur,* bemerkte der Blaublütige mit einem verschmitzten Lächeln: *Ach, bei den derzeitigen Wasserpreisen rufe ich doch lieber meine Mama an und frage, ob sie welches bringen lassen kann.*

Da ich kürzlich in einem Intercity umgerechnet € 3,-- für 0,2 l Wasser bezahlen musste, das entspricht einem Literpreis von ca. € 15 (!), könnte es sein, dass das reine Nass künftig teurer sein wird als Champagner, weil es gar zu rar werden könnte. Auch wenn die obige nächtliche Vision wohl kaum einer meiner prophetischen Träume war, die mir ab und an künftige Ereignisse aufzeigen, könnte es sich von der Thematik her doch so zutragen. Allerdings wird dieses Traumerlebnis eher eine Aufforderung sein, etwas darüber zu schreiben, wie wertvoll künftig das lebensnotwendige Nass zwangsläufig sein wird. Dieser komme ich hiermit nach:

Ihnen ist sicher bekannt, dass jedes Jahr Millionen Afrikaner vom Tod durch Durst bedroht sind. Auch in Kalifornien, Südspanien, Sizilien und vielen anderen regenarmen Regionen herrscht im Hochsommer Wasserknappheit, was sich am braunen Rasen in den Vorgärten bemerkbar macht. Die Bewohner von L. A. werden in der heißen Jahreszeit mit doppelt so hohen Wasserpreisen bestraft, sofern sie eine bestimmte Verbrauchsmenge übersteigen. Veranschaulichen wir uns nur einmal den Wasserverbrauch der Privathaushalte, der heute acht mal höher ist, als bei unseren Großeltern vor 80 Jahren. Das sind 124 Liter: 46 für Toilettenspülung, 52 für Baden und Duschen, 26 für Waschen und Spülen. Für Kochen und Trinken werden dagegen nur drei Liter pro Kopf gebraucht. In USA hat der Pro-Kopf-Verbrauch mit 400 Liter noch alarmierendere Ausmaße angenommen.

10 % des globalen Wasserverbrauchs fallen auf den alltäglichen Hausgebrauch. Noch verschwenderischer geht die Industrie mit dem wertvollen Nass um, die 20 % des Wasserbedarfs für Produktionsvorgänge verbraucht. Den Löwenanteil am Rohstoff Wasser verschlingt jedoch die Landwirtschaft. Diese Zahlen belegen die bittere Gewissheit, dass unser Wasser knapp wird.

**Die UNO geht davon aus, dass in 25 Jahren drei von
acht Milliarden Menschen an Durst leiden werden.
Die Konsequenz dieser Entwicklung ist:
Das *Blaue Gold* wird immer wertvoller!**

Firmen, die sich mit der Aktivierung, Aufbereitung, Entsalzung und Filtration von Wasser befassen, boomen. Wer solch katastrophale Zukunftsaussichten nicht hinnehmen möchte, kann sich per Aktien an Öko-Firmen (Wasser-, Solar- und Windenergie) beteiligen. Das Magazin *Der Aktionär* (9/2001 und 14/ 2001) hat das wertvolle Nass als Investition in die Zukunft schon öfters thematisiert. Nur sollte der Verkauf des Allgemeingutes Wasser an Energiekonzerne nicht Schule machen. Ich bedaure, dass sich die Stadt Worms vor kurzem dazu entschlossen hat. Denn bei der Privatisierung des uns allen zustehenden Lebenselixiers könnte leicht die Qualität der Profitmaximierung zum Opfer fallen.

- Wir verbrauchen heute acht mal
  mehr Wasser als unsere Großeltern

- Das meiste Wasser wird für Acker-
  bau und Viehzucht gebraucht

- Sorgen wir besser vor und investieren in die natürliche Wasseraufbereitung

IV. QUELLWASSERQUALITÄT DURCH WASSERAKTIVIERUNGS-TECHNIK

Anfang der siebziger Jahre schrieb Dr. Norbert Harthun, der von 1973 an im *Forschungskreis für Geo-Hydro-Biologie* mitarbeitete, in seinem Aufsatz *Wasser, der unbekannte Stoff: Es ist vielleicht gar nicht zu optimistisch anzunehmen, dass in einiger Zukunft auch zu Tode gequältes Wasser mit naturgemäßen Verfahren zu energiereicher Lebensfrische regeneriert (neu erschaffen) werden kann.*

Und recht hat er behalten. Denn, da ein biologisch hochwertiges Nass von der Qualität unbelasteten Quellwassers rar wird, haben sich etliche Wasserforscher, Entwicklungsingenieure, Hydrobiologen und Physiker mit der Frage beschäftigt, wie aus normalem Leitungswasser ein reines, lebendiges und lebenserhaltendes H_2O erzeugt werden kann. Wir können uns freuen, dass wir heute auf die Forschungskenntnisse von Nikola Tesla[1], Viktor Schauberger, Wilhelm Reich, Johann Tikale, Johann Grander, Wilfried Hacheney, Roland Plocher, Theodor Schwenk, Peter Gross und anderen zurückgreifen können. Jeder dieser Naturforscher und fortschrittlichen Physiker näherte sich den geheimnisvollen Eigenschaften des Wassers auf ganz spezielle Art. Indem er sich intensiv mit dem Phänomen der Wasserenergie befasste, entwickelte er Techniken zur Reinigung oder Aktivierung des Lebenselixiers. Damit lieferte jeder einen beachtlichen Beitrag zur Erforschung des dem Wasser innewohnenden Mysteriums. Der Bioresonanztherapeut Reinhold Will und viele andere

**Heilpraktiker empfehlen, das im allgemeinen energiearme
und schadstoffbelastete Trinkwasser nachaufzubereiten,
damit es gesundheitsfördernd wirken kann**

Urs Honauer hat sich intensiv mit der Energie des Wassers und ihren Pionieren befasst und aufgezeigt, was die Wasserpäpste bezüglich der Reinigung und Belebung des genialen Nasses bisher geleistet haben. Da er jedoch den von Peter Gross entwickelten Wasseraktivator noch nicht berücksichtigen konnte, weil er dieses Gerät erst nach Erscheinen seines Buches prüfen konnte, möchte ich mich auf diese Technik und auf ein weiteres feinstofflich arbeitendes System, den SUNRISE® WaterActivator, konzentrieren. Die Hersteller dieser Geräte halten das Filtern für überflüssig. Denn das durch feinstoffliche Verfahren strukturierte Wasser habe eine äußerst hohe Lösungsfähigkeit. Das bedeutet, dass die Wassermolekülhaufen alle Schadstoffpartikel umschließen, für unseren

---

[1] Nikola Tesla ist es übrigens zu verdanken, dass wir noch heute die Niagarafälle (s. umseitig) bewundern können. Denn ohne seine Wechselstromturbine, die 1895 beim *Niagara Falls power project* installiert wurde und die herabstürzende Wassermassen bändigte, wäre dies nicht möglich.

Körper unschädlich machen und ausschwemmen. Da der eine oder andere Verbraucher sein Wasser dennoch zusätzlich gefiltert haben möchte, stelle ich hier auch den MULTI PURE Trinkwasserfilter der Firma SANACELL vor, der das Wasser gleichzeitig grobstofflich und energetisch durch die SEIMEIBA-Lebensenergie-Keramik oder durch das ARKANUM-Gerät aufwertet. Die beschriebenen Geräte wurden von mir bzw. von Verwandten und Freunden getestet.

Die Aussagen vieler Produzenten von Wasserbelebungsgeräten sowie von Wasserprüfinstitutionen ähneln sich bezüglich der Beschaffenheit des belebten Wassers zu einem gewissen Grad, so dass am Ende sich doch jeder selber sein Urteil wird bilden müssen. Alle hier erwähnten Hersteller gewähren ein Rückgaberecht von 1 – 2 Monaten. Es mag zwar etwas mühsam sein, die jeweils geprüften Geräte wieder zurückzuschicken. Aber es handelt sich ja auch um Anschaffungen, die uns viele Jahre lang zu Diensten sein sollen.

Haben Sie Fragen oder Erfahrungen mit einem Wasseraktivierungssystem?

Wenden Sie sich bitte an: *Wasserforum Odenwald*
Am Rosengarten 3, 64720 Michelstadt.

Oder senden Sie eine E-mail: marianne-e.meyer@01019freent.de

Einfache Möglichkeiten der Wasserenergetisierung

Die wenigsten Bewohner unseres Planeten können sich regelmäßig an unbelastetem Bergquellwasser laben oder an reinem Gletscherwasser, wie z. B. die Menschen im Hunzatal. Dennoch können wir uns heute glücklich schätzen, dass uns die moderne Wasseraktivierungstechnik zu Hause ein strukturiertes Nass von der Qualität frischen Quellwassers bietet. Damit können wir beispielsweise schädliche Frequenzen der Nahrungsmittel und Getränke löschen, indem wir diese einfach zwanzig Minuten lang in das mit positive Frequenzen versehene Wasser eintauchen. Dabei können die Lebensmittel in den Verpackungen bleiben oder, wenn es sich um Obst oder Gemüse handelt, direkt ins Wasser gelegt werden. Vor allem ist es wichtig, alle Nahrungsmittel, die in Kühlhäusern, –schränken und –truhen aufbewahrt wurden, von ihrer negativen Ladung zu befreien. Sie können auch einen Krug mit energetisiertem Wasser in den Kühlschrank stellen. Ebenso gibt es Scheiben aus speziellen Mineralkompositionen, die im Einkaufskorb, auf dem Esstisch, unter ein

Getränk gelegt oder auf Reisen und ins Restaurant mitgenommen, für die Harmonisierung von elektrischen und elektromagnetischen Feldern sorgt. Dies schafft zum Beispiel die ActivatorDisk von SUNRISE® noch in einem Umkreis von über einem Meter. Seine regenerierende Wirkung auf wasserhaltige Nahrungsmittel lässt sich ausgezeichnet demonstrieren, wenn Sie mit einem schlecht schmeckenden Wasser die Vorher-Nachherprobe machen.

In Michelstadt haben wir Quellwasser, das durch eine UV-Anlage läuft. Natürlich schmeckt ein solches Wasser besser als gechlortes. Deshalb haben solche Tests wenig Aussagekraft. Allerdings war ich kürzlich auf einem von SUNRISE veranstalteten Seminar in Würzburg. Noch nie hatte ich vorher ein so eklig schmeckendes Wasser getrunken; es war sogar noch widerwärtiger als das Nass aus den Berliner Leitungen, so dass ich den Probeschluck sofort in einen Blumenkasten spuckte. Der Glaskrug mit diesem Leitungswasser wurde nun auf die Scheibe gestellt. Einige Minuten später schmeckte das Wasser zwar immer noch nicht wie das Odenwälder Quellwasser, aber es war angenehm süßlich und hatte nichts mehr von dem scheußlichen Nachgeschmack. Sie können auch mit einem billigen Wein die Vorher-Nachher-Probe machen. Eine ähnliche Wirkung wird der Tesla-Platte nachgesagt, die sich die Basisenergie des Universums bzw. die Freie Energie zunutze machen und auch das Körperwasser beleben soll. Ebenso verbessert die Weinspirale der Firma Lebensquelle (bei *Wellness Express* erhältlich) den Geschmack des Weines, der von den Benutzern als voller und abgerundeter bezeichnet wird. Sie können auch mit speziellen blauen Glaslinsen, Quarzkristallen, wie z. B. Rosenquarz oder Bergkristall und mit Blüten dem Wasser die geometrische Struktur zurückgeben. Wenn kleine Kinder baden, wühlen sie gewöhnlich erst mal mit beiden Händen im Wasser. Intuitiv wissen sie, dass sie es dadurch beleben. Sie können auch Ihr Trinkwasser zu einem gewissen Grad aktivieren, indem Sie es im Glas bewegen oder öfters von einem ins andere schütten.

Die Vorteile des belebten Wassers im Überblick:

- Aktivierung verbessert Geschmack und Geruch des Trinkwassers
- Es wird weicher, die Schadstoffinformationen werden gelöscht, so dass sie unserem Körper nicht mehr schaden können
- Belebtes Wasser bildet Molekülhaufen, die auch im Körper Schadstoffe umschließen, unschädlich machen und ausscheiden
- Es wirkt harmonisierend auf Menschen, Tiere und Pflanzen
- Clusterwasser zeigt positive Effekte bei Wassertherapien
- Die Haut trocknet nicht mehr aus, man braucht keine Cremes mehr
- In Rohren und Geräten (Kaffeemaschine, Bügeleisen) löst sich Kalk, wodurch Kosten für Entkalkungsmittel und –reparaturen wegfallen
- Das weichere Wasser reduziert den Waschmittelverbrauch
- Beim Baden hält der vermehrte Sauerstoffgehalt die Wärme viel länger
- Im Pool sorgt belebtes Nass für bessere Wasserqualität (weniger Chemie)

- In Teichen vermindert es Algen, baut Faulschlamm ab, aktiviert Mikroorganismen sowie Bodenlebewesen und unterstützt natürliche Regene-
  rationsprozesse

Wie wirken Wasseraktivatoren?

Wie in den vorangegangenen Kapiteln dargelegt, sind es nicht die schädlichen
Substanzen des Trinkwassers, die den Organismus belasten, sondern die ungünstigen Frequenzen dieser Schadstoffe. Informationsbelastetes Wasser kann
nun auf verschiedene Weise von negativen Frequenzen befreit werden. Einige
Verfahren bedienen sich des natürlichen Prinzips der Verwirbelung, das wir
von naturbelassenen Bach- und Flussläufen kennen. Das erste Gerät dieser
Art ist der Original-Martin-Wasserwirbler, den der Bauingenieur Wilhelm Martin
1972 nach Vorschlägen von Walter Schauberger entwickelte. Es wird direkt
auf den Wasserhahn vorgesetzt. Innerhalb des Gerätes strömt das Wasser
tangential und zentripetal von außen nach innen, wodurch sich ein Wasserwir-
bel bildet, der *rechtsdrehend* das Gerät als sanfte, weiche und frische Was-
serglocke verlässt.

In den letzten Jahren wurde die Wasseraktivierungstechnik aber immer
ausgefeilter. Das Wasser wird nicht nur gemäß seiner natürlich spiraligen Be-
wegungsform verwirbelt, es wird dabei auch chemisch gereinigt und einem
physikalischen Selbstreinigungsprozess unterzogen.

Nach der modernen Chaostheorie sind multiple Wasserwirbel erforderlich, um Wasser zu beleben

Messungen haben bestätigt, dass durch einen Mehrfachverwirbelungsprozess
die Schadstoffinformation bzw. die schädliche Frequenz gelöscht werden kann.
Wird das solcherart von seinem physikalischen *Fingerabdruck* gründlich gerei-
nigte Wasser noch mit nützlichen Naturfrequenzen, wie Morgen- und Abendröte, volles Mittags- und Vollmondlicht, den Schumannwellen[1], Planetenfrequenzen und anderen bekanntlich heilenden Naturinformationen befrachtet und
energetisiert, beginnt es in optimaler Weise wieder zu leben *und ist von aller-
höchster biologischer Qualität, wie sie beispielhaft das Verfahren mit dem
Original - GIE - Wasseraktivator (System Peter Gross) erreicht.* (Mensch&Sein
3/99, S. 26; siehe auch Kapitel *GIE-Wasser nach Peter Gross*)

*Mit Hilfe von drahtlosen Magnetfeldern ist es gelungen, Edelsteinschwin-
gungen, Farb- und Tonschwingungen und alle möglichen anderen in der Natur*

---

[1] Bei der sogenannten *Schumann-Resonanz* handelt es sich um die Eigenschwingung von Erde
und Atmosphäre von 8,23 Hz. Sie wird durch Wettervorgänge, wie z. B. Blitze angeregt und
pflanzt sich im *Hohlraum* zwischen Ionosphäre und Erdoberfläche fort.

vorkommenden nützlichen Frequenzen auf Körperwasser, aber auch auf gewöhnliches Wasser ‚aufzuschwingen' (ebd.). Lebendiges Wasser besitzt ein hohes Maß an Wechselwirkungsquanten, das heißt, es absorbiert Biophotonen. Diese winzigen Sonnenlichtteilchen gibt es in einem ständigen Austauschprozess wieder ab, wie dies etwa beim Lourdes-Wasser der Fall ist (ebd.). Biologisch hochwertiges Wasser muss gewisse günstige Frequenzen und Informationen enthalten, um dem Körper zuträglich zu sein.

Unsere Körperzellen brauchen das in Wasser und natürlich wachsender Nahrung gespeicherte Licht zur Verständigung

Diese zellulare und interzellulare Kommunikation hat Prof. Popp im Labor nachgewiesen, und er hat ein Verfahren entwickelt, bei dem die Lichtspeicherfähigkeit in Lebensmitteln und Wasser gemessen werden kann. Bleibt zu hoffen, dass auch die allgemeine Forschung sich möglichst bald diesem Phänomen zuwendet. Wie in Kapitel *Wie effektiv sind Wasseraufbereitungsanlagen?* dargestellt, gelingt es den Wasserwerken nicht, alle giftigen Substanzen aus dem Wasser herauszufiltern. Doch diese noch so minimalen Restwerte bedrohen unseren Organismus. Denn selbst in geringsten Spuren vorhandene Giftstoffe hinterlassen ihre ungünstigen physikalischen Frequenzen. Das Gedächtnis des Wassers speichert diese Giftinformationen, die sich äußerst schädigend auf unseren Organismus auswirken können.

Wasseraktivatoren mit Verwirbelungstechnik und oder speziellen Mineralkonfigurationen helfen dem Wasser, es in seinen ursprünglichen Zustand zurückzubringen. Dabei werden die Schadstoffinformationen gelöscht. Wie Sie in der unten abgebildeten Dunkelfelduntersuchung von Blut erkennen können, zeigt das aktivierte Leitungswasser eine klare Verbesserung der Blutqualität.

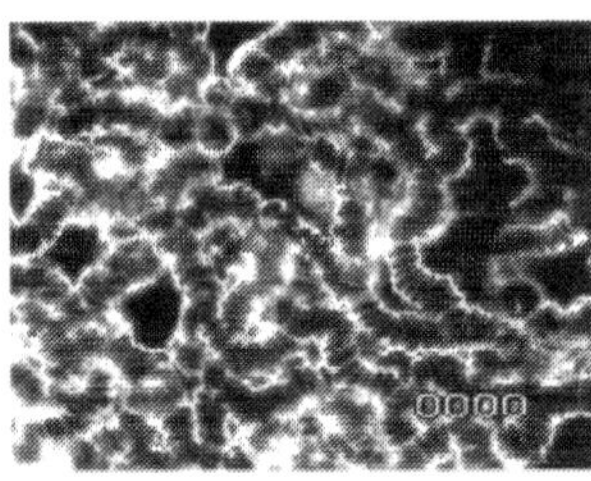

Basisuntersuchung
Vollständiges Verkleben
der roten Blutkörperchen

Dunkelfeld - Vitalblutmikroskopie
nach Enderlein mit Zeiss-Axioskop
vom 12.10.1998 durch Dr. med.
Manfred Doepp, Salzburg, Austria

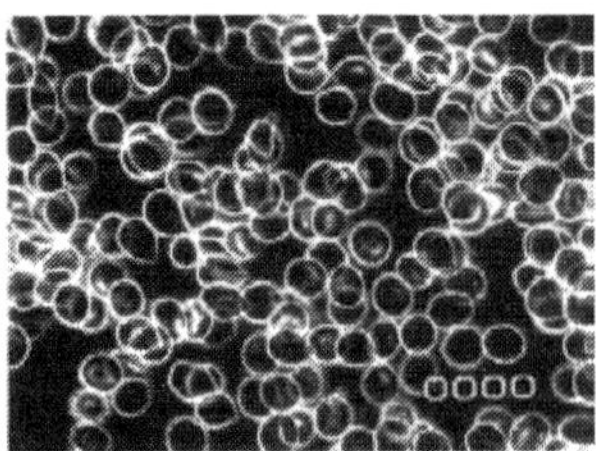

Nach Kontakt mit aktiviertem
Leitungswasser: Klare Verbesserung
der Blutqualität, Auflösung der Verklebung der roten Blutkörperchen

- Minimalste Spuren von Giften hinterlassen schädliche Frequenzen im H_2O

- Vom Gedächtnis des Wassers gespeicherte Schadstoffinformationen sind äußerst gesundheitswidrig

- Durch Mehrfachverwirbelung werden schädliche Frequenzen gelöscht

- Es ist möglich, gesundheitsfördernde Frequenzen, wie Edelstein-, Farb- und Tonschwingungen auf das Körperwasser aufzuschwingen

- Lebendiges Wasser, wie etwa das in Lourdes, absorbiert Lichtquanten und gibt sie in einem ständigen Austauschprozess wieder ab

GIE – Wasser nach Peter Gross

Peter Gross bezeichnet das GIE-Wasser als ein personalisiertes Heilwasser, das, mit etwa 10.000 Naturfrequenzen aktiviert, wie ein auf die Person abgestimmtes Heilmittel wirkt. Das würde bedeuten, dass Sie ein Glas GIE-Wasser in die Hand nehmen und sich dieses gemäß ihrem Zellwasser ändert.

Das nach Peter Gross belebte H_2O scheint genau zu wissen, welche Frequenzen notwendig sind, um unserem Zellwasser die Rückkehr zur ursprünglichen Eigenschwingung zu erleichtern

Es soll in der Lage sein, unser Körperwasser zu harmonisieren, unseren wahren Kern wieder zutage treten zu lassen und dabei gezielt Selbstreinigungs- und Selbstheilungsprozesse in Gang zu setzen.

Die materielle Basis der GIE-Wasseraktivierungstechnik besteht aus den folgenden 15 Wirkprinzipien, die in Seminaren erklärt werden. Das Geheimnis des geistigen Prinzips wird allerdings nicht gelüftet. Hier, sagt der Physiker, müsse die Messbarkeit genügen.

1 Aufgliederung des Wasserlaufs nach dem Eingang auf zwei Leitungsstränge (System P. Gross)
2 Verwirbelung durch Rotation des Wassers in Rohrwendelungen (System V. Schauberger)
3 Verwirbelung durch magnetverursachte Nord-Polaritätsausrichtung der Wassermoleküle mit plötzlicher Drehrichtungsänderung (System P. Flanagan) wie bei der Kernspintomographie
4 Permanentmagnetisch bewirkte Ionisation des Wassers

5 Permanentmagnetisch bewirkte Änderung der Kalkstruktur[1] = weicheres
   Wasser, ideal für die Haut und geringerer Waschmittelverbrauch
6 Verwirbelung durch 17-fache Druck-Sog-Zonen-Aufeinanderfolge im Tausend-
   stelsekundentakt (System P. Gross)
7 17 - fache Hochdruck-/ Tiefdruck-Zonen-Aufeinanderfolge im Tausendstel-
   sekundentakt zur bedingten (da durchflussabhängig), rein physikalischen Bak-
   terienabtötung (System P. Gross)
8 Verwirbelung durch den Aufbau starker elektromagnetischer Felder unterschiedlicher Feldlinienvektoren und der Durchsetzung derselben zwischen
   und in den wasserführenden Rohrleitungen infolge des Transports freier Ionen
   aufgrund des Fließens des Wassers bei Entnahme desselben ohne Verwendung von technischem Strom (System P. Gross)
9 Verwirbelung durch magnetisch verursachte Süd-Polaritätsausrichtung der
   Wassermoleküle mit plötzlicher Drehrichtungsänderung (System P. Flanagan)
   wie bei der Kernspintomographie
10 Informationsübertragung von 9.995 materiellen Naturfrequenzen.
11 Informationsübertragung von zahlreichen immateriellen Naturfrequenzen, wie
   Morgen- und Abendröte, volles Mittags- sowie Vollmondlicht, Frequenz der
   Erdpulsation (Schuman - Wellen 8,23 Hz mit einer Oberwelle von 9,05 Hz),
   Planetenfrequenzen, weißes Rauschen und andere Naturfrequenzen
12 Hochgradige Abschirmung gegen Auswirkungen von Elektrosmog (Gross)
13 Anreicherung des Wassers mit Sauerstoff (5-8 %) ohne Sauerstoffzugabe
14 Fünffache Orgonaufladung durch Schichtbauweise (System W. Reich)
15 Zusätzliche hochgradige Energetisierung des durchströmenden Wassers durch
   Verwendung ausschließlich achsgerichteten (= tachyomatisierten) Bauma-
   terials (System P. Gross)

Erfahrungen mit dem GIE – Wasser

Kurz nachdem ich mich entschieden hatte, das wartungsfreie Gerät zur Herstellung von reinem lebendigem Wasser auszuprobieren, fuhr Peter Gross zu einem Seminar der Dr.-Hartmann-Stiftung in den Odenwald. Bei dieser Gelegenheit

---

[1] Dass Kalk sich effektiv löst und ein widerwärtig schmeckendes gechlortes Wasser sich GIE-
energetisiert zum Kaffeekochen eignet, kann ich bestätigen. Vor eineinhalb Jahren wurde einem
Freund in seinem spanischen Anwesen eine GIE-Anlage installiert. Er ließ neues Wasser in den
Pool ein und war begeistert über das perlende Nass, das jegliches Eincremen nach dem
Schwimmen überflüssig machte. Allerdings habe ich bei unserem diesjährigen Besuch erfahren,
dass die Wirkung nach ca. 9 Monaten nachgelassen habe. Das Wasser schmeckt wieder
schlechter und ist nicht mehr so klar. Ich fragte bei meiner Rückkehr Herrn Gross, was da passiert
sein kann. Dieser konnte sich nur zwei Möglichkeiten denken. Entweder habe sich die örtliche
Wasserversorgung geändert, oder das nicht ordnungsgemäße Anbringen der Anlage in der prallen
Sonne habe sich auf die Plastikummantelung ausgewirkt. Denn die dringend angeratene Abde-
ckung war nicht geschehen. Bisher ist mir nichts bekannt gworden, dass bei den anderen in dieser
Gegend vor der Sonne geschützt installierten Geräten solche Probleme aufgetaucht sind; daher
kann die extreme Hitzeeinwirkung das Corpus delicti für die Qualitätseinbuße gewesen sein.

brachte er mir sein zylinderförmiges Wunderwerk selbst vorbei und installierte es gleich über der Badewanne. Es kann allerdings auch in der Nähe der Wasseruhr angebracht werden, damit aus allen Hähnen des Hauses Clusterwasser sprudeln kann. Der Ingenieur, Physiker und Wasserforscher zerstreute in seiner ruhigen Art meine Bedenken, das Gerät könnte eher dem Füllen seiner Taschen dienen als unserer Gesundheit. Auf die Frage, ob etwaige spätere Massenproduktion das Gerät nicht preiswerter machen könnte, erklärte er, dass die maschinelle Produktion des Mantels zwar möglich sei. Doch die unterschiedlich dicken Glastuben, die im Inneren wie Darmwindungen angelegt sind, müssen alle per Hand eingesetzt werden. Der anfangs hohe Anschaffungspreis von € 2.283,43 für den GIE-Aktivator, der ein Einfamilienhaus mit hochwertigem aktivierten Wasser versorgt, relativiert sich dadurch, dass keine Folgekosten, wie Filter, Wartung oder Strom, anfallen. Denn das Gerät ist völlig wartungsfrei. Sie können es über die Firma *Wellness Express* (Tel.: 03675-421991) beziehen, brauchen künftig keine Kisten mehr zu schleppen und tragen zur Regenerierung unseres Planeten bei.

Der Druck aus der Leitung presst das Wasser durch Glasröhren unterschiedlicher Durchmesser, so dass die H₂O-Moleküle platzen. Durch diese kräftige Bewegung wird das Wasser verwirbelt und mit Sauerstoff angereichert

Meine Mutter, die seit ihrer Kindheit unter Sauerstoffmangel im Blut (blaue Lippen) leidet, wohnte dem interessanten Privatvortrag des Entwicklungsingenieurs bei. Herr Gross empfahl uns, in den ersten 4 – 6 Wochen täglich ein Vollbad zu nehmen, um die Wirkung des modulierten Wassers zu maximieren.

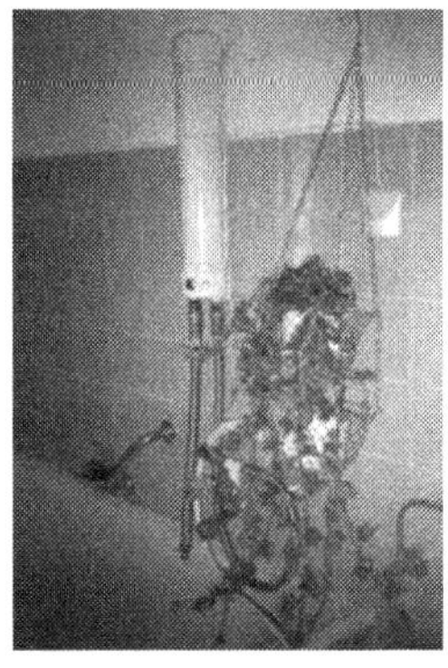

Erfahrungen meiner Mutter: Durch ihr Herzleiden musste meine Mutter seit der Kindheit mit Wasseransammlungen in den Beinen leben. Auch ihre Finger waren mal mehr mal weniger geschwollen. Etwa vier Wochen nach den Vollbädern dreimal pro Woche und dem Trinken von reichlich GIE-Wasser hatte sie keine Ödeme mehr. Einen Monat später fragte ihr Heilpraktiker Raimund Scharker nach eingehender Untersuchung erstaunt, was sie denn unternommen habe. Ihr Immunsystem sei noch nie so effektiv gewesen und er habe sie noch nie in einem derart guten Allgemeinzustand gesehen. Als sie von der GIE-Wasserkur berichtete, sagte der Naturheilkundige, dass er den Wasseraktivator nach Peter Gross kenne und schätze.

Eigene Erfahrungen: Ich trank mehr Wasser als sonst (6 - 8 Glas), da ich mehr Durst verspürte. Zuvor musste ich mich zum Trinken zwingen und vergaß es oft. Nun meldet sich mein Körper wieder ganz von allein. Erstaunt war ich darüber, dass ich beim Baden während der ganzen Dauer des Bades kein warmes Wasser zulaufen lassen musste. Herr Gross erklärte mir in einem persönlichen Gespräch, es habe damit zu tun, dass das Wasser aufgrund der gezielten Energiezufuhr im GIE-Aktivator durch die Mehrfachverwirbelung ordentlich geschüttelt wird. Und heute weiß man:

Die Temperatur von Flüssigkeiten im Glas
steigt nach 100 Schüttelbewegungen um 2 Grad Celsius

Folgend können Sie sich anhand verschiedener Erfahrungsberichte ein Bild über die Wirkungsweise des Wasserbelebungsgerätes machen. Da sich in den Briefen, die mir Peter Gross zur Verfügung stellte, die Erfahrungen der Anwender wiederholen, habe ich sie unter Verwendung der herausragenden Wirkungen des aktivierten Wassers auf die Gesundheit zusammengefasst; wenn die Telefonnummer angegeben war, wie z. B. bei Herrn Dr. E. Meier, habe ich mir die Heilungseffekte bestätigen lassen.

Der 58-jährige Agraringenieur und Baubiologe aus W. erlitt 1993/94 in kurzer Folge **mehrere Schlaganfälle**. Seine Adern hatten sich infolge sklerotischer Ablagerungen verengt, das Gehirn wurde nicht ausreichend durchblutet, so dass die Reaktions- und Leistungsfähigkeit stark eingeschränkt war. Die daraufhin folgende vierjährige Therapie konnte die Ablagerungen nicht entfernen. Im März oder April 1998 ergab ein Herz-check-up die üblichen schlechten Blutwerte; der Blutdruck lag bei 220/130. Im Mai 1998 erfolgte der Einbau des GIE-Wasseraktivators. Beim nächsten Herz-check-Up in Bad Nauheim knapp ein Jahr später wurde die gesamte Untersuchung mit dem ärztlichen Gutachten auf Video aufgenommen, das Herr Meier mit nach Hause genommen hat.

Der untersuchende Chefarzt konnte sich die extrem guten
Blutwerte (Hämatokrit 42 %) nicht erklären und wiederholte
die Blutabnahme insgesamt viermal!

Aber es blieb bei 42 % Blutdicke, die sonst nur bei Hochleistungssportlern vorkomme. Der Blutdruck hatte sich ebenfalls ohne Medikation auf 130/80 stabilisiert, die Herzleistung zeigte ausgezeichnete Werte. Die Verengung der Halsschlagader löste sich innerhalb von 11 Monaten fast völlig auf; der Blutdurchfluss war gut bis sehr gut. Dr. Meiers Bindegewebe und die Haut darüber sind erheblich straffer geworden und seine Rückenschmerzen konnten sich durch das festere Gewebe bessern. Seine Ernährungs- und Lebensgewohnheiten blieben unverändert. Er trank lediglich GIE-Wasser, auch in Form von Tee, Kaffee und Suppe. Etwa jeden 2. Tag nahm er ein Vollbad im dynamisierten Nass.

Frau M. litt unter starken **Krampfadern**, die nach einjähriger GIE-Wasseranwendung kaum noch zu sehen waren. Auch früher auftretende Wadenkrämpfe machten sich nicht mehr bemerkbar. Ihre Haut ist deutlich glatter und das Bindegewebe fester geworden. Die Lebensenergie der Mutter von vier

Kindern hat erheblich zugenommen. Die leichte Eisenmangelanämie, die sie seit 30 Jahren hatte, war nach 6 Monaten ohne Medikation behoben. Die Familie ist seit dem Einbau des GIE-Aktivators von Grippewellen verschont geblieben; Erkältungen sind nach zwei bis drei ausgiebigen Bädern überstanden.

Ein vierjähriger Junge mit einer um 1 ½ Jahre **verzögerten Entwicklung** (Zahnsanierung der Mutter während der Stillzeit), nahm täglich ein Vollbad in GIE-Wasser und trank 1 - 2 Liter. Die kurz zuvor von einem Zahnarzt durchgeführte kinesiologische Austestung auf Amalgam war positiv. Nach der 10-tägigen GIE-Wasserkur traten zahlreiche Quaddeln auf der Wirbelsäule, der Schulter und in der Nierengegend auf, die innerhalb von 14 Tagen abheilten. Seitdem entwickeln sich Motorik und Sprache gut.

Herr A. W. H. litt mehr als 20 Jahre lang an sehr trockener Haut mit starker **Schuppenbildung** am Haaransatz, die jeglicher ärztlicher Behandlung widerstand. Um seine feinen, dünnen Haare zu bändigen, bedurfte es größerer Mengen an Haarfestiger und -spray. 4 Wochen nach der Verwendung des GIE-Wassers war die Schuppenbildung verschwunden, die Haut fühlt sich nun wie frisch eingecremt an, und Herr H. braucht keine Haardressurmittel mehr, da sein **Haar fester und dicker** geworden ist. Außerdem ist er nun leistungsfähiger und kann Stress spielend leicht bewältigen.

Frau H. litt seit Jahren unter beruflich bedingten **schmerzhaften Verspannungen der Schultermuskulatur**, die von ärztlicher Seite nicht behoben werden konnten. 2 Wochen nach dem Einsatz des aktivierten Wassers (Duschen und Baden) waren Schmerzen und Verspannungen verschwunden.

Frau C. H. litt trotz optimaler Ernährung mit viel Obst und Gemüse und wenig tierischen Fetten unter **chronischer Müdigkeit** infolge schwacher Immunabwehr. Seit Jahren war sie mit **Viren- und Bakterienbefall** sowie mit chronischer Bronchitis behaftet. Vier Wochen nachdem sie GIE-Wasser trank, darin badete und alle Lebensmittel umstrukturierte (20 Min. in aktiviertes Wasser legen), fühlte sie sich wie neu geboren und erfreute sich - jugendlicher und schlanker geworden - über ihre kaum noch erkennbaren Altersflecken. Übrigens können Sie auch Brillen, Kontaktlinsen oder Zahnersatz im Wasser *entstrahlen*.

- Der vermehrte Sauerstoff des GIE-Wassers beeinflusst positiv Immunsystem, Stoffwechsel und Herz-Kreislauf

- Das energetisierte Nass befreit die Blutgefäße von Kalk, senkt den Blutdruck und strafft das Gewebe

- Mit GIE-aktiviertem H_2O sind grippale Infekte und Erkältungen sehr selten

- GIE-Wasser verhindert Wadenkrämpfe, stimuliert und hilft bei Eisenmangelanämie

- Das belebte Wasser leitet Quecksilber aus, sorgt für geschmeidige Haut und feste Haare, hilft gegen Verspannungen, chronische Müdigkeit und Bronchitis

Die SANACELL-MULTI PURE-Modelle

Die MULTI PURE - Modelle der Firma SANACELL werten das Leitungswasser gleichzeitig grob- und feinstofflich auf; grobstofflich durch die Reinigung des von der NSF[1]getesteten MULTI PURE-Kohleblockfilters und feinstofflich durch die SEIMEIBA - Lebensenergie-Keramik bzw. durch das ARKANUM - Gerät.

Der MULTI PURE - Kohleblockfilter von SANACELL stellt ein System dar, das erst seit kurzem auf dem deutschen Markt vertreten ist. In den USA wird es jedoch schon seit mehr als 33 Jahren hergestellt, in USA ist es führend am Markt und in US-Fachzeitschriften regelmäßig Testsieger. Das Leitungswasser wird dabei vom Druck des Wassernetzes mechanisch durch einen Aktivkohleblock gepresst und gefiltert. Während es, wie in der Natur die Gesteinsschichten durchdringt, wird es von festen Verunreinigungen, wie Bakterien, Pilzsporen, Legionellen, Schmutz-, Blei- und Kalkpartikeln sowie von Asbest und anderen Schadstoffen gereinigt. Ebenso werden gelöste Stoffe, wie Schwermetalle, Chlor, Industriegifte, Chlorkohlenwasserstoffe (CKW), Lösungsmittel und Pestizide sicher herausgefiltert. Die Reduktionswerte werden von NSF International, die im Auftrag des amerikanischen Gesundheitsministeriums die amerikanischen Normen für Wasserfilter entwickelte, geprüft und zertifiziert.

Der massive Aktivkohleblock aus zehn verschiedenen Aktivkohlesorten, wie z. B. Birne, Birke und Kokospalme liefert immer frisches, wohlschmeckendes Wasser, ohne Strom- oder Wasserverschwendung. Selbst gechlortes Wasser schmeckt vortrefflich. Bereits das kleine Tischmodell hat eine garantierte Filterleistung von 2250 Liter für alle Parameter. Die Filtrationsrate von Blei, Kupfer, Pestizide, Chlor, Giardia lamblia (Hundekotbakterien) und andere Schadstoffe liegt bei fast hundert Prozent. Der Geschmack ist mit Quellwasser vergleichbar. Prof. H. Rüden und Dr. M. Möritz führten im Hygieneinstitut der Freien Universität Berlin mit acht MULTI PURE - Geräten eine Langzeitstudie durch und bescheinigten dem so erzeugten Wasser eine hohe Qualität. Es zeigte sich keine Nachverkeimung. Dieses Ergebnis ist als sehr gut zu bewerten, da viele Filtersysteme die mikrobiologische Qualität des zugeführten Wassers verschlechtern. Daher empfiehlt das Institut dieses System für den normalen Haushalt und auch für Personen, die unter Immunschwäche leiden.

---

[1] Die *National Sanitation Foundation International* ist die erste unabhängige gemeinnützige Organisation, die in ihren Programmen und Dienstleistungen auch Aspekte der Sicherheit des öffentlichen Gesundheitswesens und der Umweltqualität berücksichtigen. Die Hauptaufgabe der NSF, so wurde mir in einem Telefongespräch (001-734-769-8010) mitgeteilt, ist das Überprüfen von Behauptungen der Hersteller von Trinkwasseraufbereitungsanlagen. Chemiker und Toxikologen untersuchen in mikrobiologischen Testlabors, ob die Produkte das begehrte NSF-Gütezeichen auch verdienen. Letzteres garantiert dem Kunden, dass die auf dem Produkt angegebenen Schadstoffreduzierungen auch wirklich zutreffen.

Ich benutze für meine Familie einen MULTI PURE – Kohleblockfilter der Firma SA-NACELL, schreibt die Erfolgsautorin Barbara Simonsohn. *Das Wasser steht immer zur Verfügung und schmeckt so lecker, dass ich leicht auf die empfohlene Trinkmenge von 2 bis 3 Litern täglich komme. Schon nach weniger als einem Jahr habe ich die Kosten wieder drin, weil ich die Ausgaben für Mineralwasser spare, bei einer vierköpfigen Familie immerhin etwa € 600,-- im Jahr. Und: Ich habe keine Mühe mehr mit dem Schleppen von Getränkekisten, und schone außerdem die Umwelt!*

Die feinstoffliche Belebung des Wassers erfolgt bei den SANACELL-Modellen entweder durch das Einlegen der aus japanischem natürlichen Mineralgestein gefertigten SEMEIBA – Lebensenergie-Keramik in das Gehäuse oder durch die sogenannte ARKANUM - Energetisierung. Das ARKANUM-Gerät erzeugt eine hohe Schwingung durch Bergkristalle und Pyramidenenergie und löscht auch die Information von Schadstoffen, also die physikalisch ungünstigen Frequenzen. Dr. Knapp konnte die Energiesteigerung durch Colorplate-Testgutachten nachweisen. Auch konnte durch die Kirlian-Fotografie eine starke Energiesteigerung im Körper demonstriert werden. Dr. med. I. Engler aus Österreich stellte beim ARKANUM - Wasser eine Reduzierung der Oberflächenspannung um ca. 10 % fest. Dr. I.-M. Kohfink maß die Energie von unbehandeltem Leitungswasser mit ca. 5.960 Bovis-Einheiten (BE)[1], das mit dem ARKANUM-Gerät energetisierte mit ca. 26.950 BE. Der Geschmack ist hervorragend und entspricht durchaus dem von Quellwasser im Gebirge.

Dipl.-Ing. Eckart Pinnow von SANACELL lässt derzeit das Wasser nach dem Durchfließen durch das ARKANUM-Gerät dem Emoto-Verfahren entsprechend analysieren. Übrigens konnte der japanische Forscher beim SANACELL - Konvent am 16. Juni 2002 in Berlin die Wirkung des Systems anhand von Wasserkristallen bestätigen (siehe unten).

Die SANACELL- Geräte erhalten Sie unter Tel.: 030-398067-0. Das kleine Tischmodell kostet € 325,70, das große € 532,75, für das gewöhnliche Untertischgerät zahlen Sie € 735,25 und für das Modell mit Messelektronik € 1.204,60. Hinzu kommen zur Energetisierung die Kosten für die SEIMEIBA-Scheibe von € 117,25 bzw. € 145,75 oder für das ARKANUM-Gerät in Höhe von € 337,65 bzw. € 804,25 oder € 1.150,30. Die Folgekosten pro Jahr liegen bei € 61,10 bis € 79,95 für einen neuen Ersatzfilter. Dadurch errechnet sich ein Literpreis von 2 bis 4 cts. pro Liter. Für € 59,25 gibt es ein kleines, preiswertes Handpumpen-Set für die Reise, das sich problemlos mitführen lässt und mit dem aus jeder Wasserentnahmestelle bzw. aus jedem Wasserbehälter Wasser durch einen Filter gepumpt werden kann. Sie haben 30 Tage Rückgaberecht, 25 Jahre Garantie auf den Corpus und 1 Jahr auf bewegliche Teile.

---

[1] Bei dieser Messung fällt mir auf, wie unterschiedlich doch das Wasser im Bundesgebiet ist. Das unbehandelte Michelstädter Trinkwasser hat mit ca. 20.000 BE eine hohe Schwingung. Da sich im Boden Buntsandstein befindet, ist dieses Quellwasser auch sehr weich. Es ist somit schwer für mich, Qualitätsunterschiede festzustellen. Daher haben die hier untersuchten Geräte Verwandte und Bekannte getestet, deren Wasser wesentlich härter ist.

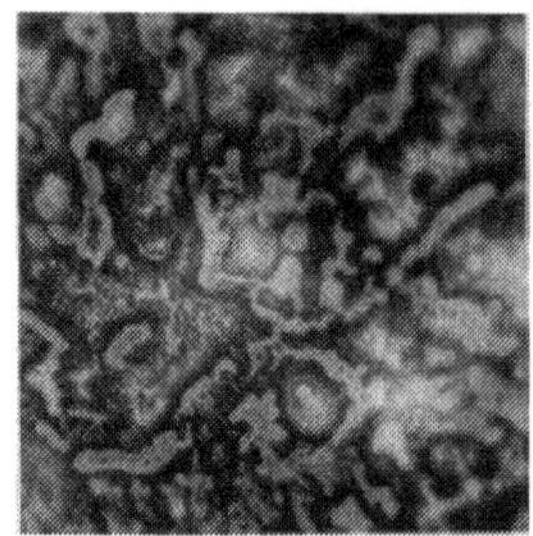

Bild links: Berliner Leitungswasser, ohne Filtrierung und Energetisierung keine Kristallbildung.
Bild rechts: Berliner Leitungswasser mit MULTI PURE Trinkwasserfilter und SEIMEIBA Energetisierung. Zitat von Dr. Emoto: *Ein perfekter symmetrischer Kristall entsprechend reinem, natürlichem Wasser, voller Lebenskraft und* Schönheit.

- Alle MULTI PURE Trinkwasserfilter sind NSF-getestet und von ca. 3800 Modellen die besten Filter auf dem amerikanischen Markt

- Das den Aktivkohleblock durchdringende Leitungswasser wird von festen Verunreinigungen, wie Bakterien, Kalk, Chlor, Asbest, Schwermetalle, Lösungsmittel und Pestizide gereinigt

- Die Sanacell-Geräte zeigten in der Langzeitstudie keine Nachverkeimung

- Die Arkanum - Energetisierung reduziert nachweislich die Oberflächenspannung und erhöht die Schwingungsfrequenz fast um das Fünffache

Der SUNRISE® WaterActivator

Dieses einfach zu montierende und absolut wartungsfreie Gerät zur natürlichen Revitalisierung und Aktivierung von Wasser basiert auf den Untersuchungen von Margareta Frings und wurde in langjähriger Forschungsarbeit für eine natürliche und sanfte Art der Trinkwasseraufbereitung entwickelt. Das Produkt arbeitet auf mineralischer Basis und nutzt unter anderem die natürlichen Resonanzeffekte verschiedener Mineralien in unterschiedlicher Korngröße. Es baut auf der Idee auf, dass die Feldwirkung spezieller Steine verstärkt werden kann. Die Wirkung der Feldkräfte, die aus der Quantenphysik erklärbar ist, können wir ständig im Alltag erleben. Beispielsweise entwickeln wir bei der Begegnung mit anderen Menschen positiv oder negativ beladene Felder. Sie können aber auch durch intensives Reiben der Hände ein Feld aufbauen. Das SUNRISE - Produkt besteht aus zwei Halbschalen bzw. einer Matte, die um die Wasserzuleitung gebunden wird. Fließt das Wasser durch das erzeugte Feld, erhält es die Impulse für eine Harmonisierung. In dieser Atmosphäre wird es wieder so aktiviert, wie es ursprünglich bei der Quelle war. Der Mitentwickler dieses Systems, Richard Wagner, betont, dass es nur mit natürlichen Wirkprinzipien arbeitet, ohne das Wasser in einer bestimmten Weise zu beeinflussen.

Es geht nicht um das Aufdrängen bestimmter Informationen, sondern um die Achtung des freien Willens und die natürliche Aktivierung der Selbstheilungskräfte

Der an einer beliebigen Stelle am Wasserrohr befestigte Wasseraktivator wirkt quasi wie ein Katalysator für die im Wasser selbst vorhandenen Kräfte. Dabei legt man bei SUNRISE die Annahme zugrunde, dass die Revitalisierung des Lebenselixiers mittels Resonanz möglich ist. Es müsste lediglich wieder zur Aktivität angeregt werden, so dass es die ihm innewohnenden Selbstheilungskräfte entfalten kann. Es wird also davon ausgegangen, dass die Information des lebendigen Wassers weiterhin gespeichert ist. Auch wenn die lebendige Wasserstruktur durch technische Eingriffe weitgehend zerstört worden ist, sei sie lediglich inaktiv, ebenso die im Wasser vorhandenen Feldkräfte. Die Wiederbelebung nach dem Resonanzprinzip, bei dem das mineralische Produkt ein höchst wirksames ordnendes Feld bilde, ermögliche den Wassermolekülen, sich wieder zu geordneten, komplexen Clusterstrukturen zu formieren. Um das Wasser wieder zu beleben, müsse nichts hinzugefügt werden, auch keine speziellen Informationen, ob über Wellen bzw. Strahlen locker imprägniert oder über Mikrochips haltbar einprogrammiert.

Die Qualität des mit dem SUNRISE WaterActivator behandelten Wassers – und folglich der positive Einfluss auf die Gesundheit – wurde von verschiedenen unabhängigen Instituten und Wissenschaftlern bestätigt. Der Facharzt für nukleare und holistische Medizin Dr. med. Manfred Doepp untersuchte verschiedene Wässer mit dem Diagnosesystem PROGNOS. Hier möchte ich Ihnen zeigen, dass es auch noch andere diagnostische Verfahren in der Medizin gibt[1]. Bei diesem werden, während der/die Proband/in nacheinander die verschiedenen Wässer in die Hand nimmt, die Auswirkungen auf den Energiezustand untersucht. Dieser wird mittels Hautwiderstandsmessungen an 24 Endpunkten der Meridiane registriert. Der Nuklearmediziner konnte dem SUNRISE-aktivierten Salzburger Trinkwasser jedes Mal die beste oder zweitbeste Wirkung von allen Wässern attestieren. Zu den weiteren untersuchten Wässern gehörten u. a. das Grander-Wasser, das Hunza-Wasser und Volvic.

Bei einem 57-Jährigen Probanden, der einen Energiedefizit von 10 %, leichte Yin-Schwäche, Milz -Pankreas verstärkt betroffen und eine Asymmetrie der Nieren mit linksseitiger Verkrampfung aufwies, zeigte sich, dass das SUNRISE-Wasser auf kein Organ negativ wirkt. Es verbessert den Energiezustand am besten und harmonisiert vor allem den Zustand der Nieren, überfordert weder die Leber, noch unterdrückt es das Immunsystem oder reduziert die Körperenergie. Es wirkt sich auch nicht negativ auf das Lymphsystem aus.

Neben dem radiästhetischen und dem chromatographischen Messverfahren wurde dem SUNRISE-Produkt durch die von Prof. Quiao Gu im Biophotoneninstitut von Prof. Fritz-Albert Popp durchgeführten elektroluminiszenten

---

[1] Die gesetzliche Krankenkasse *Securvita* (Tel.: 0800-600 3333) bietet Wahlfreiheit zwischen Schulmedizin und seriösen Naturheilverfahren, überdurchschnittliche Leistungen, zeitsparende Abwicklung über Internet-Filialen und besondere Versorgungsangebote. Wenn wir kein besseres Gesundheitssystem bekommen, können wir es durch die Wahl der Krankenkasse verändern.

Tests die Verbesserung der Wasserqualität bestätigt. Auch Dr. David Schweitzer, der den HLB-Bluttest in der Weise weiterentwickelte, dass er Krebs im Vorstadium sowie Pilzinfektionen schon im Blutbild ausmachen kann, demonstrierte eindrucksvoll, dass aktiviertes Wasser im Gegensatz zu normalem Leitungswasser komplexe Molekülhaufen bildet. Im folgenden HLB - Test sehen Sie, wie das Wasser mit dem SUNRISE WaterAktivator revitalisiert wurde.

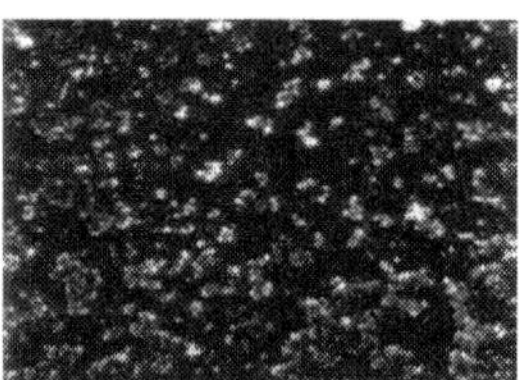

Dieses Londoner Leitungswasser ist unstrukturiert und hat keine bzw. nur eine schwache Photonenstrahlung

Mit dem SUNRISE- WaterActivator energetisiert, zeigt das Wasser eine verstärkte Photonenstrahlung und eine komplexe Clusterstruktur

Weitere Untersuchungen, wie z. B. im Labor für Kristallisationsanalyse mit der Hagalis-Spagyric-Methode, bestätigten dem SUNRISE-aktivierten Wasser die Qualität von natürlichem Quellwasser.

Die zwei emaillierten Halbschalen aus Mineralien werden einfach eventuell in der Nähe der Wasseruhr um das Rohr gelegt und mit dem beiliegenden Kabelbinder befestigt. Das Gerät bedarf keiner Wartung; für € 670,-- gibt es die Schalen, für € 265,-- die Matte[1] und für € 100,-- die ActivatorDisk. Die Garantiezeit läuft nach zwei Jahren ab. Das Rückgaberecht beträgt 2 Monate. Zu beziehen über: Tel. 0931-322 8 322

Im Tampines-Heim für geistig Behinderte in Singapur war im September 2000 ein SUNRISE-Gerät angebracht worden. Nach drei Monaten waren die Bewohner des Heimes frei von Obstipation (Verstopfung). Sie waren ruhiger, heiterer, gelassener und zogen sich weniger Krankheiten zu. Die Leiterin des Heims Maj Ho Mun Loong berichtete, dass die Akne der Haut ihrer Bewohner sich klärte und die Moral ihres Personals sich erheblich verbesserte.

---

[1] Die Matte hat die gleiche Funktion wie die Halbschalen; nur ist sie für ein kleineres Rohr (1/2"), also für kleinere Wassermengen konzipiert. Für Leute, die kein eigenes Haus haben oder keinen Zugang zur Hauptleitung, ist diese Lösung gedacht. Sie kann unter der Spüle angebracht werden oder in einem Reisemobil.

- Der SUNRISE-WaterActivator besteht aus zwei Halbschalen verschiedener Mineralien, die um die Wasserleitung gelegt werden

- Das Gerät wirkt wie ein Katalysator der im Wasser vorhandenen Feldkräfte

- Radiästhetische, chromatographische und elektroluminiszente Tests bestätigen dem SUNRISE System eine Verbesserung der Wasserqualität

- Normales Leitungswasser, das mit dem SUNRISE-Produkt revitalisiert wurde, bildet komplexe Molekülhaufen

- Das Hagalis-Spagyric-Verfahren bestätigt dem SUNRISE-aktivierten Leitungswasser die Qualität von Quellwasser

Anwendungsbeispiel von magnetisch behandeltem Wasser

Kurz bevor ich das Buch zum Drucken geben wollte, kontaktierte mich Michael Graf Strachwitz, da er plant, eine Spirulinaproduktionsanlage zu bauen und einige Fragen an mich hatte. *Zufällig* ist der Graf Wasserströmungstechniker und hat ein Verfahren für die Anwendung der magnetischen Aktivierung des Wassers erfunden, das er 2001 beim Quelle-Institut für Warenprüfung in Nürnberg in einem halbjährigen Dauertest unter der Prüfbefundnummer 29052001-85948 mit großem Erfolg testen ließ. Da ich bisher noch keine unabhängige Studie der vorgestellten Geräte zur Wasseraktivierung darüber nachweisen konnte, dass Heizflächen von Kalksteinbildung freigehalten werden, hole ich dies hiermit nach. Graf Strachwitz besuchte mich gleich am nächsten Tag, um mir seine Technik zu erklären. Ich werde Ihnen die Einzelheiten, wo die Magnete sitzen und wie sie funktionieren, ersparen. Der Test des unabhängigen Prüfinstituts bestand darin, dass zwei Waschmaschinen, eine herkömmliche und eine umgerüstete, während 500 Waschvorgängen mit kalkhaltigem Wasser getestet wurden. Dabei wurden Frottierhandtücher ohne Waschmittel gewaschen. Der Testerfolg bestätigte die Wirksamkeit des eingebauten Systems. Dessen durch Fotos bestätigte Vorteile sind:

1) Mit magnetischer Wasserenthärtung sind keine Entkaltungsmittel notwendig
2) Die Waschpulvereinsparung durch Oberflächenentspannung beträgt bis zu 40 % je nach Wasserzusammensetzung
3) Die Waschmaschine bleibt wesentlich hygienischer; keine Ablagerungen von Waschmittelresten in den Faltenschläuchen; im Gegensatz zum konventionellen Waschautomaten bleiben die Heizstäbe frei von Kalkablagerungen
4) Die Wäsche wird optimal ausgespült, so dass Dermatitiskranke bzw. Hautallergiker nicht unter den Waschmittelresten in der Wäsche zu leiden haben

Leider konnte sich Quelle bisher nicht durchringen, die Serienproduktion zu reali-
sieren, obwohl diese hocheffiziente Anspültechnik mit magnetisch behandeltem
Wasser seit Jahren Anwendung in der Waschmaschinentechnik findet. Es
existieren etwa 50 Waschmaschinen, die bisher mit diesem System für umgerechnet knapp € 180,-- ausgestattet worden sind, und die Kunden scheinen
mehr als zufrieden zu sein. Denn ihre Mundpropaganda hat bei den Konstruk-
teuren eine Anfragelawine ausgelöst. Doch aus räumlichen und zeitlichen
Gründen können die Kunden nicht mehr bedient werden. Außerdem wäre es
preiswerter, würde man die Waschmaschinen schon vom Werk her umrüsten.
Die Prüfer von Quelle schätzten, dass ein Waschautomat für € 450,-- ca. € 80,--
mehr kosten würde. Sollten Sie an dieser Technik, die bereits im Wiesbadener
Klärwerk sowie in Kurkliniken und Rehazentren angewendet wird, interessiert
sein, wäre es ratsam, Ihre Anfrage an das Wasserforum zu richten (Adresse
auf Seite 127). Durch Eigeninitiative können wir Veränderungen erzwingen!

Nachbemerkung

Warum schrieb ich dieses Buch? Wir alle sind hier auf Erden, damit wir unsere
Kreativität nutzen, um die Welt ein wenig besser zu machen. Jeder ist mit einer spezifischen Aufgabe und einem besonderen Talent gekommen. Ich nutze
meines, um Ihnen Wege zu einem friedlichen Miteinander aufzuzeigen. Nachdem Johann Tikale hinüberging, wurde ich in Form von Berichten, Büchern
und verbalen Informationen regelrecht mit dem essentiellen Nass überschüttet.
Daher glaube ich, den Auftrag, dieses geistige Kind zu gebären, aus der immateriellen Welt bekommen zu haben. Das Buch will Ihnen etwas lehren, das
Ihrem Leben eine neue Richtung geben kann. Und es will Sie auffordern, die
Wahrheit vom Krist-All, vom All-Bewusstsein zu verbreiten und damit dem Wohl
der Menschheit, unseres Ernährerplaneten und allem Lebendigen zu dienen.
Goethe sagt dazu: *Man muss das Wahre immer wiederholen, weil auch der Irrtum
um uns immer wieder gepredigt wird, und zwar nicht nur von einzelnen, sondern
von der Masse, in Zeitungen und Enzyklopädien, auf Schulen und Universitäten.*

**Es werden viele Lichtarbeiter als Retter in der Not benötigt, um
den Menschen die Herzen zu öffnen, damit sie in der Aufführung
ihres Lebens ihren vorgesehenen Part spielen können!**

Folgende Worte klangen kürzlich ganz deutlich aus meinem Inneren: *Das
Materielle wächst aus dem Nichts – die Saat ist der Gedanke.* Da ich schon
lange nicht mehr an Zufälle glaube, werde ich mich in diese kanalisierte Botschaft vertiefen: Wir sind die Schöpfer unserer Realität, davon zeugen nicht
nur die Emoto-Bilder. Wenn unsere Gedanken sich ständig auf etwas Bestimmtes richten, ziehen wir es buchstäblich an, wie in den folgenden Anlei-
tungen zum schöpferischen Gestalten unserer Wirklichkeit klar dargelegt wird.

Was sagt uns das Foto der NASA mit den riesigen auf die Erde fallenden Schneebällen? Werden wir erkennen, welche Botschaft uns dieses wahrhaftige Geschenk des Himmels übermitteln möchte? Werden wir bald wissen, wer wir hinter der Maske unseres Egos wirklich sind und woher wir kommen? Wieso erfahren wir erst jetzt von alledem? Hat es mit dem Brodeln unseres in Bedrängnis geratenen Planeten zu tun, mit dem notwendigen Erneuerungs- und Läuterungsprozess? Das Verbrechen gegen die Natur, die Zuspitzung der Umweltskandale, das Unrecht gegen die Tiere, die beängstigende Ausbreitung der Gewalt auf der Straße, in den Schulen und in den Familien zeugt davon, dass das Fass kurz vorm Überlaufen ist. Die derzeitige *Sündflut*, die Terroranschläge, die Eskalation im Nahen Osten, die Gefahr eines Dritten Weltkrieges deuten auf folgendes hin: Das Chaos ist schon so weit fortgeschritten, dass die naturgesetzmäßig sich daraus entwickelnde Ordnung nicht mehr lange auf sich warten kann. Durch den unglaublichen Terroranschlag auf die Weltmacht USA und die verheerende Gewalt des in Aufruhr geratenen Wassers wird uns die Relevanz zwischenmenschlicher Beziehungen bewusst. Nichts passiert ohne Grund. Bei dem großen Erdbeben in L.A., das ich hautnah miterleben konnte, ist mir klar geworden, dass wir Menschen in Krisenzeiten unser wahres Wesen zeigen. *Edel sei der Mensch, hilfreich und gut.* Jesus, Mohammed, Buddha und andere Erleuchtete haben uns den Weg zum Aufstieg und zur Glückseligkeit gezeigt.

Wir können nicht mehr so weiter machen, wie bisher!
Wir müssen endlich der Wahrheit offen ins Gesicht sehen!
Das Wasser zeigt uns, wer wir wirklich sind!

Unsere Gesellschaft ist heute so, weil wir sie so erschaffen haben! Wir suchen die Schuld bei denen, die *alles mit uns machen.* Aber in allem, was wir tun und zulassen, spielen wir eine wesentliche Rolle. Denken Sie an die oft unnötig eingenommenen Medikamente, die, mit dem Urin ausgeschieden, unser Trinkwasser verseuchen! Oder an die pestizidverseuchte Erde, weil wir zu wenig nach Biokost greifen. Doch wir beklagen uns über das üble Leitungswasser und über die katastrophalen Überschwemmungen. Womöglich waren es wieder einmal die Dramaturgen aus der geistigen Welt, die 2 Wochen vor dem Weltgipfel für nachhaltige Entwicklung das Wetter in Europa haben Kapriolen schlagen lassen. Sollen die Fluten den Teilnehmern der größten UNO-Konferenz in der Geschichte dramatisch das Ergebnis der Erderwärmung vor Augen führen? In den letzten 20.000 Jahren ist die Temperatur um 4 Grad gestiegen, in den letzten 100 Jahren um 0,7 Grad! Es ist also höchste Zeit, einen gesünderen Kurs einzuschlagen und unsere Liebe zur Natur wiederzuerwecken. Dann können wir auch wieder zu uns selbst finden.

Je mehr Menschen erkennen, dass sie in Wahrheit mit der Harmonie der Liebe schwingen, desto eher ist auch dem Terrorismus der Nährboden entzogen. Indem wir uns alle als desselben Geistes Kinder begreifen, können wir gar nicht anders, als friedlich gegen Not und Ausbeutung und für eine sozial gerechtere Welt zu kämpfen. Und bevor dies nicht geschieht, werden wir keine Ruhe haben. Übrigens soll am 25. Juli 2003 ein Friedenstag aufgerufen werden. Über ein gemeinsames weltweites Gebet soll das Wasser des Jordans gereinigt werden. *Mit dieser Aktion* versichert Emoto *kann viel zum Friedensprozess zwischen Israel und Palästina beigetragen werden.*

Um der Versöhnung willen müssen wir den Ursachen von Hass und Terror auf den Grund gehen! Sind wir schon so an die ständigen Schreckensnachrichten und an die Not anderer gewöhnt, dass unser Mitleidsempfinden verloren gegangen ist? Lassen uns die zigtausend Kinder, die täglich an den Folgen ihrer Armut sterben, völlig kalt? Gewiss nicht. Aber wir reagieren ohnmächtig auf die ständige Flut negativer Nachrichten und fühlen uns machtlos, etwas zu ändern. Doch:

> **Gegenwärtig sehnen sich die Menschen nach einem ökologischen Wandel, nach reinem Wasser und einem friedvollen Leben in Respekt aller Rassen, Glaubensbekenntnisse und Kulturen. Aus diesem Grund begeben sich viele Menschen auf den Weg nach innen und beginnen vor ihrer eigenen Tür zu kehren. Denn das Massenbewusstsein kann sich nur verändern, wenn sich das Bewusstsein des einzelnen Menschen verändert! Wenn wir uns nach innen wenden, unsere Lebensaufgabe finden und gemäß unserem einzigartigen inneren Bauplan handeln, werden wir erkennen, dass wir einem höheren Plan folgen, nachdem die Menschen sich entwickeln sollen. Unser persönlicher Anteil an dem Gemeinschaftsunternehmen führt dazu, dass wir die Rollen der anderen ebenso akzeptieren.**

Wie können wir verändernd wirken, wie etwas gegen Armut, die Verschmutzung unseres Wassers und gegen die Zerstörung unserer Umwelt tun? Wie Sie wissen, ist der Dreh- und Angelpunkt unserer Welt das liebe Geld. Und hier zeigt sich unsere Macht. Denn als Verbraucher entscheiden wir über die Produktion von Waren. Kaufen wir keine überdüngten Feldfrüchte, werden keine mehr gezüchtet. So einfach ist das. Mit unserer Macht als Konsumenten können wir z. B. bei der Firma *Wellness Express* (Tel.: 03675-421991) reinstes Quellwasser, Wasseraktivierungstechnik und chemiefreie Reinigungs- und Körperpflegemittel bestellen. Vor allem aber ökologisch angebaute Lebensmittel, wodurch wir chemisch düngende und Pestizide versprühende Landwirte zwingen, wieder zum Fruchtwechselanbau zurückzukehren. Für diese einzigartige Firma aus Thüringen lohnt es sich zu werben, da sie ganz besonders beim Regenerieren unseres Planeten hilft. Denn obgleich die Naturkostprodukte der bekannten Marken nicht teurer sind als in Ihrem Naturkostladen und sie sogar bis zu 20 % Rabatt erhalten, gibt das junge Unternehmen bis zu 50 % seiner Gewinne an Kunden ab, die weitere Kunden werben. Bei jeder portofreien 75-Euro-Bestellung Ihres geworbenen Kunden gibt es wiederkehrend ca. € 12,50 Werbebonus! Und wer sich erst einmal an die bequeme Art gewöhnt hat, das überragende *Glaciar*-Wasser, die exzellenten Spirulina-Qualitäten, die vielen Brot-, Reis- und Nudelsorten, Soßen, Würzmittel, Tofuprodukte, Hülsenfrüchte, Öle, Müsli, Trockenfrüchte, Kekse, Nüsse, Nuss-, Sesam- oder

Mandelbutter, Brotaufstriche, Babynahrung, Tiernahrung und die ausgezeichneten Reinigungsprodukte zu kaufen, wird immer wieder bestellen. Sie können Sie somit nicht nur etwas Gutes für unseren Planeten und Ihre Gesundheit tun, sondern auch Ihrer durch den Teuro etwas leidenden Börse mehr Fülle verschaffen. Auch könnten Sie umweltfreundlich arbeitende Firmen unterstützen, indem Sie in einen ökologischen Aktienfond investieren. Im Gegensatz zu den schwankungsanfälligen Werten, boomen derzeit *Ethische Investments.* Während an den turbulenten Aktienmärkten in einem Jahr der DAX um 9,4 % und der NEMAX um 34 % fiel, stieg z. B. *GreenEffects* um 6,9 %. Auch hier zeigt es sich: Gutes tun lohnt sich. Dieser Fond investiert ausschließlich in die Werte des Naturaktienindex (NAI), deren Unternehmen strengste Maßnahmen erfüllen müssen. Zwanzig Firmen sind derzeit im Natur-Aktien-Index vertreten, u. a. Wasser, Wind- und Solarenergiebetriebe, Umweltbanken, Hersteller von Homöopathie, Ökoprodukte, Naturkost, Bekleidung, Verpackung und Fahrräder. Wichtig ist, dass wir unsere Eigenverantwortung für das, was passiert, nicht verdrängen, sondern das Dunkel in uns erkennen. Denn nur dann können wir nach Licht streben.

Akzeptieren wir, dass wir alle mehr oder weniger noch Umweltsünder sind. Aber streben wir danach, der Erde keine Chemie mehr zuzumuten!

Akzeptieren wir unsere Fähigkeit, die entsetzlichsten Grausamkeiten und Verbrechen zu verüben. Aber bereuen wir und streben danach, gottgleich zu handeln! Auf unser Konto gehen Hugenottenverfolgungen, Kreuzzüge, Ketzerverbrennungen, Völkermord sowie atomare Kriegsführung und Energiemisswirtschaft, die zur Vergiftung unseres Planeten führten. Lassen wir uns nicht mehr derart in die Irre leiten! Befragen wir unsere innere Stimme nach unserer Bestimmung! Diese moralische Instanz wird uns dazu raten, in bedingungsloser Liebe und Anerkennung miteinander umzugehen und unsere Stärke und Macht nicht mehr darauf zu verwenden, elender zu schalten und zu walten, als je ein Menschengeschlecht zuvor. Aber, wie gesagt, reuevolle Selbstanklagen über den bisher an den Tag gelegten satanisch entfesselten Vernichtungswillen bringen uns nicht weiter. Statt sinnloser Zorn- und Wutempfindungen genügt ein klares Erkennen unseres Irrens, um zur Selbstüberwindung zu gelangen.

Schaffen wir uns von nun an gemeinsam den Himmel auf Erden!

Fangen wir dabei mit den schwächsten Geschöpfen der Erde an und hören auf, jedes Jahr viele Millionen hilfloser Tiere zu quälen und für widerwärtigste Versuchszwecke zu missbrauchen!

Wachen wir endlich auf und leben so, wie wir wirklich sind! Schauen wir uns immer wieder Emotos Wasserkristallfotos an und lassen wir unsere Körperwasserkristalle leuchten!

Bekennen wir uns nicht nur zum Christentum, sondern handeln wir wie Christen. Das am meisten fehlinterpretierte Bibelzitat *Auge um Auge ... Zahn um Zahn* ist so einfach in der Bedeutung: Wenn ich jemanden physisch oder psychisch verletze, wird mir dieselbe Verletzung widerfahren. Das, was ich einem anderen antue, tue ich mir insofern selber an, als mir der Verletzte in einem anderen Körper zu einer anderen Zeit die gleiche Missachtung oder Verwundung zufügte oder zufügen wird. Das karmische Gesetz von Ursache und Wirkung besagt, dass auf jede Aktion eine Reaktion folgt. Wenn Jesus sagt, der Geschlagene solle auch noch die andere Wange hinhalten, meint er, dass dann seine karmische Schuld erlöscht und der in dieser Weise Erleuchtete sodann auch vom Rad des Karma befreit ist. Er braucht seine Schuld nicht mehr zu sühnen. Indem er erkennt, dass er den Angreifer in einem anderen Körper in einer vergangenen Existenz selber geschlagen hat, verzeiht er nicht nur ihm seinen Schlag, sondern bittet ihn mit dem Hinhalten der anderen Wange auch um Verzeihung dafür, dass er ihn zuvor geschlagen hat. Das *Wie du mir so ich dir* kann aber auch anders erlebt werden. Denken Sie doch nur einmal an die Probleme mit Ihren Kollegen und Schwiegerkindern oder -eltern, mit den sich wiederholenden Kämpfen innerhalb der Familien und Generationen. Es handelt sich darum, dass wir uns schwertun, die Individualität anderer anzuerkennen. Wir verkennen, dass wir nicht anders sind, weil wir die eigenen *Fehler* immer lieber am anderen entdecken, um uns besser zu fühlen.

Suchet die Wahrheit, und die Wahrheit wird euch befreien

So einfach wusste der Zimmermann aus Nazareth sich auszudrücken. Doch die Kirchen haben es fertig gebracht, seine Worte zu verwirrenden und komplizierten Gespinsten aufzubauschen. Eine seiner Bekundungen wird besonders gern unterdrückt, da sie unsere Göttlichkeit offenbart. Sie besagt, dass wir alles, was er kann, auch zu tun vermögen. Wir müssten nur mehr Vertrauen haben. Jesus hat damit aber gegen das Kapital gepredigt, denn Erleuchtete sind keine guten Konsumenten. Aus Angst vor Verlusten wurde er gekreuzigt. Ich frage mich, ob der Nazarener vor 2000 Jahren gescheitert wäre, wenn es schon Internet gegeben hätte. Aufgrund von Multimedia können nun nicht alle umgebracht werden, die den Menschen zu ihrem wahren Glück verhelfen wollen. Doch in den Medien steckt nicht nur eine enorme Chance, sondern auch unser größter Feind, der uns vom Ziel, unserer inneren Stimme zu folgen, abbringt. Auf die Stimme des Gewissens zu hören, setzt voraus, dass wir sanftmütig unseren eigenen Weg gehen. Auf dem Bildschirm erfahren wir aber Grausamkeiten und Hass. Wie können wir lernen, andere zu lieben, wenn uns durch Gewaltfilme und Horrornachrichten ständig die Angst vor der gezeigten Brutalität und Ausbeutung im Nacken sitzt? Emotos Fotos lassen vermuten, dass sämtliche negativen Einflüsse, ob geschaut oder tatsächlich erlebt, unsere Wasserkristalle zumindest vorübergehend zerstören. Schauen wir besser weniger fern, denn die Ablenkung macht uns träge, macht uns zu Lebenden aus zweiter Hand. Folgen wir dagegen den Geboten unserer Seele, werden wir unseren Weg finden. Wir sind alle hier auf der Erde, um eine bestimmte Aufgabe zu erfüllen. Diese herauszufinden ist unser Ziel bzw. der Weg zur Glückseligkeit. Das, woran wir am meisten Freude haben, wird uns bei der Suche leiten. Denn wir sind nicht hier, um zu leiden. Und auch nicht, um ein anderes Lebewesen zu verletzen oder zu hassen. Wir sind hier, um zu lieben. Ungeübte im Lieben können aus dem Tierheim einen treuen Vierbeiner oder ein süßes Samtpfotenwesen holen und damit anfangen. Denn Liebe erzeugt Liebe, so wie Hass Hass erzeugt. Nehmen Sie die Liebe, die so ein reines Wesen ausstrahlt, auf. Lassen Sie diese dann wachsen und sich über einen weiteren Bereich ausdehnen, bis die ihr entgegenstehenden Irrtümer und Schwächen von selbst verschwinden. Und irgendwann wird das Gebot *Liebe deinen Nächsten wie dich selbst* keine leere Formel mehr sein. Und Ihnen wird dann folgendes kristallklar:

Wir dürfen nicht mehr zulassen, dass Lebewesen hungern und in Angst und Schrecken leben!

Gerade fiel mir ein, dass meine Mutter vor kurzem die feurigen Predigten meines Großvaters erwähnte, der vor mehr als 50 Jahren Vorsteher der Neuapostolischen Kirche unserer Gemeinde war. Als er starb, war ich 3 Jahre alt und ich kann mich weder an seine, noch an die Reden meines Vaters erinnern, da wir aus der Kirche ausgetreten sind, als ich 10 oder 11 Jahre alt war. Da beide mich aber doch beeinflusst haben, möchte ich sie hier würdigen, zumal ich nach dem Hinübergehen meines Vaters erfuhr, dass er sich mehr um die Nöte seiner Mitmenschen gekümmert hatte, als wir ahnten.

In Band 2 des US-Bestsellers *Gespräche mit Gott* legt Neale Donald Walsch dar, wie eine Welt gestaltet werden könnte, in der die Bedürfnisse aller Menschen befriedigt sein würden. Er zeigt, wie alle Bewohner unseres Planeten in komfortablen Behausungen untergebracht und ausreichend mit allen Dingen versorgt werden können, die ihrem geistigen und körperlichen Wohl dienen. Solch ein Leben in allgemeinem Wohlstand sei möglich, wenn alle arbeitenden Personen offen und ehrlich aufdeckten, was sie verdienen und von diesem transparenten Einkommen nur 10 % Steuern abführten. Sofern der Verdienst über eine bestimmte Summe pro Jahr - immerhin ein paar Millionen Euro - hinausgehe, würde das Mehreinkommen für wohltätige Zwecke gespendet werden. Dabei könnte die Person, die das Mehreinkommen erworben hat, über die Hälfte des Geldes an Organisationen ihrer Wahl spenden. All diese geldlichen Transaktionen wären transparent, jeder wüsste, was wer verdient bzw. spendet. Dem menschlichen Streben, mehr zu haben als andere, wäre Rechnung getragen. Die Superreichen wären alle geschätzte Wohltäter der Menschheit und niemand brauchte mehr Not zu leiden. Weiter gäbe es keine Grenzen mehr, und auch keine Weltwirtschaftsordnung, die mit *Green Bucks* und *Cruise Missiles* verteidigt werden müsste. Da alle Menschen auf der Erde frei sein würden, brauchten auch keine Kriege mehr geführt zu werden, die sich gegen Befreiungsbewegungen in der Dritten Welt richten, die bisher Millionen von Tote in der unschuldigen Zivilbevölkerung gefordert haben und eine Menge Hass säten. Rüstungsbetriebe könnten sich auf die Produktion umweltfreundlicher Energiegeräte bzw. *Freie-Energie-Maschinen* umstellen, wodurch dem Boden seine Schätze und dem Wasser seine Kraft bliebe. Die derzeit durch Unwetter, verheerende Überschwemmungen, Beben und Vulkanausbrüche rebellierende Erde könnte wieder zur Ruhe kommen, und wir könnten wieder reine Luft atmen. In diesem Milieu wäre es auch unserem wahren Lebenselixier Wasser, dem *Blut der Erde* möglich, sich zu regenerieren.

**Sprechen Sie mit Ihren Mitmenschen über diese Dinge,
stellen Sie sich diese idealen Verhältnisse jeden Tag vor!
Durch die Kraft unseres Geistes schaffen wir unsere Wirklichkeit!**

Wir haben die Wahl! Schaffen wir uns den Himmel auf Erden! Reinigen wir unseren Körper und insbesondere unser Gehirn mit kristallklarem Wasser und fügen wir unsere Aktivitäten wieder harmonischer in den Naturhaushalt ein, statt ihn zunehmend zu stören und zu zerstören. Erich Kästners kürzestes Gedicht passt so wunderbar auf das, was in der vor uns liegenden Zeit von uns erwartet wird: ***Es gibt nichts gutes, außer man tut es***

Anleitungen zur Schöpfung unserer Neuen Welt

Da die gesamte Schöpfung aus Gedanken geboren wird, können wir durch die Energie unserer Gedankenformen die Welt verändern und uns Zutritt zu ungeahnten Aufstiegsmöglichkeiten eröffnen. Forschungen haben folgendes bewiesen:

Der Körper vermag zwischen einer intensiven Visualisierungserfahrung und einem tatsächlichen Ereignis nicht zu unterscheiden und geht daher mit beiden Eindrücken gleichermaßen *real* um!

Der Körper ist also dem Bewusstsein unterstellt, und wir sollten dieses Wissen viel mehr nutzen. Es ist nicht so, dass uns das Leben einfach so widerfährt, sondern wir haben die Macht oder den Willen, unsere Realität zu erschaffen. Gedankenformen senden und übertragen unsichtbare Energiefelder, die ihrerseits zurücksenden und von ihrer ursprünglichen Sendestation wieder empfangen werden. Durch die von uns ausgesandten elektromagnetischen Wellen holen wir das, was vor uns erscheint und in unser Leben tritt - also Wirklichkeit wird – herbei. Nach den Gesetzen der Energie entfaltet sich das, worauf wir uns konzentrieren. Denken wir daher besser nur wohlwollend, damit uns diese positive Gesinnung positive Erlebnisse widerspiegelt.

An Beispielen lernen wir immer am besten. Deshalb hier der Beleg für Herbei-gewünschtes: In meinem Immunsystembuch in Kapitel *Schöpferische Imagination programmiert unsere Entwicklung* gebe ich exemplarisch meinen Wunsch nach einem Hund an. *Irgendwann mal in der Zukunft, wenn wir nicht mehr so viel reisen.* Doch dann kam alles ganz anders: Wir gönnten uns ein Reisemobil und fuhren – ohne es vorher geplant zu haben – nach Marokko, weil es uns auf der iberischen Halbinsel zu kalt war. Kurz vor Weihnachten wanderte ich am Strand bei Agadier an einem Graben vorbei, als ich auf ein entschlossenes *Wuff wuff wuff* aufmerk-sam wurde. Ein schwarz geflecktes weißes Wollknäuel saß vor einem Loch und zitterte bei jedem Laut. Entzückt hob ich den reizenden Welpen hoch und schaute ins Innere der Höhle, wo die Hündin mit ihren anderen Jungen fest schlief. Als ich dem drolligen Wesen sagte: *Na, Du bist aber ein guter Wachhund*, keimte in mir der Gedanke, dass es ein exzellenter Zeitpunkt wäre, einen Vierbeiner bei uns einziehen zu lassen. Denn wir fanden Spaß am freien Leben auf Rädern, würden weniger fliegen und könnten daher einen hellhörigen Aufpasser brauchen. Zumal wir in der ersten Nacht auf einem Rastplatz bei Montpellier während des Schlafes ausgeraubt worden waren. Als eine Frau aus *Gruftie-City*, dem Standplatz der betagtesten Reisemobilisten, Stein und Bein schwor, das mittlerweile auf den Na-men *Sandy* hörende Hundemädchen habe das Licht der Welt am 27.11. erblickt, glaubte ich nicht mehr an einen Zufall, da auch ich an diesem Tag geboren wurde. Die Frau war dabei, als Sandy zur Welt kam, und das Datum wusste sie noch so genau, weil ihre Tochter einen Tag vorher ihren Geburtstag feierte.

Die Tücke des Geschicks war mir zwar hold, und wir hatten viel Freude an dem lieben Tier, aber leider war es uns nur zweimal vergönnt, un-seren Geburtstag gemeinsam zu feiern.

Ein noch konkreteres Beispiel von Gedanken-zauberei liegt schon mehr als 10 Jahre zurück. Ich hatte damals eine Wunschliste mit 10 Wün-schen angefertigt, die ich täglich durchlas, und jedesmal, wenn sich einer erfüllt hatte, ersetzte ich ihn durch einen neuen. In dieser Zeit wurden wir von Freunden eingeladen, sie zum *Wiener Opernball* nach Beverly Hills zu begleiten. Wir hatten im Gegensatz zu dem Moviestar und sein er neuen Gattin nicht die passende Garderobe und auch keine Lust, viel Geld dafür auszugeben. Also gab ich wieder eine Bestellung an die himmlischen Heerscharen auf. Da die Beschreibung der ersehnten Objekte ziemlich genau sein sollte (denken Sie vor allem daran, wenn Sie sich eine Person in ihr Leben wün-schen), *bestellte* ich ein *Ballkleid, lang, blau, Größe 5 für $19,95.*
Etwa 2 Wochen später hing mein nagelneues Kleid an einem Ständer bei *Goodwill*, meinem bevorzugten Secondhandshop am Ventura Blvd. in Tarzana.

So wie für materielle Dinge können wir auch für die wichtigen Dinge im Leben bitten. Shakti Gawain zeigt in Ihrem Buch *Stell dir vor* zahlreiche Affirmationen auf. Diese wichtigsten Elemente der kreativen Visualisierung sind Bekräftigungen und Bestätigungen von positiven Ideen und Gedanken und soll die üblicherweise jahrelang in unseren Köpfen abspulende Giftküche ersetzen.

Gehören Sie zu den Zweiflern, die nicht glauben, dass wir mit unseren Gedanken und unserem Wollen und Streben die Macht haben, alles zu erreichen? Dann testen Sie es im Spiel *Wolken ausradieren,* das ich in einem von Shirley MacLaines Büchern fand. Auch Masaru Emoto hat es in seinem Buch *Anthropologie der Schwingungen* vorgestellt. Denn jeder kann ganz einfach Wolken zum Verschwinden bringen. Suchen Sie sich einen bestimmten Dunstballen aus, der zu Anfang nicht größer sein sollte, als dass sie ihn mit einer Hand abdecken können. Fixieren Sie die Wolke mit Ihren Augen, ohne sich anzustrengen. Richten Sie ihre aus dem Herzen strömende Energie wie einen Laserstrahl Punkt für Punkt auf die Wolkenfläche und sagen Sie in der Vergangenheitsform: *Die Wolke ist verschwunden. Vielen Dank.* Bedanken Sie sich immer bei der Energie! Ich habe es ein paarmal ausprobiert. Meine Nachbarin, die ich darauf aufmerksam machte, dachte zuerst, ich sei völlig meschugge. Aber sie probierte es dann doch aus und hat mittlerweile schon mehr Wolken aufgelöst als ich. Sie hat richtig Spaß an ihrer Macht. Ob wir neben den Wasserdampfansammlungen auch andere Wassergebilde wegschicken oder zum Verschwinden bringen könnten!?! Beispielsweise all jene, die nur an ihre vollen Taschen denken und alles andere der Sintflut überlassen? Und alle Kriegstreiber, Terroristen, Bombenleger, alle Reeder, die mit ihrer Altölentsorgung unsere Meere verseuchen. Wir könnten eine ganze Liste der schlimmsten Umweltsünder und Tunichtgute zusammenstellen und sie jeden Tag durchgehen. Doch wollen wir lieber der göttlichen Ethik in uns entsprechen und täglich um eine andere Gesinnung bitten oder besser, uns schon dafür zu bedanken. Beispielsweise so:

Alle zerstörerischen Gedanken sind verschwunden. Vielen Dank!

Die wunderbaren Bilder des japanischen Alternativmediziners Dr. Masaru Emoto sagen mehr als Religionen und Gurus jeglicher Couleur. Vor allem zeigen sie, wie wichtig es ist, mit sich selbst und der Umwelt gut umzugehen. Denken wir an den Mönch, der durch Meditation aus dem kontaminierten See wieder ein kristallisierendes Nass zauberte. Genauso können wir uns durch folgende Übungen mit unserer Schöpferkraft an der Gestaltung des *Himmels auf Erden* beteiligen:

1. Entspannen wir uns in bequemer Haltung durch mehrmaliges tiefes Atmen oder durch isometrische Übungen, wobei wir nacheinander von Kopf bis Fuß oder umgekehrt alle Muskelgruppen des Körpers beim Einatmen anspannen und beim Ausatmen entspannen. Visualisieren wir uns auf einer kleinen Insel inmitten eines ruhigen Sees im Gras liegend und im weißgoldenen Licht der Sonne

badend. Wir schließen die Augen und imaginieren, wie weißes Licht [1] jede
einzelne Zelle unseres Körpers durchflutet.

2. Nun stellen wir uns vor, wie wir die Welt gern hätten, wenn es keinerlei Be-
   schränkungen gäbe und das einzige Leitmotiv der Segen aller Geschöpfe wäre. Tun wir, als ob alles schon so ist und bedanken wir uns bei der genialen
   Kraft, z. B. so: *Alle Menschen, Tiere und Pflanzen leben sicher, geachtet, ge-
   geliebt, umsorgt und in keiner Weise geschädigt. Vielen Dank!*

3. Imaginieren wir, wie uns die natürlich bearbeitete Erde mit gesunder Biokost
   versorgt: *Es werden keine Gifte mehr gespritzt. Vielen Dank!*

4. Visualisieren wir, wie Ölborinseln auf den Meeren verschwinden, wie Atomkraft-
   werke stillgelegt werden und überall erneuerbare Energieformen, wie Sonnen-
   kollektoren, Photovoltaik-, Wasserkraft-, Wind-, Erdwärme- und Biogasanlagen
   oder Freie-Energie-Maschinen und Wassermotoren, die Energieversorgung
   übernehmen. *Die Todestechnik ist überwunden. Danke!*

5. Stellen wir uns vor, wie riesige, auf der Wasseroberfläche schwimmende Was-
   serbelebungs- und Reinigungsanlagen verschmutzte Flüsse, Seen und Meere
   reaktivieren und innovative Technologien die Altlasten voriger Generationen beseitigen. *Unsere Umwelt ist wieder sauber. Vielen Dank!*

6. Malen wir uns aus, wie sich Scharen unterschiedlicher Meerestiere in kristallklarem Nass tummeln und die Korallenriffe wieder lebendig werden. *Die bunte
   Unterwasserwelt ist intakt. Vielen Dank!*

7. Stellen wir uns saftige grüne Wiesen vor, auf denen Kühe und Schafe grasen.
   Blätter überschäumende Bäume bewegen sich in der leichten Brise. Im klaren
   blauen Himmel unter einer dichten schützenden Ozonschicht fliegen unzählige
   Schmetterlinge und seltene Vögel umher. *Alle Lebewesen auf der Erde sind
   glückselig, fruchtbar und gesegnet. Vielen Dank!*

8. Malen wir uns aus, wie alle Menschen in komfortablen Häusern und Wohnungen
   leben, genug zu essen haben, ihre Arbeit lieben, ihre Mitmenschen achten und
   Zeit füreinander haben. *Alle Menschen genießen einen ihnen würdigen Stan-
   dard. Sie leben in glücklichen Beziehungen, gehen einer erfüllenden Beschäftigung nach und leiden keinen Mangel. Vielen Dank!*

9. Visualisieren wir, wie alle Generationen in Haus- und Zweckgemeinschaften
   zusammenleben. Gestresste berufstätige Mütter, vernachlässigte Kinder oder

---

[1] Esoteriker sprechen vom Licht der Liebe und des Wohlbefindens, das uns froh stimmt und durch
die harmonisierende Wirkung den Körper heilt.

einsame *ausgediente* Senioren gibt es nicht mehr. *Alle Menschen leben für- und miteinander und beteiligen sich an gemeinsamen Aufgaben. Vielen Dank!*

10. Stellen wir uns eine Gesellschaft vor, in der Andersartigkeit als Gelegenheit betrachtet wird, Neues zu lernen und Toleranz zu praktizieren. *Alle Individuen haben erkannt, dass sie denselben Vater haben. Vielen Dank!*

Denken wir uns aus, dass alles schon so ist, wie wir es uns wünschen und danken wir dafür in der Vergangenheitsform:

Der Himmel auf Erden ist erschaffen. Vielen Dank!

Danksagungen

Nun möchte ich es nicht versäumen, noch all jenen Personen zu danken, die mir beim vorliegenden Buch mit Rat und Tat zur Seite standen:

Inge Tikale danke ich für das umfangreiche Material, das sie mir von ihrem Vater zur Verfügung stellte. Richard Wagner gebührt mein Dank für die Bereitstellung seiner umfassenden Dokumentation von Studien über die SUNRISE-Produkte, für die Einladungen zu interessanten Seminaren und die nachsichtige Beantwortung vieler Fragen. Vielen Dank auch Peter Gross, der mir seine Literatur zur Verfügung stellte und geduldig im persönlichen Gespräch sowie bei zahllosen Telefonaten stets bestrebt war, mir sein Wissen zu vermitteln. Dank Eckart Pinnow und der Sanacell-Crew für Rat, Fotos und Infos, dem AQUA-LIGRO- und dem SUNRISE-Team für Infos und den Infoplus-Leuten für ihre Hilfe als Computer-Trouble-shooter. Thomas Dingeldein danke ich vor allem dafür, dass er mir vermittelte, den Energiegehalt des Wassers auszumessen, Michael Graf Strachwitz für Informationen und Ansporn. Meinem Mann Peter Meyer und meiner Mutter Alwine Holschuh danke ich für all ihre liebevolle Unterstützung.

Dank auch für die wertvollen Beiträge, die viele andere geleistet haben, indem sie mir Mut machten, mich mit Informationen versorgten und Ideen mit mir diskutierten! Auch wenn diese Personen hier gemeinsam aufgeführt sind, bin ich mir des individuellen Beitrags jedes einzelnen bewusst: Barbara Simonsohn, Harald Tietze, Wolfgang Meyer, Manfred Heinemann, Andrea Vonhoff, Jakob Wirz, Dr. Ingrid Dennerlein-Barmack, Sabine Bauer, Claudia Troßmann, Stephen Janetzko, Bianca, Peter und Arnd Meyer, Michaela Meyer-Deschler, Heinrich Holschuh, Edda und Paul Eickershoff, Lothar Matison, Stephan Kuhl, Hilde Richter-Hudson, Dr. rer. nat. Ulrike Krallmann-Wenzel, Susanne Würtz, Heide Bayer, Frederic Neff, Renate Janzen, Udo Rosenboom, Ursula und Werner Keim, Frank Walber, Wilhelm Weller, Dietmar Oberstätter, Hildegard Assmus, André Siegel, Elisabeth Fleischer, Anneliese Umbreit, Gabriele Meixner, Erika Windbühler, Kenny Rogers, Dr. med. Bernd Winter, Erwin Albe, Elke Meyer und last but not least Hiro Emoto und Sonia Gräfin Strachwitz

Literaturangaben

Alexandersson, Olof. Lebendes Wasser, Ennsthaler Verlag, Steyr, 7. Auflage 1997

Belowa, Vera. Wasseraufbereitung im Magnetfeld. Ideen d. ex. Wissens, Heft 12, 1971, 803-10

Bischof, Marco. Biophotonen. Das Licht in unseren Zellen. Zweitausendeins, Frankfurt, 11. Aufl. April 2001

_______________ Zur Zeit viel diskutiert. Jacques Benveniste und das Gedächtnis des Wassers. Bioenergetik. Nr. 8. Okt./Nov. 1988. S. 32-36

Blasig, Thomas. Trinkwasser. Ursache chronischer Vergiftungen. In *Comed* Sonderdruck aus 9/98, S.1 und 2

Bragg, Paul.C. und Patricia. Wasser. Das größte Gesundheitsgeheimnis. Die schockierende Wahrheit über Wasser, Ritterhude, 4. Aufl. 1992

Buchman, Dian Dincin, The Complete Book of Water Healing, New York 95

Coats, Callum. Naturenergien verstehen und nutzen. Viktor Schaubergers geniale Entdeckungen, Omega-Verlag Düsseldorf 1999

Clegg, James S. Intracellular water, metabolism, and cellulararchitecture. Part I: Collective Phenomena. 3(1981) 289-312. Part II: in: Fröhlich, H, Kremer, F. (eds.): Coherent excitations in biological systems. 1983, 162-177

Diamond, Harvey & Marilyn. Living Health, New York 1987

Dieter, Hermann. Bleialarm. Stiftung Warentest 9/96

Dohmen, Arndt. Wasser in Gefahr. Hrsg. Stiftung Ökologie und Landbau

Edde, Gérard. Das Heilbuch der fünf Elemente. St. Goar 1992, S. 11f.

Ferzak, Franz. Nikola Tesla. Michaels-Vertrieb, Peiting 1995

Fischer, Erich. In: Forschungskreis e.V. für Geo-Hydro-Biologie, Vereinsmitteilungen 23, Heft 2, 1980, S. 337

Fowler, R. H., Bernal, J. D. Note on the pseudo - crystalline structure of water. Transaction of the Faraday Society. 29 (1933) 1049-56

Frissell, Bob. Zurück in unsere Zukunft. E.T. Publishing Unlimited, Fichtenau, 2. Aufl. 1996

Hacheney, Wilfried. Organische Physik. Wasser-Mensch-Kräfte, Peiting 2001

Hendel, Barbara, Ferreira, Peter. Wasser & Salz. INA Verlags GmbH Herrsching

Hirsch, Roman. Antibiotika in der Umwelt. Fachtagung „Arzneimittel in Gewässern", Landesmuseum Wiesbaden, 4. Juni 1998

Honauer, Urs. Wasser. Die geheimnisvolle Energie. Hugendubel, München 1998

Jasmuheen. In Resonanz. Das Geheimnis der richtigen Schwingung, Koha 98

Kamp, Matthias, Revolution in der Medizin.Mönchengladbach. 3. Aufl. 1998

Klinghardt, Dietrich. Schwermetalle - Vergiftung und Entgiftung, Vortrag im Rahmen eines Seminars über Psycho-Kinesiologie, auf Schloss Elmau bei Garmisch-Partenkirchen, 20 Nov. 1996

Knapp, Dieter. Unser strahlender Körper. München 1996

Konz, Franz: Der große Gesundheits-Konz, München 4. Aufl. April 1999

Kroeger, Hanna. Arteriosclerosis and Herbal Chelation. H. Kroeger Publ. 84

Leong, C.C. et al. Retrograde degeneration of neurite membrane structural integrity of nerve growth cones following in vitro exposure to mercury. Neuroreport 12 (2001) 733-37; folgende Videoaufzeichnung bestellbar:

Thomas, Karen. Media Relations, University of Calgary, Faculty of Medicine Tel. 001-403-220-2945; Fax: 001-403-210-8141 Internet-Adresse: http://commons.ucalgary.ca/mercury/

Meyer, Marianne E. Stärke dein Immunsystem und heile dich selbst. Aitrang 1999
_________________ Spirulina, das blaugrüne Wunder, Aitrang, 5. Aufl. 2000
_________________ Spirulina - Wundernahrung der Zukunft. Unglaubliche Heilerfolge mit der blaugrünen Alge. Michelstadt 2002

Mitscherlich, Alexander. Krankheit als Konflikt. Studien zur psychosomatischen Medizin II. Frankfurt 1967.

Needleman, Herbert, Landrigan, Philip J.: Umweltgifte: So schützen Sie Ihr Kind. Belastungen erkennen, verringern, vermeiden. Stuttgart 1996

Neumann, Halima. Stop der Azidose, Allergien und Haarausfall, Starnberg 1994

Nichols, Preston. B. Das Montauk Projekt. Experimente mit der Zeit. Fichtenau 1994

Otto, Michael. Chronische Kupferintoxikationen durch Trinkwasser. Verlag für Wissenschaft und Bildung, 1993

Popp, Fritz A. Bericht an Bonn, 1986, S. 120-131

Probst, K.J. Energieschub aus dem Meer. Fit fürs Leben Verlag 1998

Procházka, Eleonore. Hyperaktivität, eine Umweltkrankheit, Eigenverlag, An der Düne 20, 25997 Hörnum/Sylt, 1995

Rochlitz, Steven. Die fehlende Dimension: Energiebalance. Mit Kinesiologie gegen Allergien und Candida, Knaur, München 1989

Rodier, Martina. Viktor Schauberger, Naturforscher & Erfinder. Zweitausendeins, Frankfurt, 2. Aufl. Febr. 2000

Schauberger, Viktor. Unsere sinnlose Arbeit − die Ursache des biologischen Bankrotts. Implosion 11/12, 1963

Schwenk, Theodor. Das sensible Chaos. Stuttgart 1962

Simonsohn, Barbara. *Warum Bio? Gesunde Pflanze, gesunder Mensch,* München 02

Tausendfreund, Bert. Gutachtliche Äußerung zum chromatographischen Messverfahren der Wirkung des SUNRISE-Wasseraktivators. 1998

Taniguchi, Masaharu. Leben aus dem Geiste. Freiburg 1994

Tesla, Nikola. Wegbereiter der neuen Medizin, Vorträge, Artikel und Erfindungen. ISBN: 3-89539-244-8, Nikola Tesla Band VI. Michaels Verlag, Peiting

Tesla World. Rosen Herz Verlag, Postfach 1038, CH-8957 Spreitenbach, Schweiz

Ulmer,G.A. Wasser, unser wichtigstes „Lebens"-Mittel", Selbstverlag

Wagner, Richard. Documentation for Distributors, Ed.1, Würzburg 2001

Walsch, Neale Donald. Gespräche Mit Gott. Band 1-3, München 1997-99

Weise, Devanando Otfried. Zur eigenen Kraft finden. München 1995, S.132 ff.

Wenz, Manfred. Ohne Humus kein Leben. In: Forschungskreis e. V. für Geo-Hydro-Biologie, Vereinsmitteilungen 23, Heft 2, 1980, S. 342

Hier möchte ich Ihnen drei meiner wichtigsten Veröffentlichungen vorstellen. Der Bestseller *Das blaugrüne Wunder,* schon in der 5. Auflage, basiert auf meiner Dissertation über Immunabwehr und Spirulina. Für den Laien mag es eine Spur zu wissenschaftlich erscheinen, obgleich Sie anschaulich darüber informiert werden, wie ein Immunsystem zerstört wird und wie es mit der blaugrünen Alge wieder aufgebaut werden kann. Detaillierte wissenschaftliche Untersuchungen mit genauen Quellenangaben beweisen ihre Wirkung. Dieses äußerst spannende Buch ist, wie man im Norden sagt, *kein bisschen dröge (B.S.). Es enthält, w*ie auch das etwas peppigere Spirulinabuch (s. u.), einen ausgiebigen Rezeptteil.

ISBN 3-89385-230-1   168 Seiten   € 9,90

Die unheilvolle Vernetzung der Macht im Zusammenhang von Chemieindustrie, Pharmazie und Medizin entwickelt sich zu einer ernsthaften Gefahr für die Volksgesundheit. Wie Sie allen Auswüchsen unserer fragwürdigen Zivilisation mit den Namen Krebs, Allergie, Parkinson, Alzheimer ... entgegenwirken können, zeigt Ihnen dieses *Schweizer Armeemesser der Naturheilkunde.* Leicht nachvollziehbar, lernen Sie Ihr körpereigenes Schutzschild kennen und gewinnen so wieder Vertrauen in Ihren INNEREN HEILER. Dieses Gesundheitsselbsthilfebuch gibt Auskunft über Mittel und Wege, materielle und geistige Giftstoffe loszuwerden, Energie zu gewinnen, Zellen zu reparieren und das Immunsystem zu stärken.

ISBN 3-89385-275-1   192 Seiten   € 9,90

An Spirulina wird künftig kein Weg mehr vorbeiführen, denn die Lichtnahrung, die wie das Wasser aus Lourdes oder Fatima alle Farben des Spektrums, d. h. alle Frequenzen des Lichts enthält, schenkt uns Harmonie und Wohlbefinden. Das liebevoll illustrierte Buch in größerem Format mit Rezeptteil erklärt Ihnen, warum Sie diese jodfreie Alge heute benötigen und zeigt, wie Sie radioaktive Strahlen, Schwermetalle und andere Gifte ausleiten und Ihr Immunsystem stärken können. Sensationelle Studien und zahlreiche Erfahrungsberichte aus aller Welt beweisen, dass wir Schmerzen, Depression, Allergie, Anämie, ja selbst AIDS und Krebs Paroli bieten können. Wie das Wasserbuch ist auch dieses querlesefreundlich.

ISBN 3-8311-3715-3   116 Seiten   € 9,--

153